# Basiswissen Sozialisation

## Band 5

D1730569

Merle Hummrich · Rolf-Torsten Kramer

# Schulische Sozialisation

 Springer VS

Merle Hummrich
Europa-Universität Flensburg
Deutschland

Rolf-Torsten Kramer
Martin-Luther-Universität
Halle-Wittenberg, Deutschland

Basiswissen Sozialisation
ISBN 978-3-531-18454-8          ISBN 978-3-531-19057-0   (eBook)
DOI 10.1007/978-3-531-19057-0

Die Deutsche Nationalbibliothek verzeichnet diese Publikation in der Deutschen National-
bibliografie; detaillierte bibliografische Daten sind im Internet über http://dnb.d-nb.de abrufbar.

Springer VS
© Springer Fachmedien Wiesbaden 2017

Lektorat: Stefanie Laux

Springer VS ist Teil von Springer Nature
Die eingetragene Gesellschaft ist Springer Fachmedien Wiesbaden GmbH
Die Anschrift der Gesellschaft ist: Abraham-Lincoln-Str. 46, 65189 Wiesbaden, Germany

# Inhalt

1 Einleitung: Was ist Sozialisation? .................................. 1

2 Was ist schulische Sozialisation? ................................. 7
  2.1 Die Phasen der Sozialisation in ihrem Verhältnis zur
      schulischen Sozialisation ..................................... 8
  2.2 Schulische Sozialisation im Verhältnis zu Erziehung, Bildung
      und Enkulturation .......................................... 10
  2.3 Die Sozialisationsinstanzen Familie und Gleichaltrige
      im Verhältnis zur Schule ..................................... 23

3 Ansätze schulischer Sozialisation ................................. 29
  3.1 Ausgangspunkte der Auseinandersetzung mit Schule als
      Sozialisationsinstanz ........................................ 29
  3.2 Strukturfunktionalismus – schulische Sozialisation
      bei Talcott Parsons ......................................... 34
  3.3 Psychoanalytische Ansätze zur Sozialisation ................... 45
  3.4 Interaktionistischer Ansatz .................................. 54
  3.5 Systemtheorie von Niklas Luhmann und schulische Sozialisation .. 63
  3.6 Sozialökologischer Ansatz – (schulische) Sozialisation
      bei Urie Bronfenbrenner ..................................... 72
  3.7 Strukturtheorie und schulische Sozialisation .................. 80
  3.8 Konstruktivistisch-strukturalistischer Ansatz –
      schulische Sozialisation bei Pierre Bourdieu .................. 89
  3.9 Poststrukturalistische Perspektiven auf schulische Sozialisation ... 97
  3.10 Zusammenfassung zu den unterschiedlichen Ansätzen
      schulischer Sozialisation .................................... 109

**4   Schule und soziale Ungleichheit – Unterschiede machen** ............ 117
  4.1   Milieu und schulische Sozialisation ......................... 117
  4.2   Sozialisation, Schule und Geschlecht ........................ 128
  4.3   Ethnizität und schulische Sozialisation ...................... 138
  4.4   Das Zusammenspiel der Differenzverhältnisse ................ 149

**5   Schulkultur, Milieu und Individuation** .......................... 159
  5.1   Der Ansatz „Schulkultur" – Schule als je spezifischer
       sozialisatorischer Raum ...................................... 159
  5.2   Schulkultur, Passung und Individuation ..................... 170

**6   Perspektiven für Schule und Lehrerhandeln** ..................... 179

# Verzeichnis der Abbildungen und Tabellen

## Abbildungen

Abb. 2.1  Phasen im Sozialisationsprozess nach Tillmann (2010) mit
besonderer Fokussierung der schulischen Sozialisation ........... 9
Abb. 2.2  Sozialisation, Erziehung, Lernen, Bildung ..................... 19
Abb. 3.1  Anordnung der Theorien zueinander ......................... 33
Abb. 3.2  Freuds psychische Topik ..................................... 46
Abb. 3.3  Sozialökologie der Entwicklung .............................. 74
Abb. 3.4  Pädagogisches Arbeitsbündnis I (Helsper/Hummrich 2008) ...... 86
Abb. 4.1  Differenzierungen in intersektionaler Perspektive .............. 152

## Tabellen

Tab. 3.1  Phasen der psychosexuellen Entwicklung ...................... 47
Tab. 3.2  Phasenmodell von Erik H. Erikson (1973) ..................... 48
Tab. 3.3  Unterschiede funktionalistischer/strukturalistischer und
poststrukturalistischer Theorien ............................ 99

# Einleitung: Was ist Sozialisation?  1

Der Begriff Sozialisation ist mit seiner etwas mehr als 100jährigen Tradition relativ jung. Das, was sich hinter ihm verbirgt, ist jedoch ein Problem, das bis in die frühe Geschichte der abendländischen Philosophie zurückreicht und als Thema auch schon im 19. Jahrhundert bedeutsam war (vgl. Geulen 1991, S. 21): die Vergesellschaftung des Individuums. Damit ist gemeint, dass das Individuum als Teil der Gesellschaft gedacht wird und sich im Lebenslauf immer wieder mit der Gesellschaft auseinandersetzen muss. Die generelle Frage, die dahinter steht, ist: Wie entwickelt sich der oder die Einzelne so, dass er/sie seine oder ihre individuelle Persönlichkeit entfalten und gleichzeitig Mitglied der Gesellschaft werden kann?

**Arbeitsdefinition:** Als Sozialisation wird der Prozess bezeichnet, in dem das Individuum sich innerhalb der Gesellschaft entwickelt und an sie anpasst, ihre Normen aneignet und in angemessener Weise übernimmt. Das Individuum entwickelt dabei im Laufe seines Lebens die Fähigkeit, selbständig mit den gesellschaftlichen Regeln umzugehen und sie kreativ anzuwenden.

Die Annahme eines Wechselspiels von Individuum und Gesellschaft ist grundlegend für die Idee der Sozialisation. Und mehr noch: Wir können uns das Individuum kaum anders als vergesellschaftet vorstellen[1]. Das Individuum entwickelt sich zunächst in Auseinandersetzung mit wenigen, konkreten Bezugspersonen – dies sind üblicherweise Eltern, nahe Verwandte, Geschwister, Freunde. Im Laufe seines Lebens trifft es auf immer zahlreichere und auch weniger nahestehende Personen: das Individuum geht in den Kindergarten, den Turnverein, die Schule usw. Es lernt allmählich, dass es nicht alleine auf der Welt ist und sich die Welt nicht nur

---

1 Selbst ein Einsiedler, so ließe sich gedankenexperimentell entwickeln, setzt sich ja durch seine Abgrenzung *von* der Gesellschaft *mit* der Gesellschaft auseinander.

um es selbst dreht, sondern dass es gesellschaftliche Regeln und Normen gibt. Das Grüßen und Zurückgrüßen ist zum Beispiel eine solche Norm, die kleine Kinder schon sehr früh lernen. Wenn ein Kind bspw. nicht zurückgrüßt, sagt irgendwann ein Erwachsener einen Satz wie „Wie sagt man?" und erwartet dann, dass das Kind sein Regelwissen bemüht und die Norm zur Anwendung bringt. In solchen „Man"-Formulierungen („Man kaut nicht mit offenem Mund", „man flüstert nicht in Gegenwart Anderer" usw.) verbergen sich gewissermaßen normative Grundlagen, die das angemessene gesellschaftliche Verhalten an das Kind herantragen. Aber nicht nur an das Kind. Auch im weiteren Lebenslauf sind Personen immer wieder gefordert, sich angemessen – also entsprechend der Regeln – zu verhalten und müssen dies tun, ohne sich selbst/ihre Identität preiszugeben.

Das Originelle am Sozialisationsbegriff ist, dass das Verhalten und die Vergesellschaftung nicht allein durch genetische Vererbung erklärt werden und auch nicht als natürliche Folge einer „richtigen" Erziehung gelten kann. Wäre gesellschaftliches Handeln nur Folge der Vererbung, dann könnte der Mensch nur instinktgeleitet handeln und es gäbe vermutlich nicht jenen sozialen Wandel, wie er beim Menschen in der relativ kurzen Zeit seiner Evolution geschehen ist. Wäre all das, was der Mensch wird, nur Erziehung, so würde der Mensch nur durch den Willen und das Wissen seiner Vorfahren „geformt". Die Frage eines eigenständigen „Sich-ins-Verhältnis-Setzen-zur-Gesellschaft" würde sich dann kaum stellen.

Weil der Mensch als Individuum (heute sicherlich mehr als während der historischen Epoche des Feudalismus vor der Aufklärung[2]) jedoch einer Vielzahl von Einflüssen und Begegnungen mit anderen Menschen ausgesetzt ist, weil Familie, Schule und Freundeskreis einen zentralen Einfluss darauf haben, wie der Mensch in der Gesellschaft wird, sprechen wir von Sozialisation. Der Begriff hatte nach seiner Etablierung Anfang des 20. Jahrhunderts durch Ansätze, die später in diesem Band vorgestellt werden (vgl. auch: Geulen 1998, S. 24ff.), in der Bundesrepublik in den 1960er und 70er Jahren Konjunktur. Hier entstanden einige zentrale Studien, die zum Beispiel auch danach fragten, wie Kinder sich in Abhängigkeit ihrer sozialen Herkunft entwickeln und welche Bedeutung Familie in diesem Zusammenhang hat (vgl. Oevermann u. a. 1976; Parsons/Bales 1955/2007), welche Bedeutung Schule im kindlichen und jugendlichen Lebenslauf hat (Klemm/Rolff/Tillmann 1984;

---

2    Mit Aufklärung ist jene historische Epoche beschrieben, die im 17./18. Jahrhundert auf einer Stärkung rationalen Denkens zur Förderung des Fortschritts zielte. Sie bezeichnet gleichzeitig eine geistige und soziale Reformbewegung und die erstarkende Orientierung auf die Erklärung kultureller und natürlicher Zusammenhänge nach wissenschaftlichen Rationalitätskriterien (vgl. Blankertz 1992).

Ulich 1998), und wie sich davon die sozialisatorische Bedeutung von Gleichaltrigen unterscheidet (Youniss 1980/1994; Krappmann 1998)[3].

In klassischen Studien werden, wenn es um Sozialisation geht, häufig vor allem Kindheit und Jugend in den Blick genommen. Dabei verweisen schon die Studien von Erik H. Erikson aus den 1950er Jahren darauf, dass Individuation (i. e. die Werdung des Individuums in Auseinandersetzung mit der Gesellschaft) ein lebenslanger Prozess ist, der nicht mit der Übernahme einer Berufsrolle endet. Auch biografische Passagen, wie Elternschaft, Trennung, Verrentung und sogar der Tod stellen wichtige sozialisatorische Passagen dar, in denen das Individuum seinen Platz in der Gesellschaft jeweils neu ordnen muss und für die es als angemessen geltende Verhaltensweisen entwickeln muss. Mit einigen Autorinnen und Autoren lässt sich deshalb davon sprechen, dass sich Sozialisation in Krisen vollzieht: z. B. Siegmund Freund, Ulrich Oevermann, Hans-Josef Wagner (vgl. Kap. 3.2 und 3.7). Dabei beschreibt jedoch der Krisenbegriff nicht die gewaltsame Bedrohung des Individuums, wie das zuweilen im Alltag formuliert wird, wenn davon die Rede ist, „eine Krise zu haben" oder „die Krise zu kriegen"; Krise wird vielmehr als Entscheidungs- und Wendepunkt aufgefasst, der individuell und vor dem Hintergrund der bisherigen sozialisatorischen Erfahrungen bearbeitet wird. In jedem Lebenslauf der Moderne gibt es Krisen, die mehr oder weniger für jedes Individuum gelten (Geburt, Einschulung, Ablösung vom Elternhaus, Integration in die Arbeitswelt, Heirat, Elternschaft, Verrentung, Tod). Und es gibt Krisen, die nicht unbedingt auf alle Individuen zutreffen: zum Beispiel die Erfahrung, zu einem bestimmten Milieu zu gehören, Migrationserfahrung, als Mädchen oder Junge geboren zu sein, homosexuell zu sein, einer bestimmten Jugendkultur anzugehören usw. Schließlich gibt es auch Krisenerfahrungen, die nur das einzelne Individuum macht und niemand sonst.

Theorien behandeln allerdings mehr das Allgemeine und so beschäftigt sich auch dieser Band mit allgemeinen Grundlagen der Sozialisation. Der Schwerpunkt liegt dabei auf der Schule, da Schule in der Moderne eine große Bedeutung einnimmt.

Während Familie als primäre Sozialisationsinstanz gilt, weil in ihr die ersten Erfahrungen gemacht werden, wird die Schule (ebenso wie die Gleichaltrigen) als sekundäre Sozialisationsinstanz bezeichnet. Instanzen, die im Erwachsenenalter sozialisieren, werden tertiäre Sozialisationsinstanzen genannt, als quartäre gelten Sozialisationsinstanzen, die im Alter Bedeutung erlangen.

---

3 Diese Angaben sind nicht vollständig, sondern geben nur einen Einblick in die Breite des Forschungsfeldes.

Der Schulbesuch ist nun deshalb bedeutungsvoll, weil er alle Kinder und Jugendlichen in modernisierten Gesellschaften betrifft. Dies wird von einigen Theoretikern als große Errungenschaft gesehen (vgl. Meyer 2005), da mit dem modernen Schulwesen die Bedeutung der durch Geburt gegebenen sozialen Ungleichheiten abnimmt. Während zum Beispiel vor der Aufklärung der Schulbesuch ein Privileg für sehr wenige Kinder und Jugendliche war, haben heute alle die Gelegenheit (und die Pflicht) Lesen und Schreiben zu lernen. Kritisch daran ist zu sehen, dass die moderne Schule auch andere Vermittlungsinstanzen verdrängt, dass sie die kulturelle Ordnung der westlichen Moderne fortschreibt und damit Chancengleichheit trotz der relativen Steigerung gegenüber dem Feudalismus eine Illusion bleibt (Ha/ Schmitz 2015; Bourdieu/Passeron 1971).

Zum **Aufbau** des Bandes: Im folgenden **zweiten Kapitel** wird der Fokus eng auf Schule gestellt. Dabei wird zunächst die Phase schulischer Sozialisation in ein Phasenmodell des Lebenslaufs eingebettet. Anschließend wird Sozialisation von anderen Begriffen (dies sind: Erziehung, Bildung, Lernen und Enkulturation), die für Schule auch bedeutsam sind und im Alltag häufig synonym verwendet werden, abgegrenzt. Auch wird Schule als Sozialisationsinstanz ins Verhältnis zu anderen Sozialisationsinstanzen gesetzt. Dabei konzentrieren wir uns auf zwei für Kindheit und Jugend zentrale Instanzen: Familie und Gleichaltrige. Im **dritten Kapitel** werden zentrale Ansätze der Sozialisation angesprochen und skizziert. Dabei steht ein doppeltes Ziel im Vordergrund: erstens soll die Bedeutsamkeit der vorgestellten Ansätze für die schulische Sozialisation herausgearbeitet werden; zweitens dienen diese Anlagen als Grundlagenwissen der von uns etablierten strukturtheoretischen Perspektive (vgl. Kapitel 5). Wir haben für das dritte Kapitel sowohl klassische als auch neuere Ansätze ausgewählt, die in einem spezifischen Verhältnis zu der hier immer wieder thematisierten strukturalen Sozialisationstheorie stehen, der es darum geht, die Bedeutungslogik von Sozialisationsinstanzen für den Prozess des Aufwachsens im Blick zu haben. Das **vierte Kapitel** behandelt das Thema soziale Ungleichheit. Wir haben uns auf die drei zentralen Ungleichheitskategorien: Milieu/soziale Herkunft, Geschlecht und Ethnizität/Migrationserfahrung und deren Zusammenwirken konzentriert. Es folgt ein **fünftes Kapitel** zu eigenen sozialisationstheoretischen Studien, anhand derer wir das Zusammenspiel unterschiedlicher Sozialisationsinstanzen noch einmal beleuchten werden. Der Band schließt mit einem kurzen **sechsten Kapitel**, das nach Konsequenzen der dargestellten Auseinandersetzung für Schule und das Handeln der Lehrkräfte fragt.

Das **Vorgehen** des Bandes ist fallorientiert. Das bedeutet, dass Fälle aus der Sozialisationspraxis zeigen, welche theoretischen Bedeutungen hier ableitbar sind. Die grundlegende Annahme, die sich mit der hier bemühten Fallarbeit verbindet, ist die, dass sich am Fall als einer besonderen Ausdrucksgestalt von Praxis allgemeine

Bedingungen des Handelns zeigen lassen. Dieses Allgemeine ist prinzipiell nicht als solches zu erfahren, sondern immer vermittelt über besondere Situationen. Wenn zum Beispiel eine Mutter ihr Kind am Tisch ermahnt („Man spricht nicht mit vollem Mund"), dann verbirgt sich dahinter eine allgemeine Norm (Tischmanieren), die auf der gesellschaftlichen Regel des kultivierten Umgangs miteinander basiert. Wenn ein Lehrer eine Schülerin ermahnt („Grüße bitte das nächste Mal zurück"), steht auch dahinter eine Norm, hinter der sich die Regel verbirgt, dass soziales Handeln gegenseitig angelegt ist. Alle Akteure handeln also in besonderen Situationen, aber diesen Situationen liegen allgemeine Bedingungen des Sozialen zugrunde. Deshalb lassen sich an Fällen aus der Praxis auch allgemeine Bedingungen der Praxis zeigen (vgl. Hummrich u. a. 2016). Darum werden wir in diesem Band Fallbeispiele präsentieren, die nicht nur nachvollziehbar machen, was mit den abstrakten, allgemeinen Theorien gemeint ist, sondern die auch die allgemeinen Bedingungen sozialisatorischen Handelns konkret werden lassen.

## Literatur (Tipps zum Weiterlesen fett gedruckt)

Bales, R. F./Parsons, T. (2007): Family: Socialization and Interaction Process. Abingdon, UK: Routledge.

**Blankertz, H. (1992): Geschichte der Pädagogik. Von der Aufklärung bis zur Gegenwart. Wetzlar: Büchse der Pandora.**

Bourdieu, P./Passeron, J.-C. (1971): Die Illusion der Chancengleichheit: Untersuchungen zur Soziologie des Bildungswesens am Beispiel Frankreichs. Stuttgart: Klett.

Erikson, E. H. (1973): Identität und Lebenszyklus. Drei Aufsätze. 27. Aufl., Suhrkamp Verlag.

**Geulen, D. (1998): Die historische Entwicklung sozialisationstheoretischer Ansätze. In: Hurrelmann, K./Ulich, D. (Hrsg.): Handbuch der Sozialisationsforschung. 5. Aufl., Weinheim: Beltz.**

Ha, K. N./Schmitz, M. (2015): Der nationalpädagogische Impetus der deutschen Integrations(dis)kurse im Spiegel der postcolonial studies. In: Mecheril, P./Witsch, M. (Hrsg.): Cultural Studies und Pädagogik: Kritische Artikulationen. Bielefeld: transcript Verlag, S. 225–266.

Hummrich, M./Hebenstreit, A./Hinrichsen, M./Meier, M. (2016): Was ist der Fall?: Kasuistik und das Verstehen pädagogischen Handelns. Wiesbaden: VS Verlag für Sozialwissenschaften.

Krappmann, L. (1998): Sozialisation in der Gruppe der Gleichaltrigen. In Hurrelmann, K./Ulich, D. (Hrsg.): Handbuch Sozialisationsforschung. 5. Aufl., Weinheim: Beltz.

Meyer, J. W. (1977): The Effects of Education as an Institution. In: American Journal of Sociology, 83(1), 55–77.

Oevermann, U./Kieper, M./Rothe-Bosse, S./Schmidt, M./Wienskowski, P. (1976): Die sozialstrukturelle Einbettung von Sozialisationsprozessen: Empirische Ergebnisse zur

Ausdifferenzierung des globalen Zusammenhangs von Schichtzugehörigkeit und gemessener Intelligenz sowie Schulerfolg. In: Zeitschrift für Soziologie, H. 5/1976, S. 167–199.

Rolff, H.-G./Klemm, K.,/Tillmann, K.-J. (1984): Jahrbuch der Schulentwicklung II. Daten, Beispiele und Perspektiven. Weinheim: Beltz.

**Ulich, K. (1997): Schulische Sozialisation. In: K. Hurrelmann & K. Ulich (Hrsg.), Handbuch Sozialisationsforschung. 5. Aufl., Weinheim: Beltz, S. 377-396.**

Youniss, J. (1994): Soziale Konstruktion und psychische Entwicklung: Beiträge zur Soziogenese der Handlungsfähigkeit. Frankfurt a. M.: Suhrkamp Verlag.

# Was ist schulische Sozialisation? 2

Im vorhergehenden Kapitel wurde über den Sozialisationsbegriff ganz allgemein informiert. Dabei wurde deutlich, dass Sozialisation ein lebenslanger Prozess ist, in dem es um die Sozialwerdung, oder anders ausgedrückt: die Vergesellschaftung des Individuums geht. Das Individuum ist durch Gesellschaft entstanden, es kann sich von ihr distanzieren, auf sie beziehen und in ihr handeln. Eine ganz zentrale Rolle bei der Vergesellschaftung nimmt die Schule ein, denn in ihr löst sich das Kind von den konkreten Familienbeziehungen und ist nicht mehr nur als vereinzelte Person anerkannt, sondern es setzt sich damit auseinander, gleich unter Gleichen zu sein (zum Beispiel, indem es an gleichen Kriterien wie andere gemessen wird). Deshalb bedarf das nun folgende Kapitel einer besonderen Aufmerksamkeit.

Wir möchten in diesem Zusammenhang zunächst auf die Phasen der Sozialisation in ihrem Verhältnis zur schulischen Sozialisation eingehen. Dass die Auseinandersetzung mit der Gesellschaft nicht immer gleichartig ist, dürfte klar sein: Individuen verändern sich ständig und besonders in der Kindheit und Jugend ist diese Veränderung in einer sehr schnellen Abfolge sichtbar. Heranwachsende haben spezifische Aufgaben zu erfüllen und an sie werden bestimmte Erwartungen herangetragen. Dies betrifft auch die Schule. Mit den Sozialisationsphasen soll also das Kapitel starten (2.1). Danach folgt eine Auseinandersetzung mit den, für den Prozess des Heranwachsens, zentralen Begriffen: Erziehung, Bildung, Lernen und Enkulturation. Hieran soll die Spezifik und besondere Bedeutung des Begriffs schulischer Sozialisation herausgearbeitet werden (2.2). Schließlich findet schulische Sozialisation nicht isoliert von anderen Beziehungsgefügen statt. Familie und Freundeskreis haben auch eine hohe Bedeutung für Kinder und Jugendliche und sollen im dritten Teilkapitel (2.3) ins Verhältnis zu schulischer Sozialisation gesetzt werden.

## 2.1    Die Phasen der Sozialisation in ihrem Verhältnis zur schulischen Sozialisation

Schulische Sozialisation ist, ebenso wie die sie einbettenden Prozesse (Erziehung, Bildung, Lernen, Enkulturation), nicht zu jedem Zeitpunkt des Schulbesuchs gleich, da sich Kinder und Jugendliche aufgrund der Sozialisationserfahrungen entwickeln. Neben der Betrachtung unterschiedlicher im Zusammenhang mit Sozialisation stehender Begriffe (vgl. Kap. 2.1, Abb. 2.2) lassen sich mit Klaus-Jürgen Tillmann (2010) als ein wichtiges Strukturierungsprinzip im Sozialisationsprozess auch unterschiedliche Phasen unterscheiden. Im Laufe des Lebens und der menschlichen Entwicklung (der Ontogenese), werden Erfahrungen *aufgeschichtet* – sie „bilden den Horizont, vor dem neue Erfahrungen ihre Bedeutung gewinnen" (vgl. Tillmann 2010, S. 25). So trifft ein Kind, das eingeschult wird, bereits vor dem Hintergrund spezifischer familialer und institutioneller Erfahrungen auf die Schule: es ist bereits sechs oder sieben Jahre mit seinen Eltern und eventuell Geschwistern und anderen Personen aufgewachsen, die Familie war in einem bestimmten Milieu verortet und das Kind ist mit großer Wahrscheinlichkeit in einen Kindergarten oder eine Kindertagesstätte gegangen. Weil die Familie von der Schule als Sozialisationsinstanz grundlegend unterschieden ist (vgl. Kap. 2.3), spricht man hier von primären Sozialisationserfahrungen, gegenüber den sekundären, die in der Schule gemacht werden.

Das Kind ist also mit bestimmten Übergängen konfrontiert, die es sein Leben lang begleiten werden, nicht nur weil sich die Erfahrungen dieser Übergänge als biographische Erfahrungen aufschichten, sondern auch, weil der Schuleintritt, die Übergänge in der Schulzeit und der Schulaustritt wichtige Markierer im Lebenslauf sind, in denen unterschiedliche Bereiche (zum Beispiel Familie, Schule, Freundeskreis) zueinander vermittelt werden müssen. Schließlich fallen in die Phase der schulischen Sozialisation (also das Lebensalter zwischen ca. 6 und 15-19 Jahren) Phasen der Persönlichkeitsentwicklung, von denen das schulische Lernen nicht unberührt bleibt. Schulisches Lernen umfasst also in den meisten Fällen die Phase der Kindheit und der Jugend. Dabei hat die allgemeine Schulpflicht umgekehrt wesentlich dazu beigetragen, dass sich Kindheit und Jugend in diesem Umfang herausbilden konnten. So war es Ende des 19./Anfang des 20. Jahrhunderts keineswegs selbstverständlich, dass alle Gesellschaftsmitglieder eine Jugendphase hatten, sondern viele Personen sind nach einer kurzen Schulzeit bereits sehr früh in den Arbeitsmarkt eingemündet. Jugend – und Kindheit auch – sind also nicht naturgegeben, sondern historische und kulturell abhängige „Produkte". Gleichwohl sind in diese kulturell-historischen Bedingungen von Kindheit und Jugend auch Entwicklungsaufgaben eingelagert, mit denen das schulische Leben auch konfrontiert wird: der Wechsel von der frühen in die mittlere Kindheit fällt in etwa mit dem Schuleintritt zusammen; Fragen nach der grundlegenden Auseinandersetzung mit den Eltern in der Jugendphase liegen in einem Zeitraum, in dem wichtige schulische Entscheidungen und Abschlüsse vorbereitet werden; am Ende der Schulzeit stellen sich bedeutende Fragen danach, wie das Leben als Erwachsener oder Erwachsene zu gestalten sei. Selbstverständlich zögern die Abhängigkeiten eines Studiums den vollendeten Übergang in das Erwachsenenleben hinaus (man spricht hier von der Post-Adoleszenz, also der nach-jugendlichen, aber noch nicht erwachsenen, Phase), doch die Aufgabe, die eigene Person mit den gesellschaftlichen Anforderungen auszubalancieren, stellt sich im Anschluss an die Schule gleichwohl. So kann man modellhaft von unterschiedlichen Phasen der schulischen Sozialisation sprechen, die selbstverständlich auch in vorgängige und folgende Phasen des Sozialisations-prozesses eingebettet sind (Abb. 2.1).

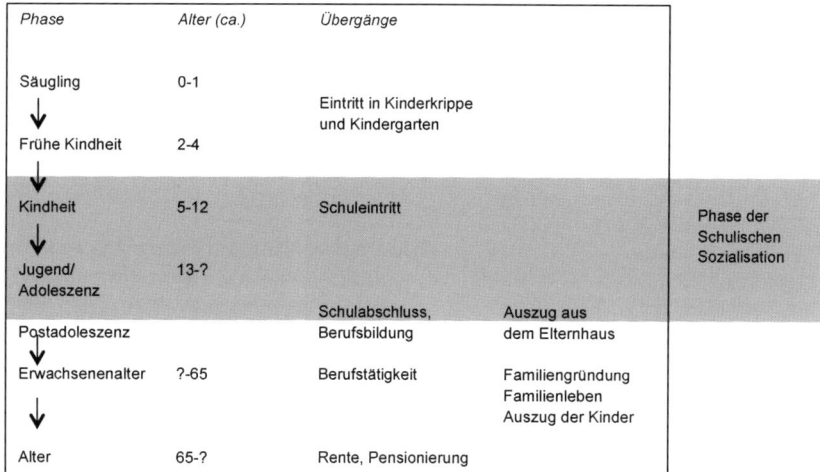

**Abb. 2.1**    Phasen im Sozialisationsprozess nach Tillmann (2010) mit besonderer Fokussierung der schulischen Sozialisation

Insgesamt muss kritisch angemerkt werden, dass die hier benannten Phasen nicht als starr angenommen werden sollen. So kritisieren Britta Hoffarth und Paul Mecheril (2006) allzu starre Sozialisationsmodelle. Auch im Erwachsenenalter gibt es zum Beispiel Lebensphasen, in denen sich die Lebensführung nicht sehr deutlich von jugendlichen Lebensführungen unterscheidet. Manchmal entscheiden sich

Personen zum Beispiel für die Wiederaufnahme eines Studiums oder sie ziehen in
eine andere Stadt oder vollziehen und verarbeiten eine Trennung. Dies führt dann
dazu, dass sie möglicherweise neue Freiheiten haben, sich ihre finanzielle Situation verändert usw. Sie leben dann ähnlich wie Jugendliche oder postadoleszente
Personen – also Personen, die schon erwachsen sind, aber noch nicht über einen
Beruf in die gesellschaftlichen Arbeitsbedingungen involviert sind. Dennoch soll
hier auf Strukturierungsprinzipien verwiesen werden, die sich gesellschaftlich und
historisch herausgebildet haben, die aber in einer gewissen Variabilität verstanden
werden müssen:

> Schulische Sozialisation umfasst verschiedene Phasen des Lebenslaufs. In der
> Erwartung der Normalbiographie ist die Schulerfahrung in die Lebensphasen
> Kindheit und Jugend eingelagert. Das bedeutet, dass neben dem Wissenserwerb
> auch die lebensphasentypischen Entwicklungsaufgaben bewältigt werden müssen.
> Zu diesen gehört in der Kindheit die Auseinandersetzung mit allgemeinen Anforderungen der Gesellschaft, in der Jugend die Entwicklung eines eigenständigen
> Verhältnisses zur eigenen Vergangenheit, Gegenwart und Zukunft.

## Literatur (Tipps zum Weiterlesen fett gedruckt)

Mecheril, P./Hoffarth, B. (2009): Adoleszenz und Migration. Zur Bedeutung von Zugehörigkeitsordnungen. In: King, V./Koller, H.-C. (Hrsg.): Adoleszenz — Migration — Bildung.
    Wiesbaden: VS Verlag für Sozialwissenschaften, S. 239–258.
**Tillmann, K.-J. (2010): Sozialisationstheorien. Eine Einführung in den Zusammenhang
    von Gesellschaft, Institution und Subjektwerdung. Reinbek bei Hamburg: Rohwolt.**

## 2.2    Schulische Sozialisation im Verhältnis zu Erziehung, Bildung und Enkulturation

Um die Frage, was schulische Sozialisation ausmacht und inwiefern diese Situation
wissenschaftlich auch mit anderen Begriffen wie dem der Erziehung, der Bildung,
der Entwicklung und der Enkulturation bestimmt werden können, soll es im ersten
Teil dieses Kapitels gehen. Dabei haben wir uns für eine „fallorientierte" Darstellungsweise entschieden. Um also im Folgenden einen praktischen Einblick in die
Spezifik schulischer Sozialisation zu geben, sei folgendes Fallbeispiel vorweggeschickt:

---

Erik Wagner im Chemieunterricht:

Lehrerin: *erik jetz hör mal auf zu malen (4) so . ich behaupte jetzt dass weder die kohlensäure noch die schweflige säure noch die säure die da allgemein entsteht eine säure ‚sind' (betont). warum hab ich recht (fragend)*
*(stimmengewirr, 6 sek.)*

Lehrerin: *der erik sachts, dann sachs auch ‚so' (betont) dass es auch andere verstehen können*

Erik: *‚jaaa' (gedehnt, überlegend) da is gar kein hydroniumion bei und das ist ein wichtiger bestandteil der säure*

Lehrerin: *ja also is gar kein hydroniumion dabei . was kann denn die säure die da entsteht gar nischt machen (fragend), jannis*

In diesem kurzen Fallbeispiel geht es oberflächlich betrachtet zunächst um eine Wissensabfrage im Fach Chemie. Die 16jährigen Schülerinnen und Schüler haben sich in den vergangenen Wochen mit Säuren und Basen auseinandergesetzt und sollen zu an die Tafel geschriebenen Formeln nun nähere Bestimmungen vornehmen. Doch auch wenn es auf den ersten Blick wie eine „ganz normale" Frage-Antwort-Situation aussieht, verbirgt sich dahinter implizit Sozialisation und können an diesem Beispiel auch Begriffe verdeutlicht werden, die im Alltagsgebrauch ähnlich wie Sozialisation verwendet werden, aber fachlich einen davon unterschiedenen Bezugspunkt haben (aus: Helsper et.al. 2009).

---

Was hat dieses Beispiel nun mit schulischer Sozialisation zu tun? Vergegenwärtigen wir uns an dieser Stelle noch einmal die Arbeitsdefinition von Sozialisation:

Sozialisation ist zugleich Vergesellschaftung, weil der Mensch soziokulturelle Werte, Normen und soziale Rollen übernimmt und lernt, sich „angemessen" zu verhalten; sie ist aber auch Individuation, weil sich der Mensch individuell mit der Gesellschaft, in der er aufwächst, auseinandersetzt. Vergesellschaftung und Individuation sind also permanente Aufgaben, die sich durch die Sozialisation ziehen.

Erik zeigt sich hier nun als eine Person, die sich von etwas Schulischem abgrenzt: er folgt dem Unterricht nicht mit voller Aufmerksamkeit, sondern malt. Malen ist eine Tätigkeit, die sehr deutlich selbstbezüglich ist. Anstatt sich also am sozialen Geschehen des Unterrichts zu beteiligen, beschäftigt er sich mit sich selbst (mög-

licherweise mit etwas, was für sein Selbst sehr wichtig ist). Die Lehrerin zeigt ihm
allerdings mit ihrem Aufruf „hör mal auf zu malen", dass sie Eriks Verhalten in dieser
Situation nicht angemessen findet. Sie will ihn in das Klassengeschehen einbinden.
Damit vermittelt sie ihm eine Idee davon, was im Rahmen der schulischen *Normen*
(also der sozialen Verhaltenserwartungen) möglich ist und was nicht. Malen gehört
nicht zu den Tätigkeiten, die in diesem Moment geduldet sind.

Damit liegt eine spezifische, man kann auch sagen: eine besondere Situation
vor. An dieser besonderen Situation erfährt Erik zugleich, dass es allgemeine Bedingungen gibt, die dem Handeln zugrunde liegen und die an Regeln und Normen
geknüpft sind – beispielsweise: man malt nicht im Unterricht, insbesondere dann
nicht, wenn die Lehrerin ein Unterrichtsgespräch mit der gesamten Klasse führen
will. Und darüber hinaus erfährt Erik hier auch, dass es gesellschaftliche Situationen
gibt, in denen ein Verhalten, was ansonsten unproblematisch ist (er stört ja nicht),
als unangemessen gilt. Er entwickelt also ein Verhältnis zur Klassengemeinschaft
und zur Gesellschaft, in dem er die Erfahrung macht, dass sein Verhalten zuweilen
nicht angemessen ist und dann korrigiert wird.

Wir haben im Fall „Erik" ein Bespiel gesehen, in dem es zunächst um die Vermittlung von Normen geht – also darum, wie „man" sich in sozialen Situation
angemessen verhält. Gleichzeitig geht es, dies macht der Fortgang der Interaktion
deutlich, auch um die Qualifikation von Schülerinnen und Schülern – sie sollen
Wissen erwerben und damit für Arbeitsprozesse qualifiziert werden. Und es geht
um Selektion – wer die Leistung nicht bringt, erreicht nicht das gleiche Niveau
wie diejenige, die die Leistung erbringt. So leistet Schule auch einen Beitrag zur
Allokation: wer sich in der Schule bewährt hat, dessen Chancen sind hinterher
ungleich höher, eine begehrte gesellschaftliche Position zu erlangen (vgl. Fend
1980). Schule nimmt dabei die Position ein, die Leistungen von Kindern zu mes-
sen, und ist damit für die spätere gesellschaftliche Rollenübernahme maßgeblich.

Wir können somit zu folgender **Arbeitsdefinition schulischer Sozialisation**
kommen:

Schulische Sozialisation bezieht sich auf die Vermittlung gesellschaftlicher Normen
und trägt zu Qualifikation und Allokation der Person in der Gesellschaft bei. Als
Sozialisationsinstanz tritt die Schule dabei in Wechselwirkung mit der Person,
aber auch mit anderen Sozialisationsinstanzen wie der Familie, den Freunden
und außerschulischen Institutionen.

In der schulischen Sozialisation erfahren Kinder und Jugendliche sich selbst in einem gesellschaftlichen Handlungsraum, in dem nicht zwingend die Werte der Familie gelten, sondern in dem sie auf andere Kinder und Jugendliche sowie schulspezifische Normen und Werte bezogen werden (vgl. Durkheim 1984).

Nun können wir an dieser Stelle fragen: warum begreifen wir die Ermahnung der Lehrerin nicht einfach als Erziehungsinteraktion? Um zu verstehen, was **Erziehung** ist, betrachten wir den Kant'schen Erziehungsbegriff. Immanuel Kant (1724-1804) stellt in diesem Zusammenhang die Erziehungsbedürftigkeit des Menschen heraus: Weil der Mensch nicht wie das Tier über Instinkte verfügt, die sein Handeln anleiten „muß [er, die Verf.] sich selbst den Plan seines Verhaltens machen. Weil er aber nicht sogleich imstande ist, dieses zu tun, sondern roh auf die Welt kommt: so müssen es andere für ihn tun" (Kant 1977, S. 9). Das Ziel der Erziehung ist Mündigkeit, die vom Erzieher unterstützt wird. Erziehung beschreibt er dabei nicht als Technologie, die mechanisch betrieben werden kann, sondern als Kunst. Dabei differenziert Kant vier Stufen des Erziehungsprozesses aus:

1. *Disziplinierung*: hierbei geht es um die Bezähmung der Wildheit oder der Tierähnlichkeit des Menschen: „Disziplinieren heißt suchen zu verhüten, daß die Tierheit nicht der Menschheit, in dem einzelnen sowohl, als gesellschaftlichen Menschen, zum Schaden gereiche" (ebd., S. 16).
2. *Kultivierung* meint die Verschaffung der Geschicklichkeit durch „Belehrung und Unterweisung" (ebd.). Es geht darum, allgemeine Kulturtechniken zu erlangen, die später auf unterschiedliche Bereiche angewendet werden können (z. B. Lesen, Schreiben, Rechnen).
3. Mit der *Zivilisierung* wird der Mensch in die Gesellschaft ‚eingepasst': Zur Zivilisierung „sind Manieren, Artigkeit und eine gewisse Klugheit erforderlich, der zufolge man alle Menschen zu seinen Endzwecken gebrauchen kann. Sie richtet sich nach dem wandelbaren Geschmacke jedes Zeitalters" (ebd.).
4. Die *Moralisierung* vollendet die Erziehung, indem der Mensch die Gesinnung bekommt, seinem Handeln „gute Zwecke" zugrunde zu legen. „Gute Zwecke sind diejenigen, die notwendigerweise von jedermann gebilligt werden" (ebd.).

In diesem Zusammenhang arbeitet Kant dann auch das Dilemma der moralischen Erziehung heraus, das sich auf die Formel bringen lässt: „Wie kultiviere ich die Freiheit bei dem Zwange" (S. 20). Er spricht damit eine zentrale Erziehungs*antinomie* an – ein Spannungsverhältnis, das nicht überbrückbar ist: Erziehung ist einerseits in hierarchische Strukturen eingelagert und erfordert ‚Zwang', das heißt, die Fremdbestimmung (oder Heteronomie) des Handelns von Kindern und Jugendlichen. Erwachsene wirken erziehend auf Kinder ein und bestimmen über das Kind. Andererseits ist das Ziel der Erziehung ‚Freiheit', Selbständigkeit, Mündigkeit und Autonomie. Die Grundfrage eines jeden Erziehenden ist somit die nach der Begleitung einer Freiheit, die in gesellschaftliches Handeln und seine universalistischen (das heißt allgemeingültigen) Grundlagen eingebettet ist.

Bis heute formulieren Erziehungswissenschaftler die Aufgabe der Erziehung im Spannungsfeld von Freiheit und Zwang ähnlich aus. Sie stellen, wie Klaus Mollenhauer (1928-1998), heraus, dass sich Sozialisations- und Erziehungsprozesse am ‚erfolgreichen *Rollenhandeln*' zu orientieren haben (Mollenhauer 1973, S. 56), wenn das „heranwachsende Individuum zum Mitglied von Gruppen und also der Gesellschaft werden soll" (ebd., S. 56) und gesellschaftliche Aufgaben übernommen werden sollen (vgl. auch Kap. 3.4). Jene neueren Ansätze stärken jedoch die Perspektive der Wechselseitigkeit von Erzieher und zu Erziehendem (Educandem) gegenüber Kants Ausführungen. Indem diese Wechselseitigkeit von Erziehungsprozessen als Aushandlungs- und Interaktionsgeschehen in den Blick genommen wird, kommt es zu einer Relativierung des Machtgefälles. Jedoch vermag der Begriff von Erziehung nicht dahinter zurück, dass es sich um eine Beziehung zwischen einer „älteren, wissenderen oder kompetenteren Person und einer jüngeren, weniger wissenden oder nicht kompetenten" Person handelt – wie Friedrich Wilhelm Kron (2009) herausarbeitet. Es wird hier deutlich, dass ein strukturell wichtiger Aspekt der Erziehung die Generationendifferenz ist. Dies ist im Fall von Sozialisation nicht zwingend der Fall. Da Sozialisation sowohl intendiertes als auch nicht-intendiertes Einwirken von sozialer und materialer Umwelt (Gudjons 2008) umfasst, ist Erziehung vielmehr ein Teil des Sozialisationsprozesses. In der Schule zum Beispiel können auch alle andere Personen, wie auch die Orte und die mit ihnen verbundenen Normen, sozialisieren. Die Erziehung als Teil der schulischen Sozialisation ist allerdings durch die strukturelle Generationsdifferenz bestimmt – spielt sich also zumeist zwischen Lehrerin und Lehrer sowie Schülerin und Schüler ab.

**Fallbezug:**
In unserem Beispiel von **Erik im Chemieunterricht** finden wir schließlich auch einen Erziehungsprozess, da die Lehrerin die Interaktion klar hierarchisch gliedert („hör mal auf zu malen") und an dieser Strukturierung auch im Folgenden festhält („der eriks sacht's, dann sach's auch bitte so, dass es andere verstehen"). Erik soll somit das, was er gelernt hat, so anwenden, dass es in die Ordnung des Schulischen hineinpasst. Während aber insbesondere die beiden direktiven Aufforderungen darauf hinzuweisen scheinen, dass Erziehung und Sozialisation hier in eins fallen, verweist das Gesamt der Interaktion darauf, dass wir sie wissenschaftlich analytisch doch trennen müssen. Denn zwar ist der erziehende Anteil

auch sozialisierend. Aber auch das, was wir nicht direkt als erziehend erkennen können, sozialisiert. Dies wird deutlich, wenn wir den Verlauf der Interaktion betrachten: Die Lehrerin erzieht Erik, indem sie ihm Normen der Schule vermittelt und ihn auf die schulische Disziplin bezieht. Sie bettet diese Erziehung ein, indem sie die Erziehung in den sozialen Prozess des Unterrichts einlagert: die Interaktion zwischen den beiden Personen wird also auf die Gemeinschaft der Klasse bezogen. Dies wird nicht nur in dem „sachs auch bitte so, dass es andere verstehen können" deutlich, mit dem ein intentionaler Prozess der schulischen Vergemeinschaftung beschrieben ist: Erik soll sein Wissen nicht exklusiv für sich behalten, sondern es teilen; es wird auch deutlich in dem Übergang von der Interaktion mit Erik zur nächsten Frage und dem Aufrufen des nächsten Schülers. Hier liegt eine nicht-intendierte Sozialisationsleistung vor: das, was in der Schule stattfindet, richtet sich nicht an den partikularen Anerkennungs-bedürfnissen eines einzelnen Schülers aus, sondern an der gesamten Klasse und der Notwendigkeit, im Unterricht fachlich ‚voranzukommen'.

Es lässt sich festhalten: Während schulische Sozialisation das gesamte Sozialgeschehen der Schule in den Blick nimmt, ist schulische Erziehung auf das Verhältnis von Lehrerin und Lehrer sowie Schülerin und Schüler gerichtet. Im Mittelpunkt stehen hier die intendierten Prozesse der Vermittlung von Verhaltenserwartungen, Normen und Werten, von Rollenerwartungen und Anpassungserwartungen, die von einer generationsälteren an eine generationsjüngere Person herangetragen werden.

Neben der Erziehung sind auch **Bildung und Lernen** in Sozialisationsprozesse eingelagert. Dabei ist Bildung ein Begriff, der insbesondere in den letzten Jahren sehr stark diskutiert wurde – unter anderem deshalb, weil in Zusammenhang mit internationalen Leistungsvergleichsstudien wie PISA (Programme for International Student Assesment) und TIMSS (Trends in International Mathematics and Science Study) Bildungserfolg stark mit Leistungsfähigkeit und Kompetenzerwerb in Verbindung gebracht wurde. Dabei wird hier ein **Bildungsbegriff** verwendet, der sehr deutlich in Verbindung mit institutionellem Lernen steht und der zwischen Bildung und Lernen kaum Unterschiede macht[4]. Wenn wir aber die historische

---

4  Nur andeutungsweise lässt sich hier die Differenz von Bildung und Lernen umreißen. Häufig werden beide Begriffe auch synonym verwendet. Doch zeigt sich in der Beachtung der Differenz, dass Lernen sehr deutlich auf Wissensaneignung bezogen ist, während Bildung die Auseinandersetzung von Welt, Selbst und Sache einschließt (vgl. Marotzki 2000).

Entwicklung des Bildungsbegriffes betrachten, dann lässt sich ein Bildungsbegriff herausstellen, der weit mehr ist, als das (Er-)Lernen von Kompetenzen und das Abrufen von Leistungsfähigkeit, auch wenn der Lernbegriff mit seinen Bezügen zu informellem Lernen heute eine recht große Ausdehnung beinhaltet.

Der Bildungsbegriff wurde um 1800 – so schreibt Koller (2006) – als Reaktion auf den Erziehungsbegriff der Aufklärung entwickelt[5]. Maßgeblich für die Prägung des Bildungsbegriffs, wie er heute noch in weiten Teilen der Erziehungswissenschaft verwendet wird, ist Wilhelm von Humboldt (1767-1835). Humboldt stellt sich im Anschluss an Kant die Frage nach Zweck und Bestimmung des Menschen. Dabei formuliert er:

> „Im Mittelpunkt aller besonderen Arten der Thätigkeit nemlich steht der Mensch, der ohne alle, auf irgend etwas Einzelnes gerichtete Absicht, nur die Kräfte seiner Natur stärken und erhöhen, seinem Wesen Werth und Dauer verschaffen will. Da jedoch die blosse Kraft einen Gegenstand braucht, an dem sie sich üben, und die blosse Form, der reine Gedanke, einen Stoff, in dem sie, sich darin ausprägend fortdauern könne, so bedarf auch der Mensch einer Welt ausser sich" (Humboldt, zit. n. Tenorth 1986, S. 32).

Der Mensch steht damit nicht im Dienst religiöser Traditionen oder staatlicher Autoritäten, sondern es geht um Bildung seiner eigenen Kräfte – seines Inneren. Damit stellt sich Humboldt in die Tradition der Aufklärung, die am auf sich selbst bezogenen Subjekt und seiner Autonomie (vgl. Kokemohr 2007, S. 21) orientiert ist, das sich *am Gegenstand* bildet und sich auf diese Weise mit der Welt außer seiner auseinandersetzt. Der Gegenstand, der außerhalb des Menschen liegt, wird somit von Humboldt als „Welt" bezeichnet, zu der der Mensch in eine Wechselwirkung tritt.

Dieser Bildungsbegriff ist auch für weiterführende Bildungstheorien maßgeblich. Im Unterschied zu Erziehung, in der es um die (Interaktions-) Beziehung zwischen Erzieherin bzw. Erzieher und zu Erziehenden geht, wird hier das Verhältnis von Selbst und Welt thematisiert (vgl. Koller 2006, S. 80). Das **Lernen** ist demgegenüber viel weniger mit Persönlichkeitsentwicklung und subjektiver Veränderung verbunden. Zwar ist Lernen auch ein Prozess, der am sachlichen Gegenstand erfolgt, er ist allerdings eher auf Wissenserwerb und weniger auf Veränderung des Selbst gerichtet.

---

5   Mit dem Begriff wurde eine theologische Spekulation von Meister Eckart über die Gottesebenbildlichkeit des Menschen aufgegriffen (Koller 2006, S. 73). „Etymologisch ist das Wort *Bildung* mit *Bild* verwandt und wird dementsprechend zunächst vorwiegend auf äußere Gestalt bzw. das Erscheinungsbild des Menschen gebraucht" (ebd.). Erst im 18. Jahrhundert löst sich dieser Gebrauch und es geht „um die Entwicklung der ganzen Person" (ebd.).

Bildung und Lernen geschehen entlang einer Sache/eines Gegenstandes, auf die oder den sich das zu bildende Subjekt bezieht. Dabei sind schulisches Lernen und schulische Bildung stark in die formalen Prozesse der Vermittlung eingebettet, während außerschulische Bildung und außerschulisches Lernen auch informell (also in alltägliche Handlungen eingebettet) geschieht. Als einen Unterschied von Lernen und Bildung können wir in diesem Zusammehang festhalten, dass Bildung zur Veränderung des Selbst führt, während Lernen vor allem als Wissensaneignung beschrieben werden kann.

Was das für schulische Bildung bedeutet, lässt sich am Arbeitsbündnis von Lehrerin und Lehrer sowie Schülerin und Schüler nachvollziehen. So besteht schulische Bildung der Anlage nach in einer gemeinsamen Auseinandersetzung der Schülerinnen und Schüler sowie der Lehrerin/des Lehrers mit einem fachlich begründeten Unterrichtsgegenstand.

**Fallbezug:**
Im **Beispiel Erik** geht es um das Fach Chemie und die Sache der Reaktionsgleichung. Das Arbeitsbündnis, das Lehrerin und Schüler hier eingehen, ist zentriert um diese Sache – dies macht die Lehrerin mit ihrer erziehenden Ermahnung unmissverständlich deutlich. Sie führt dabei vor Augen, dass es um allgemeines Wissen geht, das sie für relevant erachtet, damit es alle Schülerinnen und Schüler der Klasse aneignen, sonst würde sie nicht darauf dringen, dass auch die Unaufmerksamen (wie Erik) ihre Nebentätigkeit einstellen. Damit nennt die Lehrerin gleichzeitig die Bedingungen, unter denen sie das Arbeitsbündnis eingeht: wenn du dich der Sache widmest, widme ich dir auch Aufmerksamkeit. Diese Art der schulischen Bildung ist also keine rein selbsttätige Angelegenheit, sondern sie ist eingelagert in einen Kontrollprozess und einen Prozess der Normvermittlung.

Ob sich an der Auseinandersetzung mit der Sache nun tatsächlich ein Bildungsprozess vollzogen hat, können wir jedoch an dieser Stelle zunächst gar nicht feststellen, wenn wir davon ausgehen, dass sich in diesem Prozess das Subjekt in seinem Verhältnis zu sich selbst und zur Welt verändert. Zwar hat – nach einer Unterscheidung von Marotzki u. a. (2006) – Lernen stattgefunden, denn Erik zeigt mit seiner Antwort, dass er über die abgefragten Inhalte verfügt; aber ob ihn dieser Prozess nun verändert und er deshalb seine Umwelt mit anderen Augen sieht, kann aus dieser Interaktion nicht geschlossen werden. Deshalb könnte man auch prinzipiell die Frage stellen, ob Bildung überhaupt empirisch beforschbar sei (Schäfer 2011), weil sie in solchen Situationen immer nur als „Möglichkeitskategorie" aufscheine. Erik wird hier also eine Möglichkeit zur Bildung – das heißt zur Veränderung des Verhältnisses zu sich selbst und zu seiner Umwelt – gegeben. Deren tatsächlicher Vollzug oder Nicht-Vollzug kann jedoch in dieser Situation nicht überprüft werden, wie es überhaupt schwierig ist, einen Zeitpunkt festzulegen, an dem Bildung stattgefunden hat. Wohl aber werden im Nachhinein, das heißt in der Erfassung von Lebensgeschichten, Bildungsprozesse und -erfahrungen deutlich. Diese sind allerdings oftmals weniger auf die curricularen Inhalte schulischen Lernens bezogen, als vielmehr auf die persönlichen Krisen im Laufe einer Biographie, die zum Gegenstand der subjektiven Auseinandersetzung mit sich selbst und der Umwelt werden (vgl. Koller 2012).

Bildung, Erziehung und auch Lernen, das wurde hier deutlich, stehen jeweils in unmittelbarem Zusammenhang mit Sozialisation. Die Schule nimmt in diesem Zusammenhang als Erfahrungsraum und als Bildungsraum eine bedeutende Position im Leben von Kindern und Jugendlichen ein. In ihr finden Prozesse der Bildung, der Erziehung, des Lernens und der Sozialisation in institutionalisierter Form statt. Dabei wird nicht nur intendiert gelernt und erzogen, sondern im schulischen Alltag wird auch sozialisiert (vgl. Gudjons 2008, S. 168). So geht es in Interaktionen von Lehrerin und Lehrer sowie Schülerin und Schüler oftmals nicht nur um die Auseinandersetzung mit Wissen, sondern auch um die Frage angemessenen Verhaltens in der Schule.

Schulische Sozialisation bettet damit Prozesse von Bildung, Erziehung und Lernen ein. Sie ist auf die Reproduktion der Gesellschaft gerichtet, indem sie Kinder und Jugendliche auf eine schulische Ordnung bezieht, die auch mit den gesellschaftlichen Werten und Normen übereinstimmt. Damit repräsentiert Schule gleichzeitig die gesellschaftlich dominante Ordnung.

Doch wie verhalten sich Erziehung, Bildung, Sozialisation und Lernen zueinander? Um dies zu verstehen, soll hier noch einmal eine knappe Definition der bereits eingeführten Begriffe mit besonderem Bezug auf Schule erfolgen.

|  | … in der Schule |
|---|---|
| Sozialisation | Prozesse der Vergesellschaftung und Personwerdung (Individuation), die sowohl intendiert als auch nicht-intendiert ablaufen und das Gesamt der Auseinandersetzung von Person und Umwelt betreffen – das heißt: das gesamte schulische Leben umfassen, auch die Pausen; und alle schulischen Akteure: Schülerinnen und Schüler untereinander, Lehrpersonen, Hausmeister, Sekretäre, Eltern usw. |

| Erziehung | Intendiertes Handeln, das sich meist zwischen Kindern/Jugendlichen und Erwachsenen abspielt, bei dem also die Generationsdifferenz entscheidend ist. Bei Erziehung geht es um Normen und Werte, welche die schulische Ordnung bedingen. |
|---|---|
| Lernen | In der Schule geschieht Lernen zumeist formal (durch die Orientierung auf Qualifikationen und die institutionelle Rahmung im Unterricht)[6]. Hier geht es um Wissensaneignung nach durch einen Lehrplan bestimmten Vorgaben auf Seiten der Schülerinnen und Schüler, um Wissensvermittlung auf Seiten der Lehrerinnen und Lehrer. |
| Bildung | Bildung stellt die Person ins Zentrum der Betrachtung. Bildung geschieht in der Auseinandersetzung um eine Sache/einen Gegenstand zwischen Person und Umwelt. Die Sache muss nicht – wie beim Wissenserwerb – zwingend durch einen bestimmten Wissenskanon vorbestimmt sein, sondern kann auch eine Erfahrung sein, ein biographischer Übergang, eine Situation, in der die Person gefordert ist, ein sich selbst in ein neues/verändertes Verhältnis zur (Um-) Welt zu setzen. |

**Abb. 2.2**   Sozialisation, Erziehung, Lernen, Bildung

Wenn wir oben angenommen haben, dass Sozialisation erstens kulturell und historisch abhängig ist und dass sie zweitens durch die jeweilige Gesellschaftsform und die grundlegenden kulturellen Orientierungen einer Gesellschaft strukturiert wird, so können wir nun fragen, wie sich die unterschiedlichen kulturellen Dimensionen im Sozialisationsbegriff fassen lassen? Der Erziehungswissenschaftler Friedrich Wilhelm Kron benennt in diesem Zusammenhang den Prozess der **Enkulturation**. Er schreibt:

„Im Enkulturationsprozeß lernt der Mensch ein doppeltes: er lernt eine Grundpersönlichkeit auszubilden, aufgrund derer er ‚wie alle anderen‘ in seiner Kultur handeln kann. Das bedeutet in vieler Hinsicht für ihn sich anzupassen. Er lernt aber auch – mehr oder weniger durch Erziehung gefördert – seine unverwechselbare singuläre Identität auszubilden, also, so zu sein wie kein anderer‘" (Kron 2009, S. 49).

Der Enkulturalitonsprozess ist somit kulturell universal: die Techniken des Lesens, des Schreibens, der Sprache und der Mathematik (usw.) unterscheiden sich zwar von Land zu Land, sie werden jedoch im Erziehungsprozess vermittelt und ihnen wird zunehmend mehr Bedeutung beigemessen. Dies wird auch daran er-

---

6   Im Gegensatz zu formalen Lernkontexten wie der Schule wird Familie oder die Gleichaltrigengruppe zumeist als Kontext bezeichnet, in dem informelles und erfahrungsweltliches Lernen stattfindet – Lernen also, das nicht institutionalisiert ist, sondern in alltägliche Verrichtungen eingebettet ist (zum Beispiel in ein Gespräch usw.).

sichtlich, dass sich ein moderner Bildungsgedanke, aufgrund dessen Bildung für
alle zugänglich sein soll, in den letzten 150 Jahren immer umfassender umgesetzt
hat. Während es also selbstverständlich, aber nicht naturgegeben, ist, dass Kinder
(und Jugendliche) Schulen besuchen, um Kulturtechniken zu erlernen, mit denen
sie sich verständigen und an der Gesellschaft teilhaben können (um zu wählen,
ist es zum Beispiel von Vorteil, lesen zu können), ist die Art wie vermittelt wird
kulturspezifisch. Wie „man" spricht, was „man" liest, ist abhängig von der jeweiligen Kultur, der Gesellschaft, der Zeit, in der man sich befindet. Und es ist auch
abhängig davon, welche dem Enkulturationsprozess vorangehenden Erfahrungen
Kinder und Jugendliche gemacht haben. Wie in Kapitel 5 erarbeitet wird, treffen
Kinder und Jugendliche mit völlig unterschiedlichen Milieuerfahrungen auf die
Schule und sind insofern begünstigt oder benachteiligt, wenn es um die Aneignung
von Kulturtechniken geht. Dass allerdings jenseits dieser innergesellschaftlichen
Differenzierungen auch Differenzierungen zwischen den Gesellschaften Prozesse
der Enkulturation sozialisatorisch höchst unterschiedlich ausgestalten, lässt sich
schön am Beispiel des Übergangs in die Schule nachvollziehen.

**Fallbezug:**
Um dies zu verdeutlichen, soll hier auf eine kulturvergleichende Studie zum ersten
Schultag verwiesen werden. Dabei handelt es sich um die ethnographische Studie
„Der erste Schultag" von Sandra Rademacher (2009). In dieser Studie wurden erste
Schultage in Deutschland und den USA beobachtet, detailgetreu protokolliert
und miteinander verglichen. Während in deutschen Schulen zumeist eine Ein-
schulungsfeier stattfindet – zum Teil mit vorangehendem Gottesdienst (dies wird
in West- und Ostdeutschland unterschiedlich gehandhabt) –, wird in den USA
auf eine feierliche Einschulung verzichtet. Die Begrüßung in Deutschland wird
dabei durch Reden und kleine von älteren Schülern aufgeführte Inszenierungen
gerahmt, bevor die neuen Schulkinder in ihre Klassen gehen und einander kennen
lernen. Die Inszenierungen handeln davon, dass die Kulturtechniken nun von
allen angeeignet werden („Alle Kinder lernen lesen, Indianer und Chinesen")
oder dass Kinder sich nun neugierig, motiviert, angstfrei usw. der Verpflichtung
stellen sollen, in die Schule zu gehen. Die Begrüßungen der Schulleiterinnen und
Schulleiter ähneln sich in einer Struktur immer wieder: Es wird auf die Freude am
Lernen und die mögliche Angst, den Ernst und den Zwang zu Lernen verwiesen.

*„Schulleiter: Und alle Kinder waren ja eigentlich schon mal hier im Schulhaus
und ihr kennt euch somit alle schon ein bisschen aus. Aber ab heute beginnt
für die neuen Schulkinder ein neuer Lebensabschnitt und fünf Tage in der*

*Woche werdet ihr hier in der Schule verbringen. Ihr werdet in der Schule hoffentlich viel Neues erfahren. Schönes, nicht so Schönes. Manchmal macht's mehr Spaß, manchmal weniger. Das kennt ihr ja alles schon. Und ich denke, wir alle miteinander schaffen des schon. Und all die andern Kinder haben's vor euch auch geschafft" (Rademacher 2009, S. 161).*

Rademacher nennt die Figur, die hier exemplarisch deutlich gemacht wurde, den Duktus aus „Trost und Bedrohung". Damit zeigt sie, dass mit dem Aufruf zur Freude, zur Gemeinschaftlichkeit und zur Neugierde auf das Lernen eine Problematisierung des Schulischen einhergeht, die in Widerspruch zur feierlichen Begehung des Schulanfangs steht (vgl. Rademacher 2009, S. 56). Die Problematisierung spitzt sich im Übrigen in der Gabe der Schultüte zu, die aus der Storchentüte hervorgegangen ist, die ältere Geschwister zum Trost bei der Geburt jüngerer Geschwister bekamen. Wenn aber Trost notwendig ist, liegt keine ungebrochene Freude vor.

In den USA wird hingegen der Schulbeginn nicht als feierliche und durch Familien begleitete Zäsur begangen (ebd., S. 60). Das Muster, das sich durch die amerikanische Einschulung zieht, ist das einer totalen Institutionalisierung. Sichtbar wird dies darüber, dass die Schulleiterin die Schüler und Lehrer, die bereits von Beginn des Unterrichts an in ihren Klassen sind, nach dem gemeinsamen Fahneneid (Pledge of Allegiance) über Lautsprecher begrüßt:

*Schulleiterin: „Good Morning our teachers and students. I would like to take the opportunity to welcome back all of the students to Lincoln-Elementary and to welcome all of our new students in our building this year. For those of you who do not know me, my Name is Mrs. Miller and I am going to be your principal for the school year. I will be arround to each grade and each classroom to introduce myself" (Rademacher 2009, S. 162).*

Durch die Übertragung der Rede über Lautsprecher müssen alle Beteiligten – Lehrer und Schüler – ihre Tätigkeiten unterbrechen und zuhören. Dass dies zu den alltäglichen Bedingungen schulischen Handelns gehört, arbeitet Rademacher (ebd.) deutlich heraus. Dabei wird hier sehr deutlich, dass die Erstklässler zusammen mit allen Schülern im Sinne einer Rückkehrer-Begrüßung („welcome back") begrüßt werden und erst in einem zweiten Halbsatz im Zusammenhang mit allen neuen Schülerinnen und Schülern (wobei hierunter selbstverständlich auch Schüler höherer Klassen sein können, die diese Schule neu besuchen). Das bedeutet: die Besonderung nun in die erste Klasse zu gehen und zur Gemeinschaft der Lernenden zu gehören/ein Schulkind zu sein, wird in den USA nur wenig hervorgehoben. Im Vordergrund stehen die Regeln der Institution, in die die Schulkinder wie selbstverständlich eingefügt werden.

Wir sehen hier, dass zwei sehr unterschiedliche Erziehungskulturen vorliegen, die unterschiedliche Ansprüche an die Kinder formulieren, sprich: um zu sein „wie alle anderen" (Kron 2009, S. 49), müssen die Kinder in unterschiedlichen Kulturen verschiedene Haltungen einnehmen. Selbst wenn alle Kinder die Schulpflicht universell trifft, so ist sie doch kulturell unterschiedlich umgesetzt (vgl. Hummrich/ Rademacher 2013). In den somit umrissenen *Enkulturationsprozess* ist Sozialisation nun eingebettet. Mit Helmut Fend (1976) lässt sich diese Einbettung am Beispiel des Spracherwerbs darstellen: Der Prozess der Enkulturation umfasst den Erwerb der ‚Muttersprache', also der sinnhaften Kombination bestimmter Laute und der Tatsache, dass die Kombination von Lauten und Lautverkettungen bestimmten (grammatikalischen) Regeln unterliegt. Der Sozialisationsprozess ist jedoch mit der Aneignung von (implizitem) Wissen über soziale und moralische Normen verbunden.

Der Mensch „lernt, daß bestimmte Wörter unanständig sind und nicht gesagt werden dürfen. Das Kind soll nicht fluchen. Weiter lernt es, in gewissen Situationen nur in einer bestimmten Tonstärke zu reden" (ebd., S. 47).

Schulische Sozialisation ist folglich ebenso in den Prozess der Enkulturation eingebettet. Kinder lernen nicht nur, dass sie zur Schule gehen müssen und wie sie den Schulweg benutzen, um anzukommen, sie werden auch sozialisiert, indem sie ein Wissen darüber aneignen, wie „man" sich in der Schule verhält, das heißt, welche Normen für alle gelten und welche Möglichkeitsräume ihnen die jeweilige Kultur gibt, ihre Individualität zu behaupten.

## Literatur (Tipps zum Weiterlesen fett gedruckt)

Durkheim, E. (1984): Erziehung, Moral und Gesellschaft: Vorlesung an der Sorbonne 1902/1903. 7. Aufl., Frankfurt a. M.: Suhrkamp Verlag.
Fend, H. (1976): Sozialisierung und Erziehung. Weinheim: Beltz.
Fend, H. (1980): Theorie der Schule. München/Wien/Baltimore.
**Gudjons, H. (2008): Pädagogisches Grundwissen: Überblick – Kompendium – Studienbuch. 10. Auflage, Wiesbaden: UTB.**
Helsper, W./Kramer, R.-T./Hummrich, M./Busse, S. (2009): Jugend zwischen Familie und Schule: Eine Studie zu pädagogischen Generationsbeziehungen. Wiesbaden: VS Verlag für Sozialwissenschaften.

Hummrich, M./Rademacher, S. (Hrsg.) (2013): Kulturvergleich in der qualitativen Forschung. Wiesbaden: VS Verlag für Sozialwissenschaften.

Kant, I. (1977): Schriften zur Anthropologie, Geschichtsphilosophie, Politik und Pädagogik Frankfurt a. M.: Suhrkamp Verlag.

Kokemohr, R. (2007): Bildung als Welt- und Selbstentwurf im Anspruch des Fremden. In: Koller, H.-C./Marotzki, W./Sanders, O. (Hrsg.): Bildungsprozesse als Fremdheitserfahrung. Bielefeld: transcript Verlag, S. 13–69.

**Koller, H.-C. (2006): Grundbegriffe, Theorien und Methoden der Erziehungswissenschaft. Stuttgart: Kohlhammer.**

Koller, H.-C. (2011): Anders werden. In: Miethe, I./Müller, H.-R. (Hrsg.): Qualitative Bildungsforschung und Bildungstheorie. Opladen: Budrich-Verlag, S. 19–33.

Kron, F. W. (2009): Grundwissen Pädagogik (7. Aufl.). Stuttgart: UTB.

Marotzki, W. (2000): Bildungstheorie und Allgemeine Biographieforschung. In: Krüger, H.-H./Marotzki, W. (Hrsg.): Handbuch erziehungswissenschaftliche Biographieforschung. Wiesbaden: VS Verlag, S. 59-70.

Marotzki, W./Nohl, A.-M./Ortlepp, W. (2006): Einführung in die Erziehungswissenschaft. 2. Aufl., Stuttgart: UTB.

Mollenhauer, K. (1973): Theorien zum Erziehungsprozess. Zur Einführung in erziehungswissenschaftliche Fragestellungen. Weinheim: Beltz Juventa.

Rademacher, S. (2009): Der erste Schultag: Pädagogische Berufskulturen im deutsch-amerikanischen Vergleich. Wiesbaden: VS Verlag für Sozialwissenschaften.

Schäfer, A. (2011): Das Versprechen der Bildung. Paderborn: Verlag Ferdinand Schöningh.

**Tenorth, H. E. (1986): Allgemeine Bildung. Weinheim/München: Juventa.**

## 2.3 Die Sozialisationsinstanzen Familie und Gleichaltrige im Verhältnis zur Schule

Dass einzelne Schulen unterschiedliche Positionen in der Gesellschaft und im wechselseitigen Kampf um Dominanz in der kulturellen Ordnung der Gesellschaft einnehmen, wird später noch herauszustellen sein. Strukturell bedeutsam ist an dieser Stelle zunächst die Spezifik der Schule als Sozialisationsinstanz. Diese Spezifik kann ganz deutlich herausgearbeitet werden, wenn die *Sozialisationsinstanz Schule* ins Verhältnis zu anderen Sozialisationsinstanzen gesetzt wird.

Als Sozialisationsinstanzen gelten neben der Schule besonders die Familie und die Gleichaltrigen (Peers). In den letzten Jahren wird daneben auch von den Medien als *vierter Sozialisationsinstanz* gesprochen. Die außerschulischen Sozialisationsinstanzen stehen in einem jeweils spezifischen Verhältnis zur Schule.

Die Bedeutsamkeit der **Familie** in Zusammenhang mit der Schule wurde bereits im 19. Jahrhundert durch führende Philosophen und Soziologen herausgestellt. So beschreibt Georg Wilhelm Friedrich Hegel (1770-1831) in seinen Gymnasialreden Schule als als eine Art „Mittel-Sphäre" zwischen Familie und Gesellschaft (Hegel 1995), „die das Kind aus dem Kreis der Liebe, der Empfindung und Neigung in das Element der Sache" hin zur „Welt" führt (ebd., S. 48). Wie später der Soziologe Emile Durkheim (1858-1917) fasst Hegel Familie und Schule als unterschiedliche Funktionsbereiche auf: Während es in der Familie um emotional nahe Beziehungen geht, ist die Schule für Wissensvermittlung und Normierung zuständig. Diese Spannung zwischen Familie und Schule hat auch heute eine strukturelle Bedeutsamkeit, obwohl schulkulturelle Unterschiede (also zum Beispiel die Frage, ob eine Schule reformpädagogisch, elitär oder inklusiv ist) unterschiedliche Dimensionen in das Gefüge zwischen Familie und Schule bringt. Nimmt die Schule – etwa unter zunehmendem Leistungsdruck – familial einen immer bedeutsameren Stellenwert ein, wird davon geredet, dass sie in die Familie hineinragt (Tyrell 1985) oder die Familie scholarisiert wird. Aber auch der umgekehrte Fall ist denkbar: insbesondere in reformpädagogischen Schulkulturen finden wir Entwürfe, in denen die Schule weitgehend familialisiert ist, indem sie danach strebt, familiale Defizite auszugleichen (Hummrich 2008). In diesem Spannungsfeld der Scholarisierung der Familie gegenüber der Familialisierung der Schule stehen auch Schulformen wie die Ganztagsschule. Mit dem Argument, diese Schulform würde ein Beitrag zur Chancengleichheit leisten und insbesondere die Chancen von Kindern verbessern, die in ihrer Familie keine ausreichende Förderung erfahren, werden Aufgaben der Familie an die Schule übertragen.

Die Beziehungen zu **Gleichaltrigen (Peers)** sind für Kinder und Jugendliche im schulpflichtigen Alter ebenfalls eine relevante Sozialisationserfahrung. Durch sie erleben Kinder und Jugendliche Anerkennung außerhalb der sehr stark durch andere Erwachsene geprägten und damit deutlich hierarchisch strukturierten Sozialisationsfelder. Gleichaltrige, oder *Peers* (= Ähnliche), wie sie in der Fachliteratur genannt werden, sind für die Entwicklung von Gleichheit und Wechselseitigkeit unverzichtbar (Youniss 1980; Parsons 1987). Kinder und Jugendliche untereinander können reziproke und kooperative Beziehungen miteinander einüben. Ihr Verhältnis zur Schule ist in dem Maße spannungsreich, wie Kinder und Jugendliche Beziehungen zu Peers als Ausgleich *gegenüber* der Schule sehen oder als eine Möglichkeit der Erfahrung von Unterstützung und Integration *in* die Schule (vgl. Hummrich/Helsper 2011). Doch auch wenn Kinder und Jugendliche Peers als integrativ erleben, sind die Beziehungen gegenüber den schulischen Beziehungen unterschiedlich strukturiert. In der Schule geht es zentral um Vermittlung, der Unterricht selbst ist zentral vom Verhältnis von Vermittlung und Aneignung gekennzeichnet. In Freundschaften mit

Gleichaltrigen geht es um die Erfahrung von Gemeinschaft und Gegenseitigkeit. Dabei kann es sein, dass Peers einen Erfahrungsraum bieten, in dem die Fremdheit gegenüber der Schule eher verstärkt wird, wie etwa Paul Willis dies in seiner Studie ,Spaß am Widerstand' (1990) zeigt: die männlichen Arbeiterjugendlichen tun sich zusammen, um gegen die schulischen Anforderungen zu protestieren. Mit ihrem Protest entfernen sie sich aber vom Anspruchsniveau der mittelschichtorientierten Schule. Oder, dies zeigen etwa die Studien von Krüger und anderen (2008, 2010, 2012), die Gleichaltrigen bieten schulnahe Erfahrungsräume, indem schulaffine Hobbies geteilt werden, gemeinsam für die Schule gearbeitet wird und gemeinsame schulische Ziele verfolgt werden, die schulisch anschlussfähig sind und dazu verhelfen, Bildungserfolg zu erringen.

**Medien** schließlich gelten inzwischen als vierte Sozialisationsinstanz. Zwar hat bereits Rousseau Bücher als entfremdete Medien kritisiert, jedoch bedeutet die starke Bedeutungszunahme an elektronischen und digitalen Medien sowie die Vernetzung über das konkrete soziale Umfeld hinaus durch das Web 2.0 eine deutliche Veränderung der sozialen Welt des Aufwachsens (Hugger 2010). Medien werden gesellschaftlich einerseits misstrauisch wahrgenommen, wenn es um die Angst geht, dass Jugendliche Gewaltdarstellungen, Werbung oder politische Ideologien unkritisch übernehmen könnten (Aufenanger 2008). Sie gelten aber auch als wichtiger Erfahrungsbezug für Kinder und Jugendliche, die durch sie einerseits sozialisiert werden, sich andererseits in ihnen und mit ihnen ausdrücken und vergemeinschaften können (Süss 2004). Ist hiermit ein Spannungsfeld markiert, so ist dieses hier auch noch einmal mit Schule in Verbindung zu setzen. Immer öfter ist die Rede vom interaktiven Klassenzimmer, setzt Schule in der Gestaltung von Unterricht auf die Nutzung digitaler Medien oder sie wird als Instanz der Vermittlung von Medienkompetenz aufgerufen (Spanhel 2009); und zugleich ist Schule selbst ein Ort, der sich mit Medien auseinandersetzen muss – nicht selten wird sie (Stichwort Handyverbot) zur medienkritischen Instanz (Hintz 2011), so dass die Nutzung von Medien als oppositionelle Handlung gesehen wird.

---

Betrachten wir an dieser Stelle beispielhaft den Fall einer schulischen Begrüßungsrede. Die Schulleiterin begrüßt die Kinder, die mit ihren Eltern, den Patentanten und Freunden der Familie gekommen sind. Die Kinder werden nach einem Bühnenstück auf die Bühne gerufen, bekommen eine Sonnenblume, ein Bild der Namensgeberin der Schule und werden einer Klasse zugeteilt. Als sie in die Klassen gegangen sind, spricht die Schulleiterin zu den verbliebenen Gästen, die sie nun nicht mehr als Patentanten oder Freunde der Familien anspricht, sondern als Eltern. Hier ist auch folgende Sequenz enthalten:

> *Schulleiterin:*   *ein besonderes schwieriges kapitel ist immer wieder das fernse-*
> *hen (1) ich hoffe unter ihnen ist <u>niemand</u> (1) aber <u>w i r k l i c h</u>*
> <u>*niemand*</u> *wo das kind einen eigenen fernseher im zimmer*
> *hat (ein paar lachen (hohoho) ein paar applaudieren) (5)*
> *das gehört in kein kinderzimmer .*
>
> Hier wird deutlich, dass diese Schule sehr spezifisch auf andere Sozialisations-
> instanzen bezogen ist. Zwar geben nicht alle Schulen den Eltern in Auftrag,
> medienkritisch zu sein und nicht alle entwickeln eine ähnlich medienkritische
> Haltung, die prinzipiellen Zweifel an der Urteilsfähigkeit der Eltern in sich
> zu tragen scheint. Zugleich sehen wir sehr deutlich die Eigenlogik der Schule,
> welche die Möglichkeit hat, gegenüber der Familie Ansprüche an ein günstiges
> Sozialisationsumfeld zu formulieren und daran möglicherweise Bedingungen
> des Schulerfolgs zu knüpfen.

Insgesamt deutet sich an, dass die anderen Sozialisationsinstanzen, die in Kindheit
und Jugend von Bedeutung sind (Familie, Peers und Medien), nicht nur in Kontrast zur Schule stehen, sondern auch in Beziehung zu ihr. Die Sozialisation in der
Schule kann also nicht getrennt von Medien, Peers und Familie gedacht werden,
vielmehr bilden die vier hier benannten Felder einen Sozialisationskomplex ab, der
im weiteren Verlauf des Buches auch noch verhandelt wird (vgl. Kap. 4). Jedoch
ist an dieser Stelle zu fragen, was die Spezifik der Schule *gegenüber* den benannten
Instanzen ausmacht. Dabei zeigt sich im Gang durch die Diskussion:

> Die Schule als Sozialisationsinstanz ist dadurch gekennzeichnet, dass in ihr
> Erfahrungen gemacht werden können, die in Auseinandersetzung mit anderen
> Sozialisationsinstanzen nicht gemacht werden (vgl. Kap. 4). Zwar stehen Familie,
> Medien und Peers in Verbindung zur Schule, aber sie ersetzen Schule nicht (und
> Schule kann sie nicht ersetzen). Schule nimmt gegenüber den anderen Instanzen
> sehr deutlich die Doppelfunktion ein, Wissen *und* Normen zu vermitteln. Da-
> rüber hinaus geht es in der Schule darum, sich im Anspruch von Leistung und
> Begabung zu positionieren und sich insofern mit anderen Gleichaltrigen messen
> zu lassen. Während insbesondere in Familien- und Freundschaftsbeziehungen
> die Einzigartigkeit des Kindes/Jugendlichen bedeutsam ist, erfahren Kinder
> und Jugendliche in der Schule eine Homogenisierung: sie werden zu Ähnlichen;
> und damit geht zugleich ihre Wahrnehmung als heterogen unter spezifischen
> verallgemeinerbaren Kriterien (Milieu, Ethnizität, Geschlecht) einher.

## Literatur (Tipps zum Weiterlesen fett gedruckt)

Aufenanger, S. (2008): Mediensozialisation. In: Sander, U./Gross, F. v./Hugger, K. (Hrsg.): Handbuch Medienpädagogik.Wiesbaden: VS Verlag für Sozialwissenschaften, S. 87–92.

Hegel, G. W. F. (1968): Studienausgabe. Bd. 1: Gymnasialreden, Aufsätze, Rezensionen, Einleitung zur Philosophie der Weltgeschichte. Frankfurt a. M.: Fischer.

Hintz, H. (2011): Gewaltkomplex Schule: Dimensionen eines gesellschaftlichen Zwangszusammenhangs. Würzburg: Königshausen & Neumann.

Hugger, K.-U. (Hrsg.) (2010): Digitale Jugendkulturen. Wiesbaden: VS Verlag für Sozialwissenschaften.

Hummrich, M. (2008): Die Öffnung der Schule als soziale Schließung: zum Zusammenhang von generationaler Ordnung und Lernen. In: Breidenstein, G./Schütze, F. (Hrsg.): Paradoxien in der Reform der Schule. Ergebnisse qualitativer Sozialforschung. Wiesbaden: VS Verlag für Sozialwissenschaften, S. 297–311.

**Hummrich, M./Helsper, W. (2011): Zwischen Verschulung und Ermöglichung von Peerbeziehungen. Theoretische Bestimmungen zum Verhältnis von Peers und (Ganztags-) Schule. In: Soremski, R./Urban, M. (Hrsg.): Familie, Peers und Ganztagsschule. Weinheim: Juventa Verlag, S. 42-58.**

Krüger, H.-H./Deinert, A./Zschach, M. (2012): Jugendliche und ihre Peers: Freundschaftsbeziehungen und Bildungsbiografien in einer Längsschnittperspektive. Opladen: Budrich.

Krüger, H.-H./Köhler, S.-M./Pfaff, N./Zschach, M. (2008): Kinder und ihre Peers: Freundschaftsbeziehungen und schulische Bildungsbiographien. Opladen: Budrich.

Krüger, H.-H./Köhler, S.-M./Zschach, M. (2010): Teenies und ihre Peers: Freundschaftsgruppen, Bildungsverläufe und soziale Ungleichheit. Opladen: Budrich.

Parsons, T. (1987): Die Schulklasse als soziales System. Frankfurt a.M: Suhrkamp.

Spanhel, D. (2009): Medienerziehung: Erziehungs- und Bildungsaufgaben in der Mediengesellschaft. kopaed.

Süss, D. (2004): Mediensozialisation von Heranwachsenden: Dimensionen – Konstanten – Wandel. Springer Verlag.

**Tyrell, H. (1985): Gesichtspunkte zur institutionellen Trennung von Familie und Schule. In: Melzer, W. (Hrsg.): Eltern, Schüler, Lehrer. (S. 81–102). Weinheim/München: Beltz.**

Willis, P. (1990): Spaß am Widerstand. Gegenkultur in der Arbeiterschule. Frankfurt a.M: Athenaeum Verlag.

Youniss, J. (1994): Soziale Konstruktion und psychische Entwicklung. Frankfurt a. M.: Suhrkamp.

# Ansätze schulischer Sozialisation 3

In den folgenden Absätzen stellen wir ausgewählte Ansätze von Sozialisations-theorien und ihre Bezüge zu schulischer Sozialisation vor. Wohlwissend, dass wir nicht die Breite aller Theorien abbilden können, haben wir uns vor allem für jene Theorien entschieden, die mit einer strukturtheoretischen Perspektive auf schuli-sche Sozialisation vereinbar sind. Es handelt sich dabei um theoretische Konzepte auf deren Grundlage einerseits die strukturelle Bedeutsamkeit von Schule für die Individuation (die Ich-Werdung) deutlich wird und anhand der zum anderen die Relevanz gesellschaftlicher Strukturen für die schulische Integration herausgear-beitet werden kann.

## 3.1 Ausgangspunkte der Auseinandersetzung mit Schule als Sozialisationsinstanz

Schule als Sozialisationsinstanz wahrzunehmen, hat seine Ursprünge zu einer Zeit, als Schule als Massenbildungsinstitution gerade frisch etabliert war. Hier wurde bewusst, dass sich zwei Sphären herausgebildet haben, die im Prozess des Aufwachsens bedeutsam sind und sich neben der Familie als „Keimzelle der Ge-sellschaft" auch die Schule als relevante Umgebung für Kinder (und Jugendliche entwickelt hat), in der durch die staatliche Schulpflicht Untertanen reproduziert werden (Foucault 1977). Dies verweist darauf, dass nach der Trennung von Pri-vatheit (Familie) und Öffentlichkeit (Schule) auch eine gesellschaftliche Kontrolle des Aufwachsens erfolgte.

Ganz allgemein weist bereits Georg Wilhelm Friedrich Hegel (1770-1831) auf den Unterschied zwischen Familie und Schule hin, indem er Schule als „Mittelsphäre" (Hegel 1995, S. 48) zwischen Familie und Gesellschaft verortet. In seinem Konzept wird Schule somit zu dem Raum, in dem allgemeine Grundlagen gesellschaftlichen

Handelns gelernt werden und Kinder „aus dem (familialen, M.H.) Kreis der Liebe, Empfindung und Neigung im Element der Sache" hin zur „Welt" (ebd.) geführt werden. Hier finden wir einen ersten Hinweis auf die Schule als gesellschaftlichem Ort und gleichzeitig als Sozialraum, in dem es fortan für das Kind gilt, „sich im Sinne des Gesetzes zu betragen, und um einer allgemeinen, bloß formellen Ordnung dies zu thun und anderes zu unterlassen" (ebd., S. 49). Hegel verweist hier auf eine strukturelle Differenz von Schule und Familie: während es in der Familie um emotionale Nähe und eine Orientierung des Handelns an den eigenen Wünschen und Bedürfnissen geht, soll das Kind in der Schule an eine formalisierte Ordnungsstruktur gewöhnt werden, dem Gesetz gehorchen.

Diese Differenz beurteilt später Émile Durkheim (1858-1917) als chancenhaft. Während Hegel Familie und Schule komplementär sieht, also im Sinne einer wechselseitigen Ergänzung versteht, betont Durkheim die Vorzüge der Schule gegenüber der Familie. „Ein Kind, das nur in der Familie erzogen wird, wird das Ding der Familie; es klatscht alle ihre Eigenheiten ab, alle Züge und alle Schrullen der Familienphysiognomie (…). Die Schule befreit von dieser zu engen Abhängigkeit" (Durkheim 1984, S. 187f.), indem sie das Kind auf eine unpersönliche Disziplin und allgemeingültige Moralvorstellungen bezieht. Dabei begreift Durkheim die Schule als besondere Erfahrungschance, weil sich das Kind somit von den nur familial geprägten Vorstellungen lösen kann und die Möglichkeit erfährt, ein Teil der Gesellschaft zu werden.

Ist für Hegel und Durkheim die Differenz zwischen Familie und Schule ein erster Zugang, um die Schule als Erfahrungsraum von anderen Erfahrungsräumen abzugrenzen, die im Prozess des Aufwachsens eine Rolle spielen, so betrachtet Georg Simmel (1858-1918) die Beziehung zwischen Lehrer und Schüler und deren Bedeutsamkeit für das Heranwachsen. „Der Schullehrer […] soll dem Schüler eine bestimmte Summe von Wissen beibringen, wobei der menschlich-subjektive Wert des Schülers, seine persönliche Beschaffenheit und deren Entwicklung unberücksichtigt bleibt […]. Andrerseits [sic] soll er den Schüler erziehen, er soll alle in ihm vorhandenen Möglichkeiten intellektueller, moralischer und kultureller Art mit allen verfügbaren Mitteln der Schule zu ihren Maximen entwickeln und in wertvollste Bahnen leiten […]. Endlich gibt es noch einen dritten Zweck, der gewissermaßen über oder zwischen diesen beiden steht und den man als ,Fertigkeit' oder Können bezeichnen kann. Es sind diejenigen Unterweisungen, die nicht in einem theoretischen Wissen endigen, sondern in der Fähigkeit zu ihrem praktisch auszuübenden, wertvollen Tun" (Simmel 2004, S. 328).

Damit kennzeichnet Simmel Schule nicht über die Abgrenzung von einer anderen Instanz (Familie), sondern in ihrer Eigenlogik als Instanz der Wissensvermittlung, der Erziehung und der Vermittlung von Fähigkeiten (heute würde man vermutlich

Kompetenzen sagen). Er bestimmt Schule somit stark über die Interaktionsbezie-
hung, die es zwischen Schüler und Lehrer gibt und in der die Lehrerin oder der
Lehrer eine ganz umfassende Aufgabe hat, die über die Vermittlung kognitiver
Fähigkeiten hinausgeht.

Siegfried Bernfeld (1892-1953) schließlich betrachtet Schule aus marxistischer
und psychoanalytischer Sicht. Als Mitbegründer der psychoanalytischen Pädagogik verweist er darauf, dass Erziehung einerseits ontogenetisch notwendig ist, weil
Kinder körperlich, sozial und geistig nicht reif zur Welt kommen. Ausgangspunkt
von Erziehung ist somit die „Entwicklungstatsache" der körperlich, sozialen und
geistigen Unreife (Bernfeld 2000, S. 49). Zugleich wird das Wissen nicht durch
Vererbung vermittelt, sondern durch Erziehung *innerhalb* von Gesellschaften. Das
Kind erfährt somit als Kind eine soziale Positionierung in der Gesellschaft, an es
werden Erwartungen geknüpft (z. B. sich kindgemäß zu verhalten). Zugleich muss
„eine bestimmte Menge Arbeit für es [das Kind, die Verf.] von der Gesellschaft
geleistet werden, sie hat irgendwelche Einrichtungen, die nur wegen der Entwicklungstatsache bestehen, gewisse Einstellungen, Verhaltungen und Anschauungen
über sie. Das Kind ist irgendwie im Aufbau der Gesellschaft berücksichtigt. Die
Gesellschaft hat irgendwie auf die Entwicklungstatsache reagiert" (ebd., S. 51). Mit
dem Verweis auf die Wechselwirkung von Kind, den einbettenden (Interaktions-)
Beziehungen und Gesellschaft zeigt Bernfeld, dass nicht nur das Kind als idealisier-
tes Wesen Erziehungsobjekt sein kann, das allein durch gute Erziehung angeleitet
werden kann, die Gesellschaft zu verbessern, sondern auch die Gesellschaft sich
verändert aufgrund der Tatsache, dass (institutionell) erzogen wird, verändert hat.
Mit dieser Aussage kritisiert er die geisteswissenschaftliche Pädagogik, die dem
Erzieher-Educanden-Verhältnis einen großen Stellenwert im Gelingen von Erziehung einräumt. Nach Bernfeld sind es schließlich aber auch die gesellschaftlichen
Verhältnisse, die materiellen und soziokulturellen Bedingungen, man könnte auch
sagen: die in der Erziehung eine Bedeutung erlangen. Das Kind wird eben nicht
nur bewusst erzogen, es wächst auch in Verhältnissen auf, die es miterziehen.
Wir nennen diese Form der Erziehung heute Sozialisation. Dass die Gesellschaft
etwa eigene Einrichtungen, wie die Schule, dazu bereit hält, sagt etwas über die
Haltung der Gesellschaft zum Kind aus.

Wir haben damit 4 historisch relevante Bezugspunkte skizziert, hier aber nicht
näher ausgeführt. Diese Bezugspunkte zeigen, dass schulische Sozialisation von
Beginn einer regulären Beschulung von Kindern an zum einen im Zusammenhang
mit der familialen Sozialisation diskutiert werden muss und dass die Beziehungen von Lehrern und Schülern sich zum anderen zwischen der Wissens- und
Kompetenzvermittlung und der Persönlichkeitsbildung, Erziehung und Einsozi-
alisierung in gesellschaftliche Norm- und Wertvorstellungen aufspannen. Dabei

ist Schule zentral am Erhalt gesellschaftlicher Ordnungsvorstellungen beteiligt. Aus den vier – hier nur exemplarisch benannten – theoretischen Bezugspunkten sind im Laufe der Zeit weitere Theorien hervorgegangen, mit denen jeweils unterschiedliche Perspektiven auf Sozialisation eingenommen werden. Im Folgenden sollen die prominentesten dieser Theorien vorgestellt werden. Um sich aber in die historische Entwicklung hineinzudenken und vorab schon eine Ahnung über die Relationierung dieser Theorien zu bekommen, seien sie hier kurz benannt und im Anschluss in einer Abbbildung entlang eines Zeitstrahls und in ihrer theoretischen Schwerpunktsetzung zueinander relationiert:

- Kernpunkt einer Auseinandersetzung mit der *strukturfunktionalistischen Sozialisationstheorie (Kap. 3.2)* wird sein, sich mit der funktionalen Bedeutsamkeit der Schule für den Erhalt der Gesellschaft auseinanderzusetzen;
- *Psychoanalytische Sozialisationstheorien (Kap. 3.3)* setzen sich in Bezug auf die Schule mit der Persönlichkeitsentwicklung des Kindes/Jugendlichen auseinander und gehen auf die Bedeutsamkeit der Schule für die Bearbeitung psychosozialer Krisen ein;
- In *interaktionistischen Sozialisationstheorien (Kap. 3.4)* geht es darum, das Zusammenspiel von Schülern und Lehrern in seiner Bedeutsamkeit für die Identitätsentwicklung zu beleuchten;
- Ansätze aus *systemtheoretischer Perspektive (Kap. 3.5)* nehmen die Bedeutung der Schule in der funktional differenzierten Gesellschaft in den Blick;
- In *sozialökologischen Ansätzen (Kap. 3.6)* geht es darum, die Wechselwirkung des Individuums mit der Umwelt anhand unterschiedlicher Ebenen sozialen Handelns zu systematisieren und darzustellen, welche Rolle Schule in diesem Zusammenhang spielt;
- *Strukturtheoretische Ansätze (Kap. 3.7)* befassen sich mit der Subjekt-Bildung und der Ermöglichung von Autonomie durch schulisches Handeln und im Rahmen von Lehrer-Schüler-Beziehungen;
- Davon sind *strukturalistische Ansätze (Kap. 3.8)* zu unterscheiden, in denen es um die Reproduktion von gesellschaftlicher Struktur durch Schule geht;
- Im Zentrum von *poststrukturalistischen Ansätzen (Kap. 3.9)* steht die Frage, wie Schule zum Erhalt von Macht beiträgt und inwiefern die schulische Praxis das Subjekt beherrschbar macht.

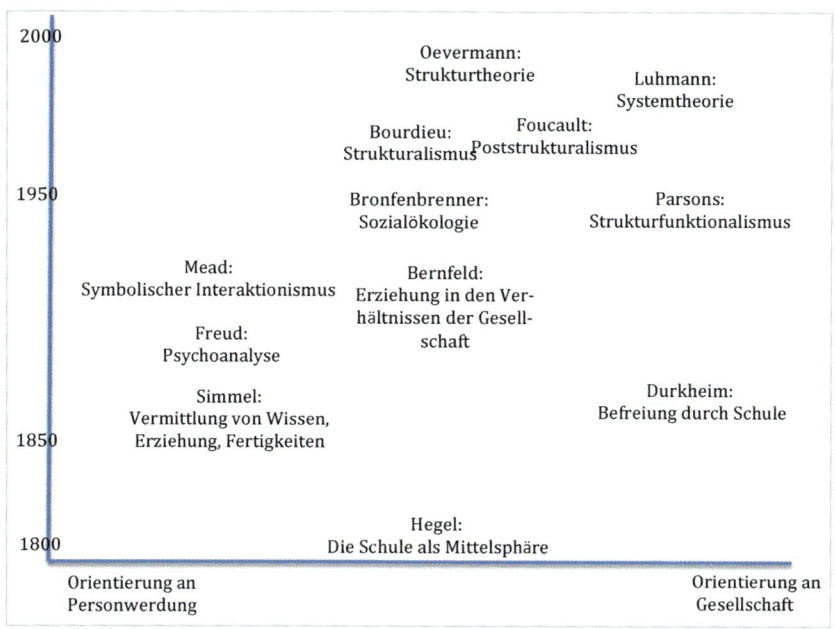

**Abb. 3.1**   Anordnung der Theorien zueinander

Die überwiegende Zahl der hier aufgezeigten Theorien haben bis heute nicht an Gültigkeit und Erklärungskraft eingebüßt. Eine exemplarische Vertiefung in acht Konzepte soll es ermöglichen, schulische Sozialisation als Teil einer Sozialisationstheorie zu denken, die einerseits die dem Individuum vorgängige Struktur einbezieht, andererseits aber auch die Individuationsmöglichkeiten, die Personen sich erschließen und mit denen sie Strukturen verändern oder tradieren können, zu beachten.

## Literatur

Bernfeld, S. (2000): Sisyphos oder die Grenzen der Erziehung. 12. Aufl., Frankfurt a. M.: Suhrkamp Verlag.
Durkheim, E. (1984): Erziehung, Moral und Gesellschaft: Vorlesung an der Sorbonne 1902/1903. 7. Aufl., Frankfurt a. M.: Suhrkamp Verlag.
Foucault, M. (1977): *Überwachen und Strafen: Die Geburt des Gefängnisses.* 19. Aufl., Frankfurt a. M.: Suhrkamp Verlag.

Hegel, G. W. F. (1968): Studienausgabe. Bd. 1. Gymnasialreden, Aufsätze, Rezensionen, Einleitung zur Philosophie der Weltgeschichte. Frankfurt a. M.: Fischer-Bücherei.
Simmel, G. (2004): Gesamtausgabe in 24 Bänden: Band 20: Postume Veröffentlichungen, Ungedrucktes, Schulpädagogik. Frankfurt a. M.: Suhrkamp Verlag.

## 3.2 Strukturfunktionalismus – schulische Sozialisation bei Talcott Parsons

Der strukturfunktionalistische Ansatz wurde in den 1940er und 1950er Jahren von *Talcott Parsons* (1902-1979) entwickelt und gilt heute als einer der einflussreichsten Ansätze der nordamerikanischen Soziologie. Er spielte auch in den soziologischen Debatten der BRD seit den 1960er Jahren eine entscheidende Rolle (vgl. Korte 1995), wurde dann aber zunehmend vom interaktionistischen Ansatz (siehe Kap. 3.4; vgl. Tillmann 1989; Fingerle 1993) und von poststrukturalistischen Ansätzen (siehe Kap. 3.9) kritisiert.

Parsons' Blick auf Schule ist eingebettet in den umfassenden Anspruch einer allgemeinen soziologischen Theorie, als einer „Theorie für alle Fälle" (Korte 1995), die unabhängig von historischen und kulturspezifischen Variationen Gültigkeit beanspruchen könne (vgl. ebd., S. 176). Diese Absicht führte zu einer Abkehr von Prozesstheorien und Theorien der Veränderung hin zu einem Fokus auf die Stabilität sozialer Verhältnisse. Parsons interessierte also v. a. eine Theorie, die soziale Stabilität erklären kann. Dabei verfolgte er gleichermaßen eine Gesellschaftstheorie (*Systemtheorie*) wie eine Handlungstheorie (*Rollentheorie*) (vgl. Tillmann 1990). Beeinflusst durch funktionalistische Sozialanthropologen ging es Parsons um die Frage, wie Handlungen und Zusammenhänge zur Erhaltung eines gesellschaftlichen Systems beitragen. Wegen dieses ausgeprägten „Interesses an den *funktionalen Beiträgen zur Erhaltung* der Struktur" eines Systems wird diese Theorieperspektive Struktur*funktionalismus* bzw. struktur*funktionale* Theorie genannt (Korte 1995, S. 178; Kursivsetzung d. A.).

Handeln ist für Parsons damit von vornherein immer innerhalb eines Systems organisiert, wobei er vier Systeme unterscheidet, die menschliches Handeln hervorbringen und beeinflussen: den Organismus oder *Verhaltensorganismus*, das personale System (oder *Persönlichkeitssystem*), das soziale System (oder *Sozialsystem*) und das *kulturelle System* (vgl. Parsons 1951, 1975; Korte 1995, S. 182). Mit dieser Klassifikation „der vier sehr allgemeinen Subsysteme des menschlichen Handelns – Organismus, Persönlichkeit, Sozialsystem und kulturelles System – ist die Anwendung eines allgemeinen Paradigmas [beabsichtigt, d. A.], das auf das ganze Gebiet des Handelns anwendbar ist" (Parsons 1975, S. 17). „Dieses Paradigma untersucht jegliches System des Handelns hinsichtlich der folgenden vier *funktionalen* Kategorien:" (ebd.; Kursivsetzung d. A.)

- *Adaption* („seine allgemeinere Anpassung an die generellen Bedingungen des Milieus" (ebd.));
- *Goal attainment* („seine Ausrichtung auf das Erreichen von Zielen" (ebd.);
- *Integration* („die innere Integration des Systems" (ebd.));
- *Latency* (Strukturerhaltung: „alles, was mit der Aufrechterhaltung der höchsten »regierenden« oder »kontrollierenden« Formen des Systems zu tun hat" (ebd.)).

Die hier genannten vier funktionalen Kategorien ergeben bei Parsons das sogenannte *AGIL-Schema,* mit dessen Hilfe nun die funktionalen Leistungen eines jeden Systems – z. B. die Leistungen der Schule als Subsystem der Gesellschaft – genauer analytisch bestimmt werden können. Dabei ist Parsons von Spezialisierungen der vier Systeme ausgegangen:

> „Innerhalb der Systeme des Handelns sind kulturelle Systeme auf die Funktion der Erhaltung von Formen, Sozialsysteme auf die Integration der handelnden Einheiten (menschliche Individuen oder, genauer gesagt, Persönlichkeiten, die Rollen spielen), Persönlichkeitssysteme auf das Erreichen von Zielen und der Verhaltensorganismus auf die Anpassung spezialisiert [...]" (ebd., S. 17).

Gesellschaft ist also in unterschiedliche Subsysteme aufgeteilt, die zu deren Erhalt beitragen. Tatsächlich verwendet Parsons dieses AGIL-Schema zum Vergleich gesellschaftlicher Systeme und deren evolutionärer Einordnung (vgl. Parsons 1975). Hier ist die Perspektive mit der These verbunden, dass Veränderung von Gesellschaften als gesellschaftliche Differenzierung zu fassen ist, die sich nach Kriterien der Funktionalität ereignet (vgl. ebd., S. 43ff.). Danach führt die zunehmende Komplexität von Systemen einerseits zur Herausbildung von „Subsystemen, die auf spezifische Funktionen innerhalb der Operation des Systems als Ganzem spezialisiert sind", und andererseits zur Entstehung von „Integrationsmechanismen, welche die funktional differenzierten Subsysteme miteinander verbinden" (ebd., S. 43).

Im Sinne einer Handlungstheorie ging es Parsons um die Annahme, dass in jeder Situation eine Fülle von Erwartungen an den Handelnden gerichtet ist, die dieser kennt und an der er sich orientiert. Bündel solcher normativen Erwartungshaltungen werden als *Rollen* bezeichnet. Rollen und Rollenerwartungen schaffen Orientierung und sie sind wichtige Bedingung für Regelmäßigkeit und Dauerhaftigkeit (vgl. Korte 1995). Sie vermitteln zwischen Ansprüchen des sozialen und des Persönlichkeitssystems. Abweichungen werden i. d. R. sanktioniert.

Zur weiteren Schärfung seiner Theorie der Handlungsorientierung führt Parsons die sogenannten *Pattern Variables* ein, Begriffspaare, die als Wertorientierungen gedacht „mögliche Orientierungen individuellen Handelns" beschreiben (Korte 1995, S. 179). Wie Wernet (2003, S. 57ff.) in seiner intensiven Parsons-Rezeption herausstellt, sind diese Pattern Variables als eine weitere Ebene der Begriffsanalyse neben der des Handlungsakts und der der genannten Systemebenen zu verstehen, die als Wertorientierungen auf allen Systemebenen operieren. Letztlich können diese als *polar konzipierte Idealtypen* verstanden werden, die eine materiale Ausdifferenzierung *von Familie und Gesellschaft* anleiten und letztlich auch die (sozialisatorische) Bedeutung von Schule begründen (vgl. ebd.; Parsons/Shiles 1951, S. 76ff.). Die Pattern Variables dienen damit „als Instrument, um Rollensysteme in modernen Gesellschaften nach ihren prinzipiellen Verhaltensanforderungen zu klassifizieren" (Tillmann 1990, S. 116).

**Pattern Variables:**

1. Affektivität         –      affektive Neutralität
2. Selbstorientierung   –      Kollektivorientierung
3. Partikularismus      –      Universalismus
4. Statuszuweisung      –      Leistungsorientierung
5. diffuses Verhalten   –      spezifisches Verhalten

Das erste Variablenpaar verweist auf die Alternative von unmittelbarer Bedürfnisbefriedigung und einer Selbstdisziplinierung im Sinne von Verzicht und Aufschub (vgl. Wernet 2003, S. 65). Diese alternative Orientierung verbindet sich dabei mit einer unterschiedlichen Berücksichtigung von Eigenbedürfnissen im jeweiligen interaktiven Setting. So können Settings stärker emotional getönt und um Eigenbedürfnisse zentriert sein oder aber Settings sind durch eine sachlich-kühle Bearbeitungslogik charakterisiert, die eine unmittelbare Bedürfnisbefriedigung eher ausschließen (vgl. Tillmann 1990, S. 117). Das zweite Variablenpaar erscheint als inhaltliche Konkretisierung und Bestimmung des erstgenannten, weil Gemeinwohlorientierung mit Selbstdisziplinierung zusammengeht, während „Bedürfnisbefriedigung auf der Seite des Eigeninteresses angesiedelt" ist (Wernet 2003, S. 66). Im dritten Variablenpaar geht es um die Alternativen einer generalisierten und damit von konkreten, besonderen Bedingungen abstrahierenden Orientierung einerseits und um eine Orientierung an der Besonderheit konkreter Milieus und Beziehungen andererseits. Mit dem vierten Variablenpaar wird auf die prinzipiell gegenläufige Statusorientierung hingewiesen, die von einem vorgegebenen (zugeschriebenen) Status ausgehen kann oder von einem z. B. durch Leistung selbst erworbenen Status. Im letzten Variablenpaar wird auf alternative Beziehungsmodi für die Handlungsorientierung verwiesen: Ist die Beziehung thematisch fokussiert und definiert (spezifische Beziehung), trägt derjenige die Beweislast, der ein Thema außerhalb dieser Fokussierung einbringen möchte. Oder es gibt keine vorhergehende thematische Begrenzung und alles kann zum Thema werden (diffuse Beziehung), sodass der Ausschluss eines Themas begründet werden muss.

Während Parsons durch freie Kombination der Variablen die Vielfalt sozialer Phänomene begrifflich zu fassen versucht, kritisiert Wernet diese Unterstellung einer freien Kombinatorik und verweist darauf, dass sich in den Paaralternativen „idealtypisch konstellierte Einheiten" bestimmen lassen, die „eine universalistische, affektiv-neutrale und spezifizierte Leistungsorientierung [von, d. A.] einem affektiv-diffusen, askriptiv operierenden Partikularismus" unterscheiden lassen (Wernet 2003, S. 66 und 74). Diese Gegenüberstellung ist letztlich die von Gesellschaft und Familie. In dieser Gegenüberstellung wird schließlich die sozialisatorische Bedeutung der Schule erkennbar.

Diese sozialisatorische Funktion von Schule hat Parsons besonders in einem Aufsatz über die Schulklasse als soziales System diskutiert (Parsons 1987/1959). In diesem Beitrag geht Parsons von einer *schulischen Funktion der Sozialisation und Selektion* (Verteilung) aus und fragt nach der spezifischen Struktur der Schulklasse, die zu diesen Funktionen beiträgt. Dabei ist die Schulklasse zwar nur eine Sozialisationsinstanz neben anderen (v. a. Familie und Peergroups), sie kann aber durch ihre Dauer und die Stellung zwischen Familie und dem Beginn der Erwerbstätigkeit „als die zentrale Sozialisationsinstanz angesehen werden" (ebd., S. 103). Sozialisation bezeichnet bei Parsons die Herausbildung einer Persönlichkeit, die zur „Erfüllung von Erwachsenenrollen motivationsmäßig und technisch" in der Lage ist (ebd.). Es geht damit also ausdrücklich gleichermaßen um Bereitschaften und Fähigkeiten, die zur späteren Rollenerfüllung (z. B. im Beruf) erforderlich sind. Unterschiede, die es zwischen Schulsystemen oder Schulformen gebe, können im Sinne dieser grundsätzlichen Perspektive nach Parsons vernachlässigt werden.[7]

Der Eintritt des Kindes in die Schule als „System der formalen Erziehung ist sein *erster wichtiger Schritt über die primären Bindungen der Herkunftsfamilie hinaus*" (ebd., S. 105; Kursivsetzung d. A.). Mit diesem Übergang verbindet sich zudem ein Wechsel von einer askriptiven Statusbestätigung im Kontext der Familie zu einem

---

[7]  Vermutlich hängt diese theoretische Ausrichtung bei Parsons auch mit den damaligen Bedingungen des Schulsystems der USA zusammen, in dem Schulen untereinander sehr viel ähnlicher waren, als das z. B. in Deutschland und dem gegliederten System des Sekundarstufe der Fall ist. Dennoch wird es auch dort Unterschiede zwischen Schulen gegeben haben. Es zeigt sich in dieser Ausblendung der Unterschiede damit v. a. die spezifische Ausrichtung des theoretischen Blicks des Strukturfunktionalismus von Parsons.

mit der Grundschule startenden Differenzierungsprozess auf der Grundlage er-
brachter Leistungen – also ein *Prozess des leistungsbezogenen Statuserwerbs*. Nach
Parsons sind für das spätere Rollenhandeln zwar in der Familie bereits „gewisse
Grundlagen eines Motivationssystems errichtet" und die Geschlechtsrolle eindeutig
„eingeprägt", aber die spätere Rolle als Erwachsener noch nicht weiter differenziert (ebd.). Für diese weitere Differenzierung ist der Kontrast der strukturellen
Verfasstheit von Familie und Schule entsprechend der oben vorgestellten Pattern
Variables entscheidend (vgl. dazu auch Kap. 3.7). Während in der Familie eine
askriptive Statuszuweisung, Partikularismus und eine diffuse Beziehungskonstella-
tion vorherrschen, finden wir in der Schule als strukturellen Rahmen eine zentrale
Differenzierung nach Leistung und einen daran gekoppelten Statuserwerb. Für
diese Leistungsdifferenzierung sind vier Merkmale bedeutsam:

- „Das erste ist die *anfängliche Gleichheit des Status der „Wettbewerber"* nach Alter
  und Familiensituation" (ebd., S. 106; Kursivsetzung d. A.).
- Zweitens erfolge in Schule die undifferenzierte Konfrontation mit einer Reihe
  gemeinsamer Aufgaben[8]. Darin ist Schule v. a. universalistisch und nicht par-
  tikularistisch orientiert.
- Drittens schafft die Schulklasse eine „scharfe *Polarisierung zwischen den Schülern*
  in ihrer ursprünglichen Gleichheit einerseits" *und dem Lehrer als Repräsentanten
  der Erwachsenenwelt* andererseits (ebd., S. 107; Kursivsetzung d. A.).
- Und viertens startet ein „verhältnismäßig systematischer Prozeß der Bewertung
  der Schulleistungen", der auf der Grundlage der (wiederum universalistisch)
  geltenden Normen und Ziele zu Einstufungen und Statuszuweisungen führt (ebd.).

Die universalistische Leistungsorientierung und der daran gekoppelte Statuserwerb
sind für Parsons also zentral. Dabei wird schulische Leistung ausdifferenziert in
„kognitive" und „moralische" Komponenten – also *Wissens- und Kompetenzberei-
che* einerseits und Verhalten nach spezifischen *Normen und Werten* andererseits
(ebd., S. 108). Beide Komponenten sind auf die Erwachsenenwelt und die einzunehmenden Rollen darin abgestimmt. In der Grundschule sind sie zudem kaum klar

---

8  Für Parsons spielte die aktuelle Debatte zum differenzierenden Umgang mit Heterogenität sowie zum individualisierenden und individualisierten Unterricht (noch) keine
   Rolle. Allerdings setzte sich Parsons intensiv mit sogenannten „progressiven Schulen"
   auseinander mit dem Fazit, dass hier die Varianz zwar erheblich wäre, aber letztlich
   die Schulklasse so strukturiert sei, dass insgesamt „die Möglichkeit partikularistischer
   Behandlung stark eingeschränkt ist" (ebd., S. 108). Parsons würde die Möglichkeiten der
   Inklusion also eher skeptisch einschätzen, weil sie einer Aufhebung der sozialisatorischen
   Funktion von Schule gleichkäme.

voneinander zu unterscheiden. Aber dennoch geht es auch in ihr darum, sich als Lehrer „Meinungen über die verschiedenen Verdienste [d]er Schüler hinsichtlich der Normen und Ziele der Klasse [zu] bilden und den Schülern diese Einstufungen informell, wenn nicht formell mit[zu]teilen" (ebd., S. 108). Die Differenzierung nach erbrachter Leistung und gezeigtem Verhalten ist dann Grundlage einer Selektion für den einzunehmenden Status und die Rolle in der Erwachsenengesellschaft, womit in der Schule eine unmittelbare Nachbarschaft der Sozialisations- und der Selektionsfunktion erkennbar wird.

In der Perspektive von Parsons handelt es sich beim Schuleintritt also um einen sozialisatorisch folgenreichen Übergang, der die Übernahme und Akzeptanz universalistischer *Leistungsorientierung* zum Ergebnis hat. Die volle Schärfe dieses Übergangs und die Härte des Kontrasts zwischen Familie und Schule sieht Parsons abgemildert durch den Umstand, dass in der Grundschule zumeist *ein* Lehrer „die zentrale Stellung des Hauptlehrers" einnimmt und dieser Hauptlehrer „üblicherweise eine Frau" ist (ebd., S. 106). Dadurch würde „dieselbe Art der Identifizierung" hervorgerufen wie die Identifizierung des Kindes in der Familie vor dem Schuleintritt (ebd., S. 111):

> „Das heißt, daß das Erlernen von Leistungsmotivation psychologisch gesprochen ein Prozeß der Identifizierung mit dem Lehrer ist, ein Prozeß, bei dem sich der Schüler (oftmals unter dem Druck der Eltern) anstrengt, um dem Lehrer zu gefallen, im selben Sinne wie das vor-ödipale Kind neue Fertigkeiten erlernt, um der Mutter zu gefallen" (ebd.).

Es scheint bei Parsons so, als würde die komplizierte Ein- und Hinführung in die differenzierte Welt der Erwachsenenrollen und Statuspositionen durch diese strukturelle Nähe zur familialen Sozialisationsdynamik (die Kontinuität der Mutter-Rolle durch die Lehrerin) relativ bruchlos und störungsfrei ermöglicht. Parsons macht jedoch klar, dass in seiner Sicht „die Lehrerin für ihre Schüler [natürlich, d. A.] keine Mutter ist, sondern auf universalistischen Normen und unterschiedlicher Belohnung von Leistungen bestehen muß" (ebd., S. 113). Der *Lehrer bzw. die Lehrerin agiert im Vergleich zu den Eltern „weit universalistischer"* und muss v. a. die Differenzierung der Schulklasse nach Leistung entwickeln und legitimieren (ebd., S. 112). Es zeigt sich bei Parsons außerdem auch eine systematische Reflexion von Grenzen und auch Misslingen dieser Sozialisationsfunktion. Eine solche Einschränkung liegt in den *„informellen" Aspekten der Schulklasse* vor, „die stets irgendwie von den formellen Erwartungen abweichen" (ebd., S. 107). Diese informellen Aspekte der Schulklasse könnten auch zur „Verletzung der universalistischen Erwartungen in der Schule" beitragen, wenngleich die „Möglichkeit partikularistischer Behandlung stark eingeschränkt ist" (ebd., S. 108).

Entscheidend ist jedoch, dass v. a. mit steigendem Lebensalter und dem Einsetzen der Adoleszenz sogenannte „informelle Assoziationen" zunehmen bzw. „sich
der Bereich der Assoziation mit Gleichaltrigen ohne besondere Beaufsichtigung
durch Erwachsene erweitert" (ebd., S. 110). Damit ist das Kind bzw. der oder die
Jugendliche zusätzlich einem von Familie und Schule eigensinnig zu denkenden
Disziplinierungs- und Belohnungssystem „unterworfen" (ebd., S. 109). Diese Einflüsse bleiben nicht ohne Wirkung auf die Sozialisation in der Schule. Und man
muss wohl viel deutlicher, als Parsons dies getan hat, konstatieren, dass die Schule
und die Form ihrer organisationsförmigen Verfasstheit (die Schulklasse) ganz
wesentlich zur Herausbildung solcher Peer-Assoziationen beitragen. Für Parsons
unterscheiden sich solche Peergroups deutlich von den Beziehungen in Familie
und Schule. Unter dem Gesichtspunkt ihrer Funktionalität sind sie einerseits „ein
„Übungsfeld" der Unabhängigkeit von der Erwachsenenkontrolle" und andererseits
„eine Quelle der Zustimmung und Anerkennung von seiten Nichterwachsener"
(ebd., S. 110). Genau darin erfüllen *Peergroups im Zusammenspiel mit der Schulklasse*
*eine zentrale sozialisatorische Bedeutung.*

Während also die Beziehung von Kindern zu ihren Eltern durch ihre hierarchische Statusdifferenzierung über den Generationsunterschied „zwangsläufig"
eine „Identifizierung mit den Eltern" hervorruft, wird eine „Reorganisation der
Motivationsstrukturen" erforderlich, durch die „die ursprüngliche Dominanz der
hierarchischen Achse zugunsten einer Stärkung der egalitären Komponenten" erweitert werden kann (ebd., S. 111). In der Schule knüpft die Rolle des Lehrers durch
die strukturelle Asymmetrie und Überlegenheit „in bezug auf den lehrplanmäßigen
Wissensstoff und in bezug auf seine Verantwortung als guter Bürger der Schule"
an den Identifizierungsprozess in der Familie an. Die Schule trägt nun durch den
Identifizierungsprozess zur *Verinnerlichung eines „reziproken Muster[s] von Rol-*
*lenbeziehungen"* bei. Es werden jedoch beide Seiten der Interaktion verinnerlicht.
Damit können Kinder sich entweder eher mit dem „Sozialisationsagenten" (dem
Lehrer oder der Lehrerin) identifizieren oder „mit der entgegengesetzten Rolle"
(also den Statusgleichen, den Peers) (ebd.). Entsprechend haben wir damit die
Möglichkeit einer Akzeptanz der Lehrerrolle als Vorbild ebenso wie die Möglich-
keit „der Identifizierung mit der Gruppe der gleichaltrigen Schüler" (ebd., S. 112).

Da die Lehrerin also nicht nur wie eine Mutter handelt, wird eine Reorganisation
des Persönlichkeitssystems des Schülers ermöglicht. Es sind damit die Aspekte der
Berufs-Rolle, die das Handeln der Lehrerin von dem der Mutter unterscheiden.
Zudem sind Lehrer im Unterschied zu Müttern „in gewissem Sinne austauschbar"
(ebd., S. 113).

„Mehr als bei der Eltern-Kind-Beziehung muß das Kind in der Schule seine *Beziehung zur Rolle* der Lehrerin statt zu ihrer individuellen Persönlichkeit verinnerlichen; dies ist der wichtigste Schritt bei der Verinnerlichung universalistischer Muster." (ebd., S. 113; Kursivsetzung d. A.)

Parsons geht also davon aus, dass durch die Schule die „alte familiäre Identifizierung" zerbricht und „nach und nach" eine Identifizierung aufgebaut wird, die sich nicht mehr askriptiv (also qua Zuschreibung des Status der Familie) begründet, sondern nun durch den erreichten differenzierten Status innerhalb des neuen Systems der Schulklasse generiert wird (primär durch die erreichte Leistungsplatzierung, sekundär durch die Platzierung in der informellen Struktur der Peergroup) (ebd., S. 115). Das Fundament dieses Prozesses wird in der gemeinsamen positiven Bewertung des Prinzips der Leistungsorientierung gesehen – als die „Verkörperung des fundamentalen amerikanischen Wertes der Chancengleichheit" durch die Schulklasse, „indem sie sowohl auf ursprüngliche Gleichheit als auch auf unterschiedliche Leistung Wert legt" (ebd., S. 114). Die *Verinnerlichung der universalistischen Leistungsorientierung* und die *Bindung an gemeinsame Werte* zeigen zugleich die „entscheidende *integrative Funktion* für das System" auf (ebd., S. 115; Kursivsetzung d. A.).

Auch in auf den ersten Blick gegenteiligen Phänomenen wie einer Gleichgültigkeit Jugendlicher gegenüber der Schulleistung oder eines „Antiintellektualismus" der Jugendkultur zeigt sich dies für Parsons: statt einer Entfremdung artikuliert sich in diesen Haltungen vor allem die verinnerlichte „Wichtigkeit des Selektionsprozesses im Rahmen des Erziehungssystems" (ebd., S. 116). Zugleich gesteht Parsons aber zu, dass besonders in informellen Peergroups „querverlaufende Solidaritätsbeziehungen" vorliegen können, „welche die durch differentielle Belohnung von Leistungen hervorgerufene Spannungen mildern" (ebd.). Die „Ideologie der Jugendkultur, die intellektuelle Interessen und Schulleistung geringschätzig behandelt", kann auch zu Schulschwänzen und Delinquenz führen (ebd., S. 117). Diese wären jedoch wieder Ausdruck des Unbehagens, den verinnerlichten Werten nicht genügen zu können, und nicht als Beleg des „allgemeinen Mißlingens des Erziehungsprozesses" zu deuten (ebd.).

Von der Grundschule, die allgemein auf die Verinnerlichung der Leistungsmotivation und auf Selektion auf der Basis gezeigter Fähigkeiten ausgerichtet ist, unterscheidet sich der weitere Schulverlauf dadurch, dass es nun v. a. um *weitere Ausdifferenzierungen von „Leistungstypen"* geht (ebd., S. 118; Kursivsetzung d. A.). Dies verbindet sich mit zentralen strukturellen Änderungen. Schule wird nicht nur größer, sondern es weitet sich oftmals auch der Ausschnitt des über die Schüler einbezogenen sozialen Raums. Es gibt eine größere Anzahl wechselnder Lehrer und häufiger auch Männer darunter. Schüler haben hier nicht nur mit *geweiteten*

*und häufiger wechselnden Bezugsgruppen*, sondern auch „mit einer *größeren Sta-
tusskala* als früher" zu tun (ebd., S. 119; Kursivsetzung d. A.).[9] Aber auch innerhalb
der Peerbeziehungen finden deutliche Veränderungen statt. Es kann eine „*beträcht-
liche Umgruppierung der Freundschaften*" stattfinden (ebd.), die auch durch die
Zunahme außerschulischer Aktivitäten beeinflusst werden. Unter Peers werden
nun zwischengeschlechtliche Beziehungen wichtiger, während gleichzeitig eine
„viel schärfere Prestige-Schichtung der informellen Gruppierungen Gleichaltriger"
erfolgt (ebd.). Nach Parsons zeigt sich darin v. a. wieder die Funktionalität der Jugendkultur, weil sie „unter dem Aspekt der Selektionsfunktion der höheren Schule
[…] zur Differenzierung von Persönlichkeitstypen beiträgt, die als Erwachsene im
großen und ganzen verschiedene Rollen spielen" (ebd.). Hier hat die Schichtung der
Jugendgruppen eine eigene selektive Funktion. In ihnen geht es um „Popularität"
und „Prestige", die gerade „unabhängig von der Leistungsordnung [sind, d. A.], in
deren Zentrum die eigentliche Schulleistung steht " (ebd., S. 120).

Somit ist es gerade das *Zusammenspiel von Familie, Schule und Gleichaltrigengruppe*, das zur *Ausprägung und Übernahme differenzierter Erwachsenenrollen* beiträgt.
Den Peers kommt dabei gleichzeitig die Funktion zu, die schmerzliche Dominanz
des schulischen Leistungsprinzips zu kompensieren und ein Experimentierfeld für
Unabhängigkeit und Komplott gegenüber Erwachsenen bereitzustellen. Im Zusammenspiel von Familie, Schule und Peers kommt es somit zu einer sozialisatorisch
hochbedeutsamen *zweifachen Reorganisation des Persönlichkeitssystems* des Kindes
bzw. dann Jugendlichen. Während es mit dem Schuleintritt und in der Grundschule
zu einer ersten Verinnerlichung universalistischer Leistungsorientierungen kommt,
werden diese dann nach der Grundschule und v. a. mit der Adoleszenz weiter ausdifferenziert und in differenzierte Erwachsenenrollen überführt.

> Parsons strukturfunktionalistischer Ansatz bestimmt die Sozialisationsleistung
> der Schule über eine zweistufige Verinnerlichung universalistischer Leistungs-
> orientierung und der Akzeptanz einer damit verknüpften Statusplatzierung.
> Schule trägt in ihrer strukturellen Differenz zur Familie und im Zusammenspiel
> mit den Peers dadurch zu einer zweifachen Reorganisation des Persönlichkeits-
> systems des Kindes bzw. Jugendlichen bei. Im Ergebnis dieses Prozesses soll die
> Fähigkeit, aber auch die Motivation zur Übernahme von Erwachsenenrollen in

---

9  Auch dies trifft für das amerikanische Schulsystem noch einmal in ganz anderer Weise
   zu als für das deutsche. Während im amerikanischen System der Klassenverband nach
   der Grundschule schon nicht mehr zentral ist, ist er in Deutschland bis zur einsetzenden
   Kursstufe in Klasse 10 maßgeblich.

einer komplexen und zunehmend weiter differenzierten Gesellschaft ausgebildet sein. Damit wird schulische Sozialisation v. a. als Prozess der Anpassung an die Gesellschaft entworfen, die für Parsons auch dann noch gewährleistet ist, wenn Schüler sich deutlich von Schule und ihren Anforderungen distanzieren, weil diese Distanzierung die Verinnerlichung schon belegt.

Die erste Stufe der sozialisatorischen Veränderungen beginnt mit dem Eintritt in die Schule und dem Aufbrechen der diffusen familiären Identifizierung. Über verschiedene Strukturmerkmale der Schule bzw. besser der Schulklasse (Rollen-differenz von Lehrer und Schüler, Konfrontation mit gemeinsamen Aufgaben, systematische Bewertung, differentielle Statusvergabe auf der Grundlage von Verhalten und Leistung) wird zunächst das Prinzip einer universalistischen Leistungsorientierung übernommen. In der zweiten Stufe (bei Parsons mit der an die Grundschule anschließenden Schulform und v. a. mit den Prozessen der Adoleszenz) erfolgt dann die weitere Ausdifferenzierung von Leistungstypen und die Übernahme eines Kooperationsmodus des Rollenhandelns, der nicht mehr auf Hierarchie sondern auf Gleichrangigkeit beruht. Den Peers kommt dabei die doppelte Funktion zu, die Dominanz und Härte des schulischen Selek-tionsprinzips abzumildern und gleichzeitig damit umso deutlicher zu dessen Etablierung beizutragen.

Wie lässt sich nun diese allgemeine Perspektive von Parsons auf das **Unter-richtsbeispiel mit Erik** beziehen? Wie auch in der Perspektive der Systemtheorie (3.5) oder der Sozialökologie der Entwicklung (3.6) dokumentiert die kurze Interaktionsszene vor allem ein spezifisches Ergebnis schulischer Sozialisation und eine spezifische Passungskonstellation zu einem bestimmten Zeitpunkt der Schullaufbahn. Die Interaktionsszene verdeutlicht dabei, dass Erik die Struk-turlogik des Unterrichts durchaus vertraut ist und er ihr zentrales Prinzip einer universalistischen Leistungsorientierung verinnerlicht hat. Wäre das nicht der Fall, würde Erik nicht in dieser Form unmittelbar auf die Arbeitsaufgabe der Lehrerin reagieren oder die Sanktionierung seiner unterrichtlichen Nebentätigkeit akzep-tieren. Dass beides aber offensichtlich geschieht, zeigt uns, dass Erik sowohl die Gegenüberstellung von Lehrer- und Schülerrolle vertraut ist sowie dass sein eigenes Handeln sich dem Urteil der Lehrerin und einer daran gekoppelten Statusplatzie-rung unterwerfen kann. Aufgabenerfüllung und -beurteilung beziehen sich dabei – wie Parsons es verdeutlicht – sowohl auch kognitive Komponenten (Wissen und Kompetenzen zum Thema der Säuren) als auch auf sogenannte moralische Kom-ponenten (Normen und Werte für das Verhalten im Unterricht). Zudem ist Erik

offensichtlich auch klar, dass damit nicht – wie etwa in der Familie oder unter
Peers – auf die weitere Ausübung der Malaktivität bestanden oder die Fokussierung auf das Unterrichtsthema der Säuren abgewehrt werden kann. Erik erscheint
damit als soweit schulisch sozialisiert, dass er dem Unterricht folgt und diesen
in seinen Grundprinzipien auch verbürgt.

  Dieser dokumentierte, bereits erreichte Grad der Anpassung und die Fähigkeit der Rollenübernahme, die sich v. a. in dem Handeln nach den beiden Interventionen der Lehrerin äußert, markiert jedoch nur eine Seite der schulischen
Sozialisation nach Parsons. Die andere Seite zeigt sich dort, wo das Handeln
Eriks überhaupt interventionsbedürftig wird. Hier könnte man – allerdings in
gemäßigter Form – auch von Distanzierungen im Sinne einer gegen schulische
Leistung gerichteten Ideologie sprechen. Diese Distanzierung erfolgt aber – wie
auch das weitere Handeln Eriks nach der Ermahnung der Lehrerin verdeutlicht
– auf der Grundlage einer Verinnerlichung des Leistungsprinzips und einer Akzeptanz einer leistungsbezogenen Statusplatzierung. Auffällig ist dabei, dass diese
Distanzierungen offensichtlich gegenüber den anderen Mitschülern resonanzlos
verpuffen und es gerade nicht zu sogenannten querliegenden Solidarisierungen
mit Peers kommt. Das könnte auf eine problematische Integration Eriks in den
Peerbeziehung der Schulklasse hindeuten.

## Literatur (Tipps zum Weiterlesen fett gedruckt)

Fingerle, K. (1993): Von Parsons bis Fend – strukturell-funktionale Schultheorien. In: Till-
    mann, K.-J. (Hrsg.): Schultheorien. 2. Auflage. Hamburg: Bergmann + Helbig Verlag,
    S. 47-59.
Korte, H. (1995): Eine Theorie für alle Fälle. Talcott Parsons, Robert K. Merton und der
    Strukturfunktionalismus. In: Korte, H.: Einführung in die Geschichte der Soziologie.
    3. Auflage. Opladen: Leske + Budrich, S. 173-190.
Parsons, T. (1951): The Social System. London: Routledge & Kegan Paul.
Parsons, T. (1975): Gesellschaften. Evolutionäre und komparative Perspektiven. Frankfurt
    a. M.: Suhrkamp.
**Parsons, T. (1987/1959): Die Schulklasse als soziales System: Einige Funktionen in der**
    **amerikanischen Gesellschaft. In: Plake, K. (Hrsg.): Klassiker der Erziehungssoziologie.**
    **Düsseldorf: Schwann, S. 102-124.**
Parsons, T./Shiles, E.A. (1951): Values, Motives and Systems of Action. In: Parsons, T./Shiles,
    E.A. (Hrsg.): Toward a general Theory of Action: Theoretical Foundations for the Social
    Sciences. Cambridge: Harvard University Press, S. 47-243.
**Tillmann, K.-J. (1990): Schulische Sozialisation in strukturfunktionaler Sicht. In. Till-**
    **mann, K.-J.: Sozialisationstheorien. Eine Einführung in den Zusammenhang von**

*Gesellschaft, Institution und Subjektwerdung*. Reinbek b.H.: Rowohlt Taschenbuch Verlag, S. 108-129.

Wernet, A. (2003): Pädagogische Permissivität. Schulische Sozialisation und pädagogisches Handeln jenseits der Professionalisierungsfrage. Opladen: Leske + Budrich.

## 3.3 Psychoanalytische Ansätze zur Sozialisation

Bereits eingangs wurde ein bekannter Vertreter der psychoanalytischen Sozialisationstheorie benannt: Siegfried Bernfeld (1892-1953). Die Psychoanalyse selbst geht zurück auf den Wiener Arzt und Psychologen Sigmund Freud (1856-1939), der sich vornehmlich mit Psychopathologie – also den Krankheiten der Psyche – befasste (vgl. Wagner 2004, S. 124). Er entwickelte in diesem Zusammenhang ein Modell der psychosexuellen Entwicklung, das weniger auf Identität und Selbstbestimmung gerichtet ist, als vielmehr auf die Entstehung von Krankheiten. Dennoch ist diese Theorie für die Frage danach, was Sozialisation ist und wie sie im Zusammenhang der Schule erfolgt, von Interesse, weil die Auseinandersetzung mit dem Unbewussten sowohl in der Geschichte der Sozialisationsforschung als auch mit Blick auf die Möglichkeiten, die ein Subjekt bei der Personwerdung hat und schließlich nutzt, wichtig ist.

Eine erste wichtige Unterscheidung, die Freud also trifft, ist die zwischen dem Bewussten und dem Unbewussten – und schließlich auch dem Vorbewussten. Diese Unterscheidung ist „notwendig, weil die Daten des Bewußtseins in hohem Grade lückenhaft sind; sowohl bei Gesunden als bei Kranken kommen häufig psychische Akte vor, welche zu ihrer Erklärung andere Akte voraussetzen, für die aber das Bewußtsein nicht zeugt." (Freud 1989, S. 125). Wir alle kennen Versprecher, Fehlhandlungen und Träume, vermeintlich spontane Einfälle, deren Herkunft wir uns nicht unmittelbar erklären können. Sie beruhen auf latenten (vorbewussten) Ich-Anteilen und (unbewussten) Verdrängungen. Während erstere auf der Ebene des Deskriptiven gedanklich zugänglich sind, sind letztere nicht ohne weiteres zugänglich.

Wagner (2004, S. 127) nutzt die Unterscheidung von „innerer" (unbewusster) und „äußerer (vorbewusster) Realität", um die Differenz zwischen Vorbewusstem und Unbewusstem deutlich zu machen. Die „äußere Realität", ist das materielle Substrat, das in Form von organisch-biologischen Grundlagen und Regeln dem Handeln zugrunde liegt; die „innere Realität" umfasst die Triebe, die Triebbedürfnisse, die Deutungen und Stellungnahmen zu dieser äußeren Realität. Dieses Spannungsgefüge bezeichnet Freud (1989, S. 292) als „Ich" und als „Es": Das „Ich sitzt dem Es oberflächlich auf" (ebd.), beide Instanzen gehen zwar fließend ineinander über, aber sie gehen nicht ineinander auf – das „Es" kann mit dem „Ich" kommunizieren.

Gleichzeitig ist das Ich nicht nur ein „durch den Einfluss des Wahrnehmungssystems modifizierter Anteil des Es" (ebd., S. 296), über den mit der Außenwelt kommuniziert wird. Es ist auch die Vermittlungsinstanz zum Über-Ich, zum Gewissen (ebd., S. 302) und kann als moralische Instanz gesehen werden. Mit diesem Modell liegt eine ‚psychische Topik' (Doetsch 2006) vor, wir können auch sagen, ein Modell der psychischen Lokalität, „das den psychischen Apparat als eine Relation zwischen Bewusstem, Vorbewusstem und Unbewussten beschreibt" (ebd., S. 199) (vgl. Abb. 3.2).

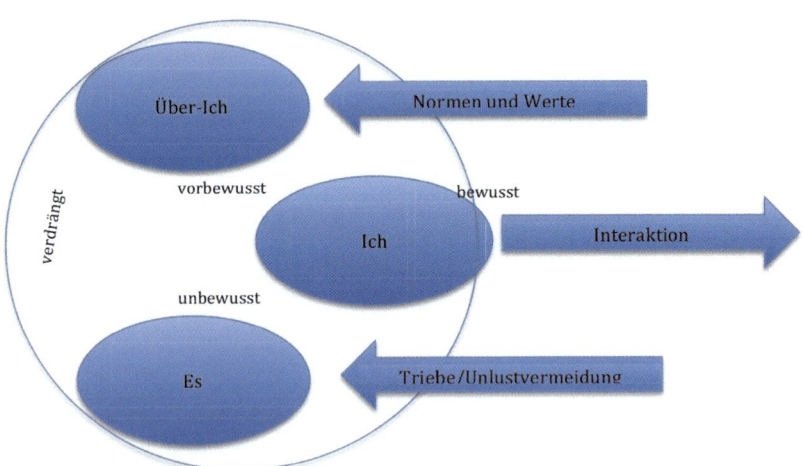

**Abb. 3.2**  Freuds psychische Topik

Die psychischen Prozesse können also als dynamische Beziehung zwischen den Instanzen Ich, Es und Über-Ich gesehen werden (vgl. Doetsch 2006, S. 199). Diese Instanzen entstehen im Prozess der Sozialisation als psychosexuelle Entwicklung. Die Perspektive auf die psychosexuelle Entwicklung rührt in diesem Zusammenhang daher, dass Freud die Beherrschung von und den Umgang mit den Trieben (dem Sexualtrieb und dem Todestrieb) als zentral für die Entwicklung des Selbst erachtet (Freud 1989, S. 307). Sexual- und Todestrieb stehen dabei für die Gleichzeitigkeit oder das Zusammentreffen von Aufbau und Zerfall im Individuum – oder anders gesagt: für die Tatsache, dass jeder Mensch zugleich liebend und sozial ist, aber auch aggressiv und ausgrenzend. Die Beherrschung und der (gesellschaftlich angemessene) Umgang mit diesen Trieben ist das Ziel der Sozialisation. Fünf Phasen werden in Zusammenhang der psychoanalytischen Entwicklungstheorie immer wieder benannt und sollen auch hier nicht ausgespart werden:

**Tab. 3.1** Phasen der psychosexuellen Entwicklung (vgl. z. B. Zimmermann 2000, S. 24)

| Psychosexuelle Phase | Entwicklungsschritt | Psychischer Apparat |
|---|---|---|
| **Orale Phase** (erstes Lebensjahr) | Das Kind erkundet seine Umgebung mit dem Mund (= oral). Es schmeckt, saugt, beißt, leckt ab, steckt Dinge in den Mund. Lustgewinn erlangt es vornehmlich oral. | Es |
| **Anale Phase** (2.-3. Lebensjahr) | Der Analbereich wird zunehmend eigenständig kontrolliert. Die Aufmerksamkeit des Kindes liegt verstärkt hier, die Erfahrungen der Sauberkeitserziehung und die Konflikte hierum stehen symbolisch für die Erfahrung von und den Umgang mit Grenzen. | Ich |
| **Ödipale** (infantil-genitale) **Phase** (3.-6. Lebensjahr) | Das Kind entdeckt seine eigene Geschlechtszugehörigkeit. Es begehrt den gegengeschlechtlichen Elternteil, macht aber die Erfahrung, dass dieses Begehren gesellschaftlich nicht anerkannt wird. Daher bilden sich Ekel-, Scham- und Moralgefühle (vgl. Zimmermann 2000, S. 24) in Bezug auf das Begehren des andersgeschlechtlichen Elternteils und es findet eine Identifikation mit dem gleichgeschlechtlichen Elternteil statt. | Über-Ich |
| **Latenzphase** (7.-13. Lebensjahr) | Das Kind „vergisst", d. h. verdrängt das sexuelle Begehren. So hat der psychische Apparat Gelegenheit sich zu festigen und Verhaltensmuster, z. B. geschlechtstypische, manifestieren sich. Es werden eher gleichgeschlechtliche Freundschaftsbeziehungen eingegangen, die das eigengeschlechtliche Verhalten bestätigen, das gegengeschlechtliche Verhalten wird eher abgelehnt. | |
| **Genitale Phase** (Adoleszenz) (14.-21. Lebensjahr) | Hier wird nun das sexuelle Begehren wiederentdeckt und das Thema gegengeschlechtliche Liebe steht im Vordergrund. Zentral ist die Entdeckung und Verwirklichung der Fortpflanzungsfähigkeit. | |

Schul-zeit

Es mag befremdlich klingen, im Zusammenhang mit Kindern von Sexualität zu sprechen (ebd., S. 25). Aber dennoch liegt das Verdienst einer psychoanalytischen Sozialisationstheorie darin, die kindlichen Entwicklungsaufgaben zu betrachten. Deutlich tritt diese Perspektive etwa bei Erik H. Erikson (1902-1994) in den Vordergrund. Erikson geht davon aus, dass „der Mensch […], um am Leben zu bleiben, unaufhörlich […] Konflikte lösen [muss, die Verf.], genauso wie sein Körper unaufhörlich gegen die physische Dekomposition kämpfen muß" (Erikson 1973, S. 56). Mit seiner Theorie versucht er einen Brückenschlag zwischen der Theorie kindlicher Sexualität und der Kenntnis „des physischen und sozialen Wachstums des Kindes innerhalb seiner Familie und der Sozialstruktur" (ebd., S. 58f.). Dabei vollzieht sich die Entwicklung in Spannungsverhältnissen, die vom Kind bearbeitet werden müssen und in denen widerstreitende Entwicklungsmöglichkeiten wirksam werden. Je nachdem, wie sich ein Kind/Jugendlicher in diesen Spannungen entwickelt, gestaltet sich im Erwachsenenalter seine Gesamtpersönlichkeit (ebd., S. 62).

**Tab. 3.2** Phasenmodell von Erik H. Erikson (1973)

| Phase | Entwicklung |
|---|---|
| **Ur-Vertrauen gegen Ur-Misstrauen** (erste Lebensjahre) | Das Kind macht die Erfahrung, sich auf andere und sich selbst verlassen zu dürfen (ebd., S. 62). Entwickelt sich das Ur-Vertrauen nicht, so entsteht ein Ur-Misstrauen, das in Regression (i. e. Abwehr, Rückzug) münden kann (ebd., S. 63). |
| **Autonomie gegen Scham und Zweifel** (Kleinkindalter) | Diese Phase ist vergleichbar mit der analen Phase bei Freud, denn es geht um Festhalten und Loslassen. Der Vorgang der Analkontrolle steht bei Erikson jedoch mehr als Anfang einer Entwicklung (ebd., S. 76), an deren Ende bestenfalls die Selbstbeherrschung und Selbständigkeit steht. Die Kehrseite einer fehlgeleiteten und beschämenden Erziehung ist die übermäßige Tabuisierung und Verheimlichung der eigenen Taten oder die übermäßige Selbstkritik (ebd., S. 80f.). |
| **Initiative gegen Schuldgefühle** (drittes bis sechstes Lebensjahr) | Das Kind beginnt sich mit anderen zu identifizieren, weil es sich fragt, wie es selbst werden will. Es orientiert sich dabei an Vater und Mutter, die zugleich kraftvoll, mächtig, aber auch bedrohlich erscheinen (ebd., S. 87). In diese Phase fällt die ödipale Krise, in der Kinder sich geschlechtlich identifizieren (s. o.), sie imitieren die Geschlechterrollen anhand ihrer Eltern (ebd., S. 92), treten jedoch in Rivalität zu ihnen. Aus dem Misserfolg in der Rivalität entstehen Schuldgefühle, in der Balance von Initiative und Schuldgefühlen entfaltet sich das Gewissen (ebd., S. 93f.). |

| | | |
|---|---|---|
| **Werksinn gegen Minderwertigkeitsgefühl** (Grundschulalter) | Das Kind „will, daß man ihm zeigt, wie es sich mit etwas beschäftigen und wie es mit anderen zusammen tätig sein kann" (ebd., S. 98). Das Kind lernt die Grundtechniken des Lesens und Schreibens sowie die „weitestmögliche Grunderziehung für die größtmögliche Anzahl von Berufen" (ebd., S. 99). Kann das Kind seinen Werksinn nicht durch das Spiel entfalten, flüchtet es in Regression und entwickelt ein Gefühl von Unzulänglichkeit und Minderwertigkeit (ebd., S. 101ff.). | |
| **Identität gegen Identitätsdiffusion** (Jugendphase) | Nachdem der/die Heranwachsende in die Pubertät eingetreten ist, erfolgt zeitlich versetzt die Adoleszenzkrise. Die Kindheitserfahrungen werden in Frage gestellt und neu bewertet. Der/die Heranwachsende rekonstruiert bisherige „Ich-Werte" (ebd., S. 107) neu und orientiert sich an der Frage, welche Persönlichkeit er/sie in der Gesellschaft werden will. Die Übergangsphase, die damit verbunden ist, nennt Erikson „psycho-soziales Moratorium" (ebd., S. 137): Jugendliche experimentieren mit Rollenbildern und Lebenswegen, sie müssen aber auch Entscheidungen treffen, die irreversibel für ihre Lebensführung sind (ebd.). | Schulzeit |
| **Intimität gegen Isolierung** (frühes Erwachsenenalter) | | |
| **Generativität gegen Selbst-Absorption** (mittleres Erwachsenenalter) | | |
| **Integrität gegen Lebens-Ekel** (Alter/reifes Erwachsenenalter) | | |

Deutlich wird an den Theorien von Freud und Erikson, dass die schulische Sozialisation im Anschluss an drei zentrale Phasen stattfindet, in denen sich das Kind mit dem Selbst und den Anderen (sie umgebende und nahe Personen) auseinandersetzt. Beide Theorien stimmen auch darin überein, dass die Schulzeit die mittlere bis späte Kindheit und die Jugendphase (in der Psychoanalyse auch Adoleszenz genannt) umfasst und hier die Beziehungen zu außerfamilialen Personen zunehmend wichtig werden. Während Erikson nun auch für das Erwachsenenalter bedeutsame Entwicklungsphasen ableitet, endet Freuds Modell der psychosexuellen Entwicklung mit der sexuellen Reife. In seinem Modell sind die Beziehungen zur Gesellschaft als für die Identität bedeutsame Spuren auffindbar: die Entwicklung des Gewissens und eines Moralverständnisses sind immer auch mit gesellschaftlichen Vorstellungen

von „richtig" und „falsch" verbunden. Dies ist zum Beispiel auch in elterlichen Vorstellungen von Männlichkeit und Weiblichkeit angelegt. Beide Theorien liefern auch
den Grundstein für die Auseinandersetzung und Identifikation mit dem eigenen
Geschlecht und der Idee der Zweigeschlechtlichkeit in der ödipalen Phase. Diese
zugespitzte Sichtweise ist von einer feministischen psychoanalytischen Theorie
deutlich kritisiert worden: einerseits, weil Freud Mädchen als nachrangig bezeichnet:
ihnen „fehlt" der Penis, daher empfinden sie sich selbst als minderwertig, was den
Grundstein für weibliche Charakterschwäche legt (Tillmann 2010, S. 90; Chodorow
1999); andererseits weil die Herausbildung der Geschlechtsidentität nicht erst in
der ödipalen Phase stattfinde, sondern schon früher und in enger Verbundenheit
zur Mutterbeziehung einsetzt (Chodorow 1999).

In Eriksons stark auf Freud bezogenen Entwurf tritt die Gesellschaft viel deutlicher
in den Vordergrund. Sein Vorbild ist dabei – ähnlich wie bei Parsons (Kap. 3.2)
– das amerikanische Gesellschaftsmodell (Tillmann 2010, S. 265), das deutlich
daran orientiert ist, produktive Bürger hervorzubringen (vgl. Hummrich 2015).
Es geht somit in seiner Abhandlung darum, die konfliktfreie Anpassung zu ermöglichen. „Ich-Identität und soziale Integration erscheinen damit bei Erikson
als zwei Seiten der gleichen Medaille" (Tillmann 2010, S. 265). Psychoanalytische
Theorien befassen sich mit der Entwicklung der Ich-Identität in Krisen. Sie gehen
dabei von einer triebbedingten Entwicklung des Menschen (seiner Natur) aus,
die in Widerspruch zur trieb-repressiven Kultur steht. Die Kultur reguliert damit
das menschliche Zusammenleben. Menschliche Entwicklung vollzieht sich in
einer Bearbeitung von Krisen, die durch den Widerspruch „naturgegebener"
Triebe und „triebkontrollierender" Kultur entstehen.

Psychoanalytische Theorien spielen nun in zweifacher Hinsicht eine Rolle, wenn
es um schulische Sozialisation geht. Zum einen greifen sie das Therapeuten-Klien-
tenverhältnis als maßgeblich für die Gestaltung professioneller Arbeitsbündnisse
auf (Hirblinger 2001, s. auch 3.7). So geschehen ist dies etwa bei Sigfried Bernfeld
(1973), der Erziehung im konventionellen Sinne als Machtausübung kritisierte und
einwendete, dass Kinder nicht durch Lehrpläne, Didaktik und Lehrerpersönlichkeit
zu erzogenen Menschen werden (ebd., S. 28), sondern durch Liebe und Achtung. In
seinem Kinderheim Baumgarten war die Beziehungsgestaltung nach therapeuti-
schem Vorbild zentral. Ebenso kann August Aichorn (1878-1949) genannt werden,
der sich nach dem ersten Weltkrieg für verwahrloste Jugendliche und gegen eine
repressive – also eine unterdrückende – Erziehung aussprach (vgl. Hirblinger
2001). Freud selbst wandte sich ebenfalls gegen eine Erziehungsaufgabe, in der die
Kinder instrumentalisiert werden, da es dann lediglich um Triebunterdrückung

und Abspaltung oder Verdrängung triebunterdrückender Strukturen ginge und die Persönlichkeitsentwicklung vernachlässigt werde (ebd., S. 16).

Zum anderen entwickelt Anna Freud (1895-1982), die Tochter von Sigmund Freud, eine Sicht auf Schule, in der die institutionelle Erziehung genau den Bedürfnissen den Kindes begegnet. Vor dem Hintergrund des Freudschen Entwicklungsmodells (s. o.) entwickelt sie die Vorstellung, dass gerade in der Latenzzeit, in der die sexuelle Energie in Aktivität umgewandelt wird, die Schule eine besondere Rolle einnehmen kann (Freud 2011). Die Psychoanalyse wird in diesem Zusammenhang zu einer wichtigen Hintergrundtheorie für Lehrerinnen und Lehrer, um Wissen über die kindliche Entwicklung zu erlangen (ebd.). Dabei weist Anna Freud darauf hin, dass der Erzieher auch eigene Konfliktdynamiken kennen lernen muss, damit er seine ungelösten Schwierigkeiten nicht an den Schülern abreagiert.

Vor dem Hintergrund der Ausführungen zu Bernfeld, Aichorn und Anna Freud lassen sich zwei noch eher implizit vorhandene Positionen der Psychoanalyse herausheben: einerseits birgt Schule die Gefahr der Instrumentalisierung und Unterdrückung, wenn es in ihr nicht zur Entfaltung der Persönlichkeit kommt und Triebe unterdrückt anstatt durch anregende Arbeit sublimiert (i. e. ersetzt) werden. Andererseits bedeutet gerade die Möglichkeit einer gelingenden Triebsublimierung auch eine Chance für Kinder und Jugendliche. So ist Schule insbesondere in der Latenzzeit ein Ort, an dem Kinder genau ihre Bedürfnisse nach Wissensaneignung befriedigen können.

Reinhard Fatke (1986) arbeitet heraus, dass die Position der Schule als Schutz- und Schonraum in der Nachkriegspädagogik durch psychoanalytische Ansätze hervorgehoben wurde. Er weist auf Franz Wellendorfs Ansatz hin, der besagt, dass schulische Rituale aggressive Triebimpulse auffangen können und damit Solidarität, Distanz, Ordnung und Leistung eingeübt werden, sofern die Erziehung nicht repressiv ist (ebd., S. 18f.). Peter Fürstenau vertritt eine ähnliche Position und weist zudem darauf hin, dass die Welt angstfrei erlebbar ist, sofern es nicht zum Distanzverlust des Lehrers/der Lehrerin gegenüber dem Schüler kommt (ebd.).

Im psychoanalytischen Ansatz ist Schule somit ambivalent (i. e. doppelwertig) besetzt: einerseits stellt sie einen Schutz- und Schonraum dar, der insbesondere in der Latenzphase eine wichtige Bedeutung bei der Befriedigung der kindlichen Neugierde hat. Sie ist dabei auch als Instanz der Triebsublimierung wichtig, da der schulische Rahmen dabei hilft, spontane Lust in geordnete Bahnen zu überführen. Andererseits können repressive Haltungen von Lehrerinnen und Lehrern dazu führen, dass Kinder Unterdrückung erfahren und Lehrerinnen und Lehrer ihre eigenen Konflikte, Ängste und Emotionen auf die Schülerinnen und Schüler übertragen.

Im **Fall Erik** finden wir eher die Variante des Schutz- und Schonraumes vor.
Warum? Die Lehrerin ermahnt Erik, eine nicht-unterrichtliche Tätigkeit für
den Moment einzustellen. Im psychoanalytischen Vokabular könnte man sagen:
sie verweist darauf, dass seine spontanen Triebregungen (Malen) in der unterrichtlichen Ordnung nichts zu suchen haben. Dabei geht sie nicht repressiv oder
beleidigend vor, sondern sie erinnert ihn routiniert an das richtige Verhalten im
Unterricht. Schule wird hier zum Schutz- und Schonraum, in dem angemessenes
Verhalten eingeübt werden kann. Die Lehrerin überträgt hier nicht ihre eigenen
Gefühle oder Konflikte auf Erik, sondern weist ihn vorsichtig auf schulische
Regeln hin, die seinen spontanen Triebimpulsen im Weg stehen, durch die er
diese Impulse aber auch beherrschen kann. Dass dies nicht immer gelingt, darauf
verweist ein anderer Fall, in dem die gleiche Lehrerin sich äußert:

**Anna Wegemann im Chemieunterricht**

> „*Lehrerin:* anna, manschma tut es mir furschba leid für dich dass wir hier
> alles noch und noch und noch machen
> *Anna:* na ja (leichtes lachen)
> *Lehrerin:* dass du nich schon lange aufgegeben hast , also ((da meinen
> herzlichen dank für))
> *Anna:* 'äähm' (gedehnt) , und zwar , also das is schwefelsäure und
> schweflige säure und das is dann ((unverst., 2 sek.))" (Helsper
> u.a. 2009, S. 218)

Hier äußert sich die Lehrerin mit großer Emphase: „Es tut ihr (manchmal) furchtbar
leid, dass wir hier alles noch und noch und noch machen." Genau in dieser kurzen
Sequenz steckt das, was bei Freud (2000) Übertragung genannt wird: die Lehrerin
gibt vor, mit Anna Mitleid zu haben, dabei formuliert sie darin im Grunde ihr
eigenes Leid – alles „noch und noch und noch" machen zu müssen und damit in
einer ewigen Routine zu stecken. Da es sich nur um eine kurze Äußerung handelt,
die im Anschluss durch die aktive Beteiligung Annas gleich wieder in die Sachlogik
des Unterrichts überführt wird (Anna stellt eine Fachfrage), liegt hier keine dra-
matische Zuspitzung oder Eskalation vor, obwohl die Lehrerin zuvor noch Anna
gedankt hat, dass sie noch nicht aufgegeben hat. Mit ihrer emotional aufgeladenen
Äußerung kommt etwas an die Oberfläche, was man psychoanalytisch als latente
Aggression gegenüber den Schülerinnen und Schülern bezeichnen könnte. Ihnen
wird angelastet, dass alles ständig wiederholt werden muss und dass dies ein Ver-
stoß gegen die Solidarität ist, welche die Schülerinnen und Schülern gegenüber
Anna haben müssten. Anna könnte vor diesem Hintergrund aufgeben und sich

der Klassendynamik entziehen, weil die anderen Schülerinnen und Schüler sie in die Wiederholung zwingen.

Auf der Oberfläche zeigt sich also Mitleid, unter der Oberfläche (latent) zeigt sich, dass die Lehrerin selbst leidet und dieses Leid allen Schülerinnen und Schülern außer Anna anlastet. Indem sie Anna hervorhebt, kommt es zu einer Instrumentalisierung der Schülerin: sie nutzt sie, um ihr eigenes Leid zum Ausdruck zu bringen und ihre Aggression gegenüber den Schülerinnen und Schülern zu äußern. Damit spaltet sie Anna implizit von der Klassengemeinschaft ab. Sie entgrenzt die Lehrer-Schüler-Beziehung (zu Anna), indem sie die Schülerin mit sich selbst auf eine Stufe stellt und durch sie spricht. Sie entgrenzt auch die Beziehung zu dem Rest der Klasse, da sie ihren Auftrag (Wissen zu vermitteln) preisgibt. Es ist Anna, durch die dann wiederum eine Abwehr dieser Positionierung vorgenommen wird, indem sie eine Fachfrage stellt und sich damit wieder als Schülerin positioniert. Sie wehrt gewissermaßen die Entgrenzung und Instrumentalisierung erfolgreich ab.

Die hier aufgezeigte Miniatur ist nun kein besonders dramatischer Fall von Repression und Distanzverlust. Sie zeigt vielmehr, dass es im schulischen Alltag immer wieder zu solchen Handlungen kommen kann. Dabei sind durchaus Varianten vorstellbar, in denen die Situation deutlicher eskaliert. In diesen Extremsituationen kann es dann durch die Instrumentalisierung der Schülerinnen und Schüler dazu kommen, dass Schule mit Angst besetzt wird und die Konflikte der Lehrerinnen und Lehrer und deren Übertragung auf die Schülerinnen und Schüler das Unterrichtsgeschehen dominieren.

## **Literatur** (Tipps zum Weiterlesen fett gedruckt)

Bernfeld, S. (2000): Sisyphos oder die Grenzen der Erziehung (12. Aufl.). Frankfurt a. M.: Suhrkamp Verlag.

Chodorow, N. J. (1999): Reproduction of Mothering: Psychoanalysis and the Sociology of Gender (Reprint). Berkeley: University Press Group Ltd.

**Erikson, E. H. (1973): Identität und Lebenszyklus. Drei Aufsätze. (K. Hügel, Übers.) (27. Aufl.). Suhrkamp Verlag.**

Fatke, R. (1986): Psychoanalytische Beiträge zu einer Schultheorie. Zeitschrift für Pädagogik 78 (1986), S. 4-15.

**Freud, A. (2011): Psychoanalyse für Pädagogen. Eine Einführung. 6. Aufl., Bern: Huber.**

Freud, S. (1989): Psychologie des Unbewußten. (Studienausgabe).Frankfurt a. M.: Fischer.

Freud, S. (2000): Behandlungstechnische Schriften. Frankfurt a. M.: Fischer.

Großmaß, R. (1991): Der Beitrag der Psychoanalyse zur Sozialisationstheorie. In: Psychologie und Gesellschaftskritik, 15(3/4), S. 51–72.

Günzel, S./Dünne, J. (2006): Raumtheorie: Grundlagentexte aus Philosophie und Kultur-
    wissenschaften. Frankfurt a. M.: Suhrkamp Verlag.
Helsper, W. (1989): Selbstkrise und Individuationsprozeß: Subjekt- und Sozialisationsthe-
    oretische Entwürfe zum Imaginären Selbst der Moderne. Opladen: Leske + Budrich.
Hirblinger, H. (2001): Einführung in die psychoanalytische Pädagogik der Schule. Würzburg:
    Königshausen u. Neumann.
**Hummrich, M. (2015): Homogenisierung und Heterogenität – erziehungswissenschaft-
    liche Perspektiven: In Tertium Comparationis 2/2015, S. 39-58.**
Tillmann, K.-J. (2010): Sozialisationstheorien. Eine Einführung in den Zusammenhang von
    Gesellschaft, Institution und Subjektwerdung. Reinbek bei Hamburg: Rowohlt.
Wagner, H. J. (2004): Krise und Sozialisation: Strukturale Sozialisationstheorie II. Frankfurt
    a. M.: Humanities Online.
Zimmermann, P. (2013): Grundwissen Sozialisation: Einführung zur Sozialisation im
    Kindes- und Jugendalter. Wiesbaden: Springer VS.

## 3.4    Interaktionistischer Ansatz

Interaktionistische bzw. interaktionstheoretische Ansätze zur schulischen Sozialisation richten den Blick auf die konkreten Interaktionen der Subjekte (v. a. der
Schülerinnen und Schüler sowie Lehrerinnen und Lehrer) im Kontext der Schule.
Dabei interessiert das Verhältnis zwischen der Institution Schule und der Gesamtge-
sellschaft (im Unterschied zum strukturfunktionalistischen Ansatz, vgl. 3.2) weniger.
Stattdessen fokussiert diese Perspektive v. a. Prozesse der Identitätsbildung und wie
diese durch Schule beeinflusst werden. Sofern diese Beeinflussung prinzipiell auch
als Beeinträchtigung oder Beschädigung der Identität gedacht werden kann, verbindet sich der interaktionistische Ansatz zur schulischen Sozialisation – allerdings
erst in späteren theoretischen Weiterführungen – auch mit einer Kritik an Schule.

Interaktionistische Ansätze zur schulischen Sozialisation gehen zurück auf die
Theorie des Symbolischen Interaktionismus von *Georg Herbert Mead* (1863-1931),
die dieser von 1900 an in einer einflussreichen Vorlesung über Sozialpsychologie an
der University of Chicago (USA) ausformuliert hat. Diese Vorlesungen sind unter
dem Titel „Mind, Self and Society" 1934 erstmals veröffentlicht und schließlich
1968 mit dem Titel „Geist, Identität und Gesellschaft" auch in deutscher Sprache
erschienen. Diese Überlegungen wurden dann in den 1950er und 1960er Jahren
in den USA v. a. von *Erving Goffman* (1922-1982) weiterentwickelt (vgl. Goffman
1967, 1969 und 1971) und seit Ende der 1960er Jahre verstärkt auch in Deutschland
diskutiert (vgl. Habermas 1971; Krappmann 1971; Mollenhauer 1972; Brumlik 1973;
Wellendorf 1973; insgesamt Tillmann 1989).

Zu den zentralen Grundannahmen dieser interaktionistischen Perspektive gehört seit Mead die soziale *in Interaktionen vollzogene Verankerung von Identität*. Der Prozess der Interaktion sorgt als nicht reduzierbarer Grundsachverhalt nicht nur dafür, dass Sozialität und Gesellschaft konstruiert (also hergestellt oder verändert) werden, sondern Interaktion ist auch zentral und notwendig für die Entstehung von Identität. Diese in Interaktionen und in Sozialität verankerte Identität wird als *Verinnerlichung sozialer Strukturen* entworfen – „ist im Grunde eine gesellschaftliche Struktur" (Mead 1995, S. 182) – und ist darin komplementär notwendig für das Fortbestehen sozialer Verhältnisse. Es gibt also keine Identität ohne Gesellschaft und soziale Interaktion sowie umgekehrt keine Gesellschaft ohne Identität denkbar ist.

Identität im Sinne Meads berührt also unmittelbar das Verhältnis von Individuum und Gesellschaft. Identität besitzt der Mensch durch die Fähigkeit, „reflexiv aus sich herauszutreten und sich damit selbst zum Objekt zu werden" – also sich aus der Perspektive anderer wahrzunehmen (vgl. Mead 1995, S. 179ff.). Dabei sind es zu Beginn des Entwicklungsprozesses v.a. wenige und dafür besonders bedeutsame Andere, mit denen das Subjekt (als Kind) in Interaktionen eintritt. Diese *bedeutsamen Anderen* („significant others") vermitteln dem Kind, wie sie dieses wahrnehmen und sich ihrerseits von diesem wahrgenommen fühlen bzw. wahrgenommen werden wollen. Später differenzieren sich Anlässe und Partner für soziale Interaktionen immer weiter aus, womit schrittweise die bedeutsamen Anderen ergänzt und ersetzt werden durch den *verallgemeinerten Anderen* („generalized other"). Dieser verallgemeinerte Andere repräsentiert jeweils größere Gemeinschaften oder gesellschaftliche Normen und Erwartungen. Der Abfolge von bedeutsamen Anderen und verallgemeinerten Anderen entspricht bei Mead auch die Unterscheidung von *Spiel* („play") und *Wettkampf* („game") (ebd., S. 194ff. und 415f.). Während das kleine Kind im Spiel Personen aus ihrem Umfeld nachahmt und damit spielerisch deren Persönlichkeit oder Rolle übernimmt, ist es im Unterschied dazu im Wettkampf erforderlich, dass „das Kind die Haltung aller anderen Beteiligten in sich haben muß" (ebd., S. 196). Im Unterschied zum Spiel, bei dem das Kind jeweils nur eine Rolle „der es umgebenden Erwachsenen einnimmt" bzw. nur „nacheinander verschiedene Rollen eingenommen werden" können (ebd., S. 415 und 416), werden im Wettkampf die eigenen Handlungen „von den Annahmen über die voraussichtlichen Handlungen der anderen Spieler bestimmt" (ebd., S. 196). Es geht hier also um den Prozess, bei dem die „Organisation der Haltungen all jener Personen" relevant wird, „die in den gleichen Prozeß eingeschaltet sind" (ebd.). Statt einer nachgeahmten singulären Rolle ist hier die Haltung einer Gemeinschaft oder gesellschaftlichen Gruppe zu verinnerlichen, „die dem Einzelnen seine einheitliche Identität gibt" (ebd.). Genau das kann mit Mead als verallgemeinerter Anderer bezeichnet werden.

Für die Entwicklung der Identität sind nun die signifikanten und später zunehmend die verallgemeinerten Anderen bedeutsam, weil diese das Subjekt mit Rückmeldungen darüber ‚versorgen', wie man in den Augen dieser anderen wahrgenommen wird, und darüber zunehmend die Befähigung anstoßen, sich selbst in den Augen der anderen (quasi als Objekt) wahrzunehmen. Die Identität einer Persönlichkeit ist damit über weite Teile die soziale, von Normen und Erwartungen anderer geschaffene Seite der Persönlichkeit. Für die Fassung der Identität einer Person teilt Mead entsprechend dieser Annahmen Instanzen auf, die jedoch aufeinander bezogen sind. So bestimmt er das so genannte *„me"* (das ‚mich'), das Haltungen der anderen repräsentiert, die durch das Subjekt für sich selbst als relevant übernommen wurden (vgl. Mead 1995, S. 218f.). Davon unterscheidet er das *„I"* (das ‚Ich') als Spontanitätsinstanz des Subjekts, das als Reaktion des Organismus auf die Haltungen anderer immer mehr oder weniger unbestimmt bleibt und erst nachträglich zu Erfahrung werden kann. Das Zusammenspiel von „I" und „me" bringt die Persönlichkeit – die Identität – hervor, die Mead als *„self"* bezeichnet. Dabei wird Identität als gesellschaftlicher Prozess verstanden, der aus den unterscheidbaren und nie ganz in Deckung zu bringenden Phasen des Handelns (dem „I" und dem „me") besteht (vgl. ebd., S. 221).

Soziale Interaktionen sind wechselseitig angelegt (reziprok). Sie machen als ein *wechselseitiges Aufeinander-Bezugnehmen* eine Einigung über die Situation erforderlich. Diese notwendige Einigung, ohne die Interaktion zusammenbricht, basiert auf der Verwendung eines geteilten Symbolsystems (v. a. der Sprache) und Erwartungen in einem zweifachen Sinn. Einerseits geht es um die Erwartungen eines Akteurs in Bezug auf das Handeln seines Gegenübers. Andererseits geht es auch um die vermuteten Erwartungen des Gegenübers in Bezug auf das eigene Handeln. In diesem Sinne wird in der interaktionistischen Theorie ein *Rollenbegriff* eingeführt, der jedoch gegenüber dem Rollenbegriff im Strukturfunktionalismus weiter und weicher gefasst ist. Soziale Interaktion verlangt das Einnehmen einer bestimmten Interaktionsrolle, die wechselseitig ausgehandelt wird. Welche Rolle in einer Interaktion eingenommen wird, ist kein Ergebnis einer Mechanik, sondern hängt davon ab, wie immer vorliegende Spielräume subjektiv interpretiert und ausgedeutet werden. Die eigenen *Erwartungen und die Erwartungen des Gegenübers* sind also nicht nur abhängig von sozialen (gesellschaftlichen) Normen und Situationsdeutungen, sondern auch davon, welche Identität jeweils vorliegt. Identität bestimmt nicht nur, wie stark Rollenanforderungen kompatibel mit eigenen Bedürfnissen sind, sondern auch, welche Identität und welche Bedürfnisse dem Interaktionsgegenüber zugestanden werden.

Mit den bisherigen Ausführungen wurde deutlich, dass Interaktionen interpretationsabhängig und prinzipiell offen sind. Es zeigt sich außerdem, dass in sozialen

Interaktionen immer auch die eigene Identität involviert ist. Man könnte auch sagen, Identität ist in jeder sozialen Interaktion mit im Spiel und kann damit auch auf dem Spiel stehen. Das Einbringen der eigenen Identität wird in der interaktionistischen Perspektive mit den Begriffen *role-making* und *role-taking* gefasst. Anders als im Strukturfunktionalismus (vgl. 3.2) geht man hier von prinzipiell offenen und interpretationsbedürftigen Interaktionsrollen aus, die das wechselseitige Einbringen von Identitätsanteilen erst ermöglichen, aber zugleich auch erforderlich machen. Die jeweils „konkrete Ausgestaltung einer Rolle durch die Interpretation unklarer und inkonsistenter Erwartungen" wird als role-making bezeichnet (Krappmann 1976, S. 170). In diesen Prozess des role-making gehen durch das jeweilige Verhalten eigene Identitätsanteile in die Interaktionssituation mit ein. Mit role-taking ist die „Übernahme angesonnener Erwartungen" des Interaktionsgegenübers gemeint (ebd.), was die *Fähigkeit der Perspektivübernahme*, das Hineinversetzen in die Rolle des anderen, erfordert (vgl. Tillmann 1989, S. 132).

Von offenen alltäglichen Interaktionssituationen unterscheiden sich nun diejenigen in Institutionen (wie z. B. der Schule) dadurch, dass in diesen die Erwartungen an das Handeln auf Dauer gestellt sind. Neben das interaktionistisch gefasste Rollenkonzept tritt in Institutionen nun das konventionelle Rollenkonzept des Strukturfunktionalismus hinzu. Dadurch sind Notwendigkeit und Möglichkeit des Aushandelns von Interaktionsrollen eingeschränkter, aber dennoch nicht außer Kraft gesetzt. Die damit erforderliche Ausdifferenzierung des Verhältnisses von Identität und Interaktion hat v. a. Goffman vorgelegt. Er unterscheidet zwei Dimensionen: die Erwartungen, die sich aus der Mitgliedschaft in unterschiedlichen Gruppen- oder Rollenzugehörigkeiten (z. B. als Schüler) ergeben, bringen in den darauf bezogenen Selbstinterpretationen eine *soziale Identität* hervor. „Der Handelnde soll so sein wie jeder andere." (Tillmann 1989, S. 134) Dabei bedeuten Mehrfachzugehörigkeiten auch eine Vielzahl nur zum Teil kompatibler sozialer Identitäten. Die Selbstinterpretation der Erwartungen anderer entlang der eigenen Biografie, unverwechselbar und einmalig zu sein – zu „sein wie kein anderer" (ebd.) –, führen dagegen zu einer *personalen Identität*. Aus der Balance von personaler und sozialer Identität ergibt sich die so genannte *Ich-Identität*. Diese Ich-Identität ist damit „ein strukturelles Erfordernis des Interaktionsprozesses" (Krappmann 1976, S. 171), eine „immer wieder neu zu erbringende Leistung in der Interaktion" (Tillmann 1989, S. 134).

Insofern interaktionistisch von einer Differenz zwischen den Rollenerwartungen und den Bedürfnissen der Subjekte auszugehen ist, wie auch davon, dass zwischen Rollenerwartungen und dem tatsächlichen Handeln keine Deckungsgleichheit besteht, erfordert das Handeln in der Schule von den Schülerinnen und Schülern nicht nur die Herstellung einer *Identitätsbalance*, sondern auch die Fähigkeit

einer *Frustrations-*, einer *Ambiguitätstoleranz* und einer *Rollendistanz* (vgl. ebd.,
S. 136ff.). Unter dem Gesichtspunkt der schulischen Sozialisation ist damit entscheidend, dass Kinder und Jugendliche in der Schule einerseits mit spezifischen
Rollenerwartungen konfrontiert sind, denen sie nicht gänzlich widersprechen
können. Andererseits muss auch bei der Übernahme der Schülerrolle das Kind
bzw. der Jugendliche als unverwechselbares Subjekt erkennbar bleiben, weil das
den unspezifischen Erwartungen anderer in sozialen Situationen entspricht. Die
Fähigkeit, sich auf beide Erwartungshaltungen zu beziehen, ohne dabei entweder
ganz in den Erwartungen der Schülerrolle aufzugehen oder diese mit Verweis auf
die personale Identität vollständig zu ignorieren, erfordert *subjektive Autonomie*
und wäre Ausdruck einer gelingenden schulischen Sozialisation.

Dennoch ist Schule und sind die Rollenanforderungen an Schüler – durch die
auf Dauer gestellte Kommunikation in pädagogischer Absicht – von Hierarchie
und Zwang, Leistungsorientierung und Konkurrenz geprägt (vgl. ebd., S. 140). Die
grundsätzliche Erwartung der konformen Übernahme der Rolle eines guten Schülers
wird auch beobachtet und sanktioniert. Dazu bestehen institutionell verankerte
Mechanismen, etwa über Zensuren und Zeugnisse symbolische Gratifikationen
(Belohnungen) zu verteilen und damit letztlich folgenreich auf den Schulabschluss
einzuwirken. Mit der Institution Schule liegt damit immer schon eine soziale
Ordnung mit spezifischen Regeln und Erwartungen vor, an die Lehrkräfte und
v. a. Schülerinnen und Schüler vor dem Hintergrund „ihrer jeweiligen Lebensgeschichte, [mit] ihren besonderen Charakterzügen und Lebensproblemen" ganz
unterschiedlich anknüpfen können (Zinnecker 1978, S. 29). Da es keine vollständige
Übereinstimmung geben kann, wird entweder ein „tragbarer Arbeitskonsens" als
„Kompromiß" ausgehandelt werden (ebd., S. 31 und 29) oder es finden sich „Formen der Aneignung der Institution", welche die soziale Ordnung unterwandern
oder offen in Frage stellen (ebd., S. 29). Letzteres wäre letztlich auch als Angriff auf
bestehende gesellschaftliche Funktionen von Schule zu verstehen.

Damit lassen sich Handlungen der Regelbefolgung unterscheiden von solchen,
die das Regelwerk stillschweigend unterlaufen oder auch offen dagegen rebellieren.
Deshalb bildet jede Institution eine Art „Doppelleben" bzw. „Unterleben" aus.
Handlungssituationen, in denen der offizielle Zweck von Schule und deren Regeln
im Vordergrund stehen, werden als *Vorderbühne* bezeichnet. Handlungssituationen,
in denen das Unterleben der Institution vorrangig ist, versteht man als *Hinterbühne*
(ebd., S. 34). Während Lehrkräfte in der Schule über die Vorderbühne zu wachen
und diese gegenüber Ausdehnungsversuchen der Hinterbühne der Schüler zu
verteidigen haben, „stellt sich Schülern das Problem, die Integrität des Ortes und
des Anlasses [der Hinterbühne, d. A.] gegenüber dem pädagogischen Personal
zu verteidigen und sicherzustellen" (ebd., S. 38). Vor allem jene Schülerinnen

und Schüler, die größere Schwierigkeiten haben, sich dem offiziellen Regelwerk anzupassen, haben zudem ein existenzielles Interesse, „für die Ausdehnung der Hinterbühne in der Institution Schule zu kämpfen" (ebd.). Solche Ausdehnungen finden z. b. unmittelbar im Unterricht zunächst in Äußerungsformen statt, die „als unterrichtskonforme Handlungen" getarnt, damit verschlüsselt und nicht einfach als Abweichungen zu kennzeichnen sind (ebd., S. 95). Diese Handlungsformen und auch jene Kampfmittel, mit denen gegen die soziale Ordnung der Schule rebelliert wird (z. B. Leistungsverweigerung und Unterrichtsstörung), werden als *Schülertaktiken* von einer Schülergeneration zur nächsten weitergegeben (vgl. ebd.). Sie sind damit ebenfalls Bestandteil schulischer Sozialisation.

Die Bedeutung von Lehrkräften als Wächter der offiziellen sozialen Ordnung der Schule schafft zusammen mit der Erfüllung der Rollenanforderungen eines Lehrers vielfältige Situationen der Deutung und Einschätzung des Schülerverhaltens durch Lehrer. „Dabei schreiben Lehrer (wie andere Menschen auch) ihren Interaktionspartnern Eigenschaften zu, die man Typisierung nennen kann." (Tillmann 1989, S. 148) Bei solchen *Typisierungen* werden Attribute nicht mehr nur dem beobachteten Verhalten zugeschrieben, sondern als Merkmale mit einer Person fest verknüpft. Die interaktionistische Sozialisationstheorie hat in der Weiterführung zum *Etikettierungsansatz* (*labeling approach*) diese Prozesse der Typisierung und deren langfristige Folgen intensiv untersucht. Entsprechend der interaktionistischen Grundannahmen geht der Etikettierungsansatz davon aus, dass die Kennzeichnung als guter oder schlechter Schüler nur teilweise von tatsächlicher Begabung oder Leistung abhängig ist, sondern v. a. davon anhängt, „ob er von seinen Lehrern als guter oder schlechter Schüler angesehen bzw. entsprechend behandelt wird" (Brumlik/ Holtappels 1987, S. 94). Dabei ist davon auszugehen, dass ein erster Normenverstoß (*primäre Devianz* bzw. Abweichung) einer kontrollierenden Instanz auffallen und von dieser sanktioniert werden muss, damit – nun offiziell – Abweichung (*sekundäre Devianz*) entsteht. Die festgeschriebene Abweichung wird auch als *Stigma* bezeichnet (vgl. Goffman 1967). Prozesse solcher Zuschreibung, die zumeist auf eine ungleich verteilte Definitionsmacht verweisen, nennt man *Stigmatisierung*. Etikettierungen und Stigmatisierungen verfestigen sich mit der Zeit, sofern sie nicht abgewehrt werden können. So wird es den jeweils Betroffenen immer schwerer, sich anders als gemäß der Etikettierung bzw. des Stigmas zu verhalten. Schließlich werden mit der Zeit Fremddefinitionen in ein abweichendes Selbstbild übernommen (vgl. Tillmann 1989, S. 149).

Schule und Lehrerhandeln sind nun hochgradig mit Typisierungen verknüpft und damit anfällig für Etikettierungs- und Stigmatisierungsprozesse. Wenigstens in zwei Dimensionen werden systematische Beurteilungen und Typisierungen vorgenommen: für das Leistungsverhalten und für das soziale Verhalten der Schülerinnen und Schüler (vgl. Cicourel/Kitsuse 1974). Verfestigen sich solche Zuschreibungen im Sinne der Etikettierung und Stigmatisierung, dann werden durch Schule und Lehrkräfte (abweichende) *Karrieren produziert.* Allen vertraut sind schulische Leistungskarrieren, in denen sich die Einschätzungen zum Leistungsstatus festschreiben und zu schulischen Erfolgs- oder Versagenskarrieren führen. Eng gekoppelt sind diese Karrieren an Zuschreibungen angepassten oder abweichenden (delinquenten) Verhaltens. Im Extremfall können bei besonders ausgeprägten Stigmatisierungen auch klinische Karrieren oder Karrieren staatlicher Kontrolle produziert werden (vgl. ebd.). Immer sind die Folgen für die weitere Biografie und für berufliche Entwicklungen sehr nachhaltig und folgenreich.

Interaktionistische Sozialisationstheorie verweist v. a. auf die Spannungen des Schulbesuchs und deren langfristige Wirkungen, die daraus resultieren, dass es in der Schule – wie in jeder anderen sozialen Situation auch – um die interaktive Bezogenheit der Identität geht. Besonders wird die Involvierung der Identität in Schule deshalb, weil hier durch die offiziellen Zwecksetzungen die Anschlussmöglichkeit für biografische Dispositionen enggeführt sind und gleichzeitig Lehrerolle und Lehrerhandeln mit vielfältigen Formen der Typisierung verknüpft sind. Dadurch konstituiert sich nicht nur die Differenz von Vorder- und Hinterbühne, sondern auch das Risiko, über Etikettierungs- und Stigmatisierungsprozesse langfristig folgenreiche negative Karrieren durch Schule und das Lehrerhandeln hervorzubringen. Diese Risiken sollten im Sinne einer entfalteten pädagogischen Professionalität von Lehrerinnen und Lehrern immer wieder reflektiert werden. Selbstverständlich trägt Schule aber auch zu positiven Karrieren und zur Ausprägung von subjektiver Autonomie und stabiler Identität bei.

Erinnern wir uns an den kurzen **Ausschnitt mit Erik** aus der Chemiestunde vom Beginn dieses Buches, dann lassen sich dort einige zentrale Überlegungen der interaktionistischen Sozialisationstheorie wiederfinden.

Wir sehen z. B., dass Erik mit dem Malen einer Beschäftigung im Unterricht nachgeht, die offenbar – zumindest nach der Reaktion der Lehrerin („jetzt hör mal auf zu malen") – nicht ganz dem offiziellen Regelwerk der sozialen Ordnung der Schule und damit den Erwartungen an einen guten Schüler (soziale Identität) entspricht. An der fehlenden Schärfe der Sanktion können wir auch ablesen, dass es sich hierbei offensichtlich nicht um eine fundamentale Zurückweisung der geltenden schulischen Ordnung handelt.

Wir könnten nun annehmen, dass für Erik das ‚Malen' – wenn es nicht Bestandteil der Unterrichtserwartung ist – v. a. biografisch bedeutsam und damit ein Hinweis auf seine personale Identität ist, die im Rahmen des Unterrichts zum Ausdruck kommt. Damit könnte man hier auch einen Hinweis darauf vermuten, dass es Erik nicht ohne weiteres möglich ist, sich ganz auf die Erwartungen bzw. die Rolle eines guten Schülers einzulassen. Im Unterricht noch als unverwechselbares Subjekt erkennbar zu bleiben, ist damit für Erik besonders wichtig. Durch das ‚Malen' gelingt das in einer Form, bei der nicht offen gegen die schulische Ordnung rebelliert wird. Zugleich setzt sich Erik damit aber dem Risiko der Sanktionierung durch Lehrkräfte aus.

Tatsächlich erfolgt ja eine – wenn auch eher moderate – Sanktion. Diese zeigt die Lehrerin tatsächlich als ‚Wächterin' der offiziellen Erwartungen und Regeln. Zugleich werden mit der Sanktion aber einerseits zentrale Anteile der personalen Identität zurückgewiesen und damit auch die Balance der Ich-Identität gefährdet. Andererseits ist mit dieser öffentlichen Kennzeichnung einer Regelabweichung auch die Gefahr einer Etikettierung für Erik verbunden, als jemand, der nicht ausreichend den unterrichtlichen Anforderungen nachkommt und die soziale Ordnung des Unterrichts stört. Seine Identität (besser seine Identitätsbalance) steht damit auf dem Spiel!

Man könnte dann die folgende Unterrichtsbeteiligung von Erik auch als Abwehr dieses Etikettierungsrisikos verstehen, weil er – wenn auch leise – mit der geäußerten Antwort signalisiert, dass er durchaus den Unterrichtsanforderungen nachkommt und den Erwartungen der Schülerrolle entsprechen will. In gewisser Weise stellt er damit die Balance der Ich-Identität wieder her.

Das gelingt aber v. a. deshalb, weil er eine Restdifferenz gegenüber dem vollständigen Agieren in der Schülerrolle aufrechterhält. Er spricht unaufgefordert (nicht durch die Lehrerin legitimiert) und zudem so leise, dass seine Äußerung nicht als Beitrag des offiziellen Unterrichtsgespräches gelten kann.

Hier erfolgt nun die zweite Intervention der Lehrerin, die Erik auffordert, seine Aussage so zu wiederholen, dass sie als Beitrag der offiziellen Unterrichtsführung gelten kann. Auch wenn man der Lehrerin hier keine destruktiven oder identitätsgefährdenden Absichten unterstellen kann, wird damit doch die Identität-Balance erneut auf die Probe gestellt. Der Kampf der Lehrerin um die Unterrichtsordnung und die Übernahme der Schülerrolle verbindet sich damit dauerhaft mit einem Kampf der Schüler um eine Identitätsbalance, in der auch die personale Identität zu ihrem Recht kommen kann.

Schließlich lässt sich die kurze Szene auch als ein ‚Gerangel' zwischen der Vorderbühne und der Hinterbühne lesen. Dabei gelingt es der Lehrerin scheinbar, Anteile der Hinterbühne im Unterricht – die auch als bereits erfolgte Expansion

auf die Vorderbühne gedeutet werden können – abzuwehren und das offizielle
Regelwerk der Vorderbühne in der Unterrichtssituation zu verteidigen.

## Literatur (Tipps zum Weiterlesen fett gedruckt)

Brumlik, M. (1973): Der symbolische Interaktionismus und seine pädagogische Bedeutung:
Versuch einer systematischen Rekonstruktion. Frankfurt a. M.: Fischer Taschenbuch
Verlag.

Brumlik, M./Holtappels, H. G. (1987): Mead und die Handlungsperspektive schulischer
Akteure – interaktionistische Beiträge zur Schultheorie. In: Tillmann, K.-J. (Hrsg.):
Schultheorien. Hamburg: Bergmann + Helbig Verlag, S. 89-103.

Cicourel, A. V./Kitsuse, J. I. (1974): Die soziale Organisation der Schule und abweichende
jugendliche Karriere. In: Hurrelmann, K. (Hrsg.): Soziologie der Erziehung. Weinheim
und Basel: Beltz Verlag, S. 362-378.

Goffman, E. (1967): Stigma. Über Techniken der Bewältigung beschädigter Identitäten.
Frankfurt a. M.: Suhrkamp.

Goffman, E. (1969): Wir alle spielen Theater. Die Selbstdarstellung im Alltag. München: R.
Piper & Co. Verlag.

Goffman, E. (1971): Interaktionsrituale. Über Verhalten in direkter Interaktion. Frankfurt
a. M.: Suhrkamp.

Habermas, J. (1971): Vorbereitende Bemerkungen zu einer Theorie der kommunikativen
Kompetenz. In: Habermas, J./Luhmann, N. (Hrsg.): Theorie der Gesellschaft oder Sozi-
altechnologie. Frankfurt a. M.: Suhrkamp, S. 101-141.

Krappmann, L. (1971): Soziologische Dimensionen der Identität. Stuttgart: Ernst Klett Verlag.

**Krappmann, L. (1976): Neuere Rollenkonzepte als Erklärungsmöglichkeit für Sozial-
sationsprozesse. In: b:e (Hrsg.): Familienerziehung, Sozialschicht und Schulerfolg.
5. Aufl. Weinheim und Basel: Beltz Verlag, S. 161-183.**

Mead, G. H. (1995): Geist, Identität und Gesellschaft aus der Sicht des Sozialbehaviorismus.
10. Aufl. Frankfurt a. M.: Suhrkamp.

Mollenhauer, K. (1972): Theorien zum Erziehungsprozeß. München: Juventa Verlag.

**Tillmann, K.-J. (1989): Sozialisationstheorien. Eine Einführung in den Zusammenhang
von Gesellschaft, Institution und Subjektwerdung. Reinbek b. H.**

Wellendorf, F. (1973): Schulische Sozialisation und Identität. Zur Sozialpsychologie der
Schule als Institution. Weinheim und Basel: Beltz Verlag.

Zinnecker, J. (1978): Die Schule als Hinterbühne oder Nachrichten aus dem Unterleben der
Schüler. In: Zinnecker, J./Reinert, G.-B. (Hrsg.): Schüler im Schulbetrieb. Hamburg:
Rowohlt Taschenbuch Verlag, S. 29-121.

## 3.5    Systemtheorie von Niklas Luhmann und schulische Sozialisation

Niklas Luhmann (1927-1998) gilt als einer der einflussreichten soziologischen Theoretiker der Gegenwart und inzwischen als moderner Klassiker der Soziologie. Seine *Theorie sozialer Systeme* – oder auch *Systemtheorie* –, die er im Anschluss an die Theorie des Strukturfunktionalismus von Talcott Parsons (siehe 3.2) seit Ende der 1960er Jahre kontinuierlich ausgearbeitet und weiterentwickelt hat (vgl. Hurrelmann 1993; Treibel 1997), hat sich immer wieder kritisch mit dem Bildungssystem (bei Luhmann Erziehungssystem genannt) und seiner zentralen Institution (der Schule) auseinandergesetzt (vgl. dazu Luhmann/Schorr 1982, 1986, 1988, 1990, 1992, 1996; Luhmann 2002). In diesem Zusammenhang stehen auch die Überlegungen zu Sozialisation und Erziehung, um die es in diesem Beitrag gehen soll (vgl. dazu v. a. Luhmann 2002, S. 48ff.; auch Baraldi/Corsi/Esposito 1997, 50ff.).

Zentraler Ausgangspunkt ist für Luhmann die Annahme einer „Umstellung des Gesellschaftssystems auf einen *Primat funktionaler Differenzierung*" (Luhmann 2002, S. 71; kursiv d. A.). Damit werden die „festen, durch Geburt bestimmten Positionszuweisungen auf[ge]löst und die Qualität der Inklusion der Individuen in die Gesellschaft, […], den Kriterien der einzelnen Funktionssysteme" überlassen (ebd.).[10] Durch diesen „Umbau der Gesellschaft von einem Primat stratifikatorischer Differenzierung zu einem Primat funktionaler Differenzierung […] verliert die Sozialisation in Familien, die Herkunft erkennen lässt […], an Bedeutung und wird zurückgedrängt durch intentional gesteuerte Erziehung" (ebd., S. 69). Das *Erziehungssystem* differenziert sich in diesem Zusammenhang *als ein funktionales Teilsystem der modernen Gesellschaft* aus – ein Prozess, der bereits im 16. Jh. beginnt und gegen Ende des 18. Jh. mit der „Verdrängung häuslicher Erziehung durch Erziehungskonzepte, die nationale Schulen und Universitäten übergreifen, praktisch abgeschlossen" ist (ebd., S. 70; Luhmann/Schorr 1988, S. 24ff.). Auch wenn familiale Sozialisation nach wie vor hochbedeutsam bleibt, erfolgt die soziale Positionsvergabe nunmehr durch Karrieren des Erziehungssystems. Die Schule wird damit zur „zentralen Dirigierungsstelle für Chancen im späteren Leben, obwohl sie natürlich nicht determinieren kann, wie spätere Karrieren verlaufen" (Luhmann 2002, S. 70). Jetzt wird „Erziehung als universale Spezialfunktion relevant" und zugleich „eine neuartige, durch Rollen vermittelte Inklusion der gesamten Bevöl-

---

10  Der Begriff der Inklusion ist von Luhmann etwas anders gebraucht, als in den aktuellen Debatten über ein inklusiven Schulwesen oder Bildungssystem. In seiner Verwendung des Begriffs wäre Inklusion durch die Teilhabe am Erziehungssystem auch dann erreicht, wenn aufgrund von Benachteiligungen der Erfolg beeinträchtigt wäre. Der aktuelle Inklusionsdiskurs zielt im Unterschied dazu gerade auf den Abbau solcher Benachteiligungen ab.

kerung" angestrebt (Luhmann/Schorr 1988, S. 28 und 29). Die Gewährleistung und Sicherstellung eines Zugangs zum Erziehungssystem für jeden erfordert die Einführung der allgemeinen Schulpflicht, die mit ersten Absichtserklärungen im 17. Jh. schließlich im 19. Jh. in Deutschland durchgesetzt wird.

> „Teilsysteme der Gesellschaft können einer der gesellschaftlichen Funktionen, etwa der Erziehung, den Primat geben und sich vornehmlich an ihr orientieren. Sie gewinnen daraus die Form, in der sie mit Bezug auf die Gesamtgesellschaft existieren und ansprechbar sind" (Luhmann/Schorr 1988, S. 36).

Bevor nun genauer zu klären ist, was in der Theorie sozialer Systeme von Luhmann als Erziehung (und auch Sozialisation) zu verstehen ist, muss noch eine weitere zentrale Ausgangsannahme eingeführt werden. Wie Parsons auch unterscheidet Luhmann zwischen *psychischen und sozialen Systemen*. Anders aber als Parsons geht Luhmanns Systemtheorie davon aus, dass es sich hierbei um prinzipiell „getrennt operierende Systeme" handelt, die – gleichwohl jeweils Umwelt für das andere System – sich wechselseitig gar nicht direkt erreichen können (vgl. Luhmann 2002, S. 51). Psychische und soziale Systeme – also Personen und soziale Organisationen wie z. B. die Schule – können nur „eine Innenansicht ihrer wechselseitigen Abhängigkeiten entwickeln", als „eine vereinfachte Version dessen, was in ihrer Umwelt hochkomplex und für sie intransparent abläuft" (ebd.). Damit geht Luhmann über die System-Umwelt-Differenz bei Parsons hinaus, insofern er Systeme durch eine sogenannte *Selbstreferenz bzw. Autopoiesis* charakterisiert sieht. Systeme (soziale und psychische) „werden tendenziell immer geschlossener, beziehen sich auf sich selbst, organisieren sich aus sich selbst heraus" (Treibel 1997, S. 33). Luhmann macht damit deutlich, dass „operative Vermischungen ausgeschlossen sind" und „psychische Prozesse nie soziale Prozesse und soziale Prozesse nie psychische Prozesse sein können" (Luhmann 2002, S. 52). Die zweifellos bestehenden Wechselwirkungen sind stattdessen als „wechselseitige Reduktion der Komplexität der jeweils anderen Seite" zu verstehen (ebd.), aber nicht als einfache Übertragung (Transmission) oder Prägung. Damit unterscheidet sich Luhmanns Systemtheorie deutlich von der Sozialisationskonzeption von Parsons' als einer „passiven Konzeption des menschlichen Anpassungsprozesses an die Gesellschaft" (Hurrelmann 1993, S. 44).

Begrifflich wird diese andere Fassung von Systemen und ihren Wechselwirkungen durch die Annahmen der *operativen Schließung* und der *strukturellen Kopplung* gestützt. Operative Schließung meint, dass die Umwelt nicht in Operationen eines Systems hineinregieren kann, sondern diese Operationen immer nur durch das System selbst generiert werden können. Das ist z. B. gemeint, wenn man davon spricht, dass Lehrerinnen und Lehrer in der Schule nicht das Lernen der Schülerinnen und Schüler machen können, sondern Lernen als Aufbau und

Veränderung von Kompetenzen oder mentalen bzw. kognitiven Schemata Schülerinnen und Schüler immer nur selbst und eigenaktiv vollziehen können. „Strukturen autopoietischer Systeme können nur durch systemeigene Operationen aufgebaut und abgebaut" werden (Luhmann 2002, S. 23). Strukturelle Kopplung bezeichnet dann den Umstand, dass soziale und psychische Systeme trotz Autopoiesis und operativer Schließung wechselseitig füreinander Umwelten darstellen. Sie erklärt, „weshalb autopoietische Systeme, gleichsam blind und ohne operativen Kontakt mit der Umwelt, Strukturen ausbilden, die zu bestimmten Umwelten passen" (ebd., S. 24). Die Wechselwirkungen sind damit „nicht als Import von Kulturpartikeln in das psychische System" zu verstehen, sondern nur als operative ,Wahl' eines selbstreferentiellen, autopoietischen Systems, die funktional zum sozialen System ist, das die Umwelt für das psychische System darstellt (Luhmann 2002, S. 52). In einem Beispiel wäre dann das, was jemand in der Schule lernt eine eigenständige ,operative Wahl', die dann vielleicht der Absicht des Lehrens entspricht und somit funktional im Sinne einer Anpassung ist. Sie muss es aber nicht sein!

Vor diesem konzeptionell-theoretischen Hintergrund definiert Luhmann Sozialisation genau als Ausdruck dieser strukturellen Kopplung. Sozialisation ist ein Vorgang, „der in allem sozialen Verhalten mitläuft" (ebd.) – eine „Automatik", die sich nicht verhindern lässt (ebd., S. 53). „Jeder Versuch, sie einzuschränken, würde wiederum sozialisierend wirken." (ebd.) Durch die operative Schließung kann Sozialisation dabei immer nur „*Selbstsozialisation*" sein (ebd., S. 52). „Sie erfolgt nicht durch ,Übertragung' eines Sinnmusters von einem System aufs andere, sondern ihr Grundvorgang ist die selbstreferentielle Reproduktion des Systems, das die Sozialisation an sich selbst bewirkt und erfährt." (Luhmann 1984, S. 327) Sozialisation ist also eine „Eigenleistung psychischer Systeme, mit denen diese dem Umstand Rechnung tragen, daß sie ihr Leben in sozialen Zusammenhängen zu führen haben" (Luhmann 2002, S. 51). Für Luhmann ist das ein Fall von *Interpenetration*, als ein Verhältnis der gegenseitigen Durchdringung von selbstreferentiellen Systemen, die damit jeweils Beiträge zum Aufbau des anderen Systems zur Verfügung stellen. Auf Seiten des sozialen Systems konstruiert man ,Personen' als symbolischen Ersatz für die Komplexität der körperlichen und psychischen Operationen. Auf der Seite des psychischen Systems findet man das selbstgesteuerte Bewusstsein, das wesentlich Resultat von Sozialisation – oder besser: Selbstsozialisation ist (vgl. ebd.; auch Luhmann 1984, S. 290f.).

„Sozialisation vermittelt natürliche und soziale Verhaltensbedingungen als Selbstverständlichkeiten" (Luhmann 2002, S. 53). Diese entstehen in Eigenregie der psychischen Systeme „über Handlung und Nachahmung" (ebd.). *Erziehung* kommt erst dann hinzu, wenn „zu ergänzen oder zu korrigieren [ist, d. A.], was als Resultat von Sozialisation" erwartet wird (ebd., S. 54). Von der stets mitlaufenden

Sozialisation unterscheidet sich Erziehung nur durch *die Absicht*. Sozialisation ist
insofern absichtslose Erziehung. Die am Anfang dieses Textes beschriebene funktionale Ausdifferenzierung des Erziehungssystems fällt nun genau damit zusammen,
dass die vormals nicht unterschiedene Einheit von Sozialisation und Erziehung im
Lebensvollzug aufgetrennt und die Schule bzw. der Unterricht im Verlauf des 18. Jh.
mehr und mehr das Zentrum aller Erziehungsbemühungen wird (vgl. Luhmann/
Schorr 1988, S. 115ff.). Die „Absicht zu erziehen [ist, d. A.] die Keimzelle einer Differenzierung", die „mehr und mehr in Anspruch genommen" wird, weil „man nicht
einfach hinnehmen kann, was die Sozialisation beschert" (Luhmann 2002, S. 60).
Sie wird durch die zunehmende Komplexität der Gesellschaft notwendig und auch
dadurch, dass „Kinder etwas lernen sollen, was die Eltern nicht können" (ebd.).

> „Spätestens nach der Verbreitung des Buchdrucks und nach dem Sichtbarwerden des
> Umfangs und der Komplexität des vorhandenen Wissens liegt auf der Hand, daß das
> Leben im Hause nicht ausreicht" (ebd., S. 61).

Wir sehen, dass die ungeschiedene Einheit von Sozialisation und Erziehung durch
die Ausdifferenzierung des Erziehungssystems und seiner Institutionen (v. a. die
Schule) nur noch in der primären Kleingruppe – der Familie – anzutreffen ist. Hier
wird eine „langwierige institutionelle Entwicklung" in Gang gesetzt, „die von der
guten Absicht ausgehen[d], einen entsprechenden gesellschaftlichen Bedarf unterstellen kann und das dazu Notwendige – aufgabengerechte Ausbildung, Gehälter,
Unabhängigkeit vom Sozialstatus der Schüler, Gebäude, Unterrichtsmaterial usw.
– anmahnen kann" (ebd., S. 62). „Die Absicht zu erziehen symbolisiert die Einheit
des Erziehungssystems." (ebd., S. 58) Sie „ist vor allem an Handlungen erkennbar,
mit denen der Erzieher versucht, Wissen und Können an jemanden zu vermitteln,
der darüber noch nicht verfügt" (ebd., S. 59). Diese Ausrichtung an der Absicht hat
Konsequenzen für das Erziehungssystem auch auf der operativen Ebene. Und sie
ändert nichts daran, dass alle Ausrichtungen und Operationen ihrerseits wiederum
auch sozialisieren.

Als eine erste Konsequenz der funktionalen Ausrichtung der Systembildung
auf Erziehung erscheint die *Notwendigkeit, die gute Absicht zu explizieren*, also in
Erziehungszielen und Lernprogrammen als gut, richtig und nützlich darzustellen
(vgl. ebd., S. 56). Daran schließt sich zweitens an, dass Leistungen und „*Verhalten*
*entsprechend bewertet* und vom Erziehungsschema aus als gut oder schlecht, als
lobenswert oder als ungenügend beurteilt werden" müssen (ebd.). Darin begründet
sich die *Notwendigkeit einer pädagogischen Selektion*, „die im Funktionssystem für
Erziehung stattfindet, sich nach dessen Kriterien richtet und dessen Positionen bzw.
Symbole für Erfolg/Mißerfolg zuteilt. Pädagogische Selektion ist unvermeidlich

ein grundlegender Vorgang im Erziehungssystem" (Luhmann/Schorr 1988, S. 252; auch Luhmann 2002, S. 63). Sie führt mit der ermöglichten Innendifferenzierung zu einer höheren Systemkomplexität und zur *Ausbildung eines Systemcodes von ,besser' und ,schlechter'.* Dieser Systemcode zeigt sich in einem das gesamte Erziehungshandeln begleitende Beurteilungs- und Bewertungsgeschehen (Loben und Tadeln), das in der Zensurengebung eine offensichtlich bei aller Problematik stabile Form gefunden hat. Zugleich ist aber diese pädagogische Selektion verknüpft mit einer *sozialen Selektion* und durch diese teilweise durchdrungen. Diese Durchdringung von pädagogischer und sozialer Selektivität nimmt im Prozess der funktionalen Ausdifferenzierung seinen Ausgangspunkt in der Etablierung eines Berechtigungswesens im 19. Jh., das Karrierezugänge und damit gesellschaftliche Platzierungen an erreichte Abschlussprüfungen und Prüfungsleistungen des Erziehungssystems bindet (vgl. Luhmann/Schorr 1988, S. 248f.). Die Notwendigkeit der Bewertung und die Etablierung des Codes „besser-schlechter" zwingen zugleich zu einer Abarbeitung an der Logik der Konsistenz und der Gerechtigkeit. Daneben kann als Zweitcode des Erziehungssystems die Unterscheidung von ,vermittelbar' und ,nicht-vermittelbar' gelten, die auf die Themen und Inhalte hin aber auch in Bezug auf die jeweiligen Schülerinnen und Schüler spezifiziert werden kann (vgl. Luhmann 2002, S. 59; zuerst Kade 1997).

Schließlich unterscheiden sich Schulen (und Hochschulen) als Institutionen des Erziehungssystems in zentralen Merkmalen von Familien durch die *Form des Unterrichts* (vgl. Luhmann 2002, S. 102ff.). Hier ist vor allem die Organisationsförmigkeit der *Schulklasse* zu nennen, die als „Interaktion unter Anwesenden" für das Bewusstwerden der prinzipiellen Wahrnehmung und Wahrnehmbarkeit verantwortlich ist (ebd.). Einerseits geht von dieser prinzipiellen Wahrnehmbarkeit eine gewisse Disziplinierung aus (vgl. dazu auch Foucault in 3.9). Andererseits entsteht dadurch aber auch der Anreiz, „Unfug zu treiben oder den Lehrer auf andere Weise zu provozieren" (ebd., S. 103). Schülerinnen und Schüler gewinnen also dadurch auch die „Möglichkeit, den Unterricht zu stören und das zu genießen", sodass die Disziplinierung für die Zwecke des Unterrichts oft nicht ausreicht (ebd.). Durch das Merkmal der *Klassenöffentlichkeit* jeder Unterrichtsinteraktion „sind Ereignisse immer in mehrfacher Systemreferenz relevant: für das Interaktionssystem Unterricht und für den einzelnen Schüler" (ebd., S. 106). Hinzu kommt, dass der permanente Widerspruch auszuagieren ist, „zwischen der Orientierung an einzelnen Schülern und der Orientierung an der Klasse" (Luhmann/Schorr 1988, S. 123; auch Luhmann 2002, S. 105f.).

Mit dem genannten Widerspruch ist nicht nur eine Vervielfachung von Attraktivität und Aufmerksamkeit angelegt, die zu einer Konkurrenz der Hinwendung zum Unterrichtsgegenstand oder zu Dynamiken der Unterrichtsstörung führen kann, sondern auch eine *prinzipielle Ungewissheit*, die bedeutet, dass „Voraussicht kaum möglich ist und daß das System sich retrospektiv im Blick auf das, was gerade geschehen ist, also mit dem Rücken zur Zukunft reproduziert" (ebd., S. 104). Dies hat einerseits mit der Grundbedingung jedes Interaktionssystems zu tun, dass die Interaktionsbeteiligten von der Möglichkeit wissen, dass der andere jeweils auch anders handeln könnte, und dass die Unterrichtssituation „wie jede soziale Situation eine *Situation mit doppelter Kontingenz*" ist (Luhmann/Schorr 1988, S. 121; Kursivsetzung d. A.). Andererseits kann „der Lehrer nicht wissen (bzw. nicht schnell genug durchdenken und entscheiden) [...], welches Verhalten Erfolg haben wird" (ebd.). Luhmann und Schorr sprechen deshalb hier von einem „*Technologiedefizit*" (ebd., S. 120). Dies meint das strukturelle Problem, dass die Operationen nicht „routinemäßig beherrscht werden können, voraussehbar sind und in etwaigen Störungen rasch diagnostiziert werden können" (ebd.). Gerade die Autopoiesis und operative Geschlossenheit der psychischen Systeme der Schülerinnen und Schüler verhindern, dass deren Lernprozesse vorausgeplant oder gar nach Rezepten organisiert und kontrolliert werden können.

Als wohl „auffälligste Eigenart des Interaktionssystems Schulunterricht" verweist Luhmann auf „die komplementäre, aber asymmetrische Rollenstruktur Lehrer/Schüler, die Autorität, Situationskontrolle und Redezeit massiv zugunsten des Lehrers" verteilt (Luhmann 2002, S. 108). Zusätzlich sind „Schüler und Lehrer einander zugeteilt" und „wählen einander nicht selbst auf Grund einer vermuteten Affinität" (ebd.). Dadurch ist die Begegnung für Luhmann auf einer „Basis der Unfreiwilligkeit des Zusammenseins" zu organisieren, was die Probleme der Unterrichtsorganisation zusätzlich zu den schon genannten Merkmalen steigert (ebd.).

Im systemtheoretischen Blick Luhmanns auf das Erziehungssystem und Schule wird deutlich, dass hier die funktionale Ausdifferenzierung und Systembildung im Grunde auf die Absicht zu erziehen aufbaut. Diese Absicht bezieht sich auf „die Veränderung der psychischen Umwelt der Gesellschaft" – also Änderungen in psychischen Systemen, die doch immer nur durch eigene Operationen dieser Systeme selbst herbeizuführen gehen (Baraldi u. a. 1997, S. 50).

> „Die Wirkungen der Erziehung treten damit außerhalb der Gesellschaft auf, und zwar in den Fähigkeiten und Kenntnissen der Individuen, das heißt in ihrer Kompetenz, an der Kommunikation teilzunehmen" (ebd.).

Das bedeutet letztlich, dass der Lehrer nie wissen kann, welche Wirkungen sein pädagogisches Handeln hat. Es gibt „keine Chance, die einzelnen zu erziehenden Individuen dazu zu motivieren, die erzieherische Absicht der Lehrer anzunehmen und ihr Verhalten den Lehrererwartungen entsprechend zu orientieren" (ebd.). Die in diesem Zusammenhang hergestellten Interaktionssysteme wie der Unterricht wirken aber „selbst sozialisierend", weil Sozialisation ständig mitlaufend stattfindet (ebd., S. 51). Schülerinnen und Schüler lernen quasi selbstreferentiell und nichtintentional mit der Absicht der Erziehung umzugehen. Sie lernen „ironische Distanz zum Lehrpersonal" in der eigenen Schülerkultur (Luhmann 2002, S. 79). Sie lernen selbstsozialisierend einen Umgang mit der Rollenasymmetrie. Schulische Sozialisation verdeutlicht aber auch die Kehrseite der Fokussierung des Erziehungssystems auf eine erzieherische Absicht: „daß es nicht immer gelingt, die Hinterhältigkeit der guten Absicht zu verdecken. Die Schüler mögen ahnen, daß das Wohlwollen, die Freundlichkeit und die Nachsicht des Lehrers strategische Konzepte sind." (Luhmann 2002, S. 75). Für Luhmann gehört zu dieser Frage der schulischen Sozialisation auch all das, was unter dem Stichwort *heimlicher Lehrplan* diskutiert wird (vgl. ebd., S. 79; siehe dazu 3.4). Man lernt in der Schule „vor allem: mit Organisationen dieser Art zurechtzukommen, also: sich auf Leistungsanforderungen, auf Vergleich mit anderen unter angeblich sachlichen, jedenfalls universalistischen und spezifischen Kriterien und auf karriereförmige Selektion einzustellen" (Luhmann 2002, S. 79f.). Schulische Sozialisation eröffnet damit die Möglichkeit, sich auf die erzieherischen Erwartungen zu beziehen, „ohne sich mit dieser Möglichkeit zu identifizieren" und „die innere Souveränität" zu behalten (ebd., S. 80). Schulische Sozialisation „lehrt aber zugleich, daß man auch anders könnte" (ebd.).

Für den systemtheoretischen Blick von Luhmann auf Prozesse schulischer Sozialisation ist einerseits die Umstellung der Gesellschaft auf funktionale Differenzierung bei der Herausbildung des Erziehungssystems und andererseits die begriffliche Unterscheidung von Erziehung und Sozialisation zentral. Während Sozialisation ständig mitlaufende Prozesse der wechselseitigen Beeinflussung von selbstreferentiellen Systemen sind (Interpenetration), entsteht Erziehung dort, wo gegen die erwarteten Wirkungen der Sozialisation eine Absicht der ergänzenden oder korrigierenden Einflussnahme explizit wird. Sowohl Erziehung als auch Sozialisation sind dabei nicht als Transmission oder Übertragung vorstellbar, sondern durch die operative Schließung autopoietischer Systeme nur als eigenständige Strukturbildung oder als Selbstsozialisation. Daraus resultieren die prinzipielle Ungewissheit und das Technologiedefizit im Erziehungssystem. Da Sozialisation immer mitläuft, sozialisieren auch erzieherische Verhältnisse. Für Schule ist zentral, dass die Ausrichtung auf die Absicht der Erziehung als Funktionsprimat mit selbstreferentiellen Strukturbildungen einhergeht. Die komplementäre, asymmetrische Rollenstruktur, die Leistungsanforderungen und der Vergleich mit anderen, die klassenöffentliche Unterrichtsinteraktion sowie die karriereförmige Selektion werden zu zentralen Merkmalen der Schule, mit denen Schülerinnen und Schüler im Sinne einer Selbstsozialisation umzugehen lernen. Schulische Sozialisation eröffnet damit ein Spektrum, sich auf die institutionellen Erwartungen mehr oder weniger zu beziehen und dabei gleichzeitig Distanz und Souveränität mehr oder weniger gelungen zu wahren.

Da Luhmann mit seiner Theorie sozialer Systeme besonders die Selbstreferenz und operative Geschlossenheit postuliert, fällt es natürlich schwer, Erziehung und Sozialisation am Fallbeispiel der **Unterrichtsszene mit Erik** im Chemieunterricht zu verdeutlichen. Man sieht jedoch mit dieser Perspektive sehr schön die Ausrichtung der Unterrichtskommunikation an der Absicht der Erziehung. Diese Absicht ist einerseits auf die Vermittlung fachlicher Wissensbestände und Fähigkeiten bezogen, hier also auf das Thema der Säuren. Andererseits geht es mit der Ermahnung Eriks wohl auch um eine Erziehungsabsicht in Bezug auf ein bestimmtes normkonformes Verhalten im Unterricht – und vielleicht über den Unterricht hinaus. Man könnte diese Ermahnung damit auch als eine situativ beobachtbare – also am Verhalten Eriks sichtbar werdenden – Diskrepanz kennzeichnen, also als ein Sozialisationsergebnis, das erzieherisch korrigiert werden soll. Damit artikuliert sich in dieser kurzen Szene neben der fachlichen Thematik und ihrer angestrebten Vermittlung auch die Absicht der Lehrerin, sich erzieherisch auf das Verhalten von Erik zu beziehen.

Weil erzieherische Verhältnisse auch sozialisieren, können wir Eriks Verhalten schließlich auch als Zwischenergebnis seines Umgangs mit den Anforderungen der Institution Schule interpretieren. Dass Erik hier während der Ausführungen und Demonstrationen der Lehrerin malt, würde dann auf eine schulische Sozialisation verweisen, in der Erik der erzieherischen Absicht (oder auch der Vermittlungsabsicht) ein bestimmtes Maß an Distanz entgegenbringt, ohne allerdings ganz ,abzuschalten'. Im Gegenteil wird ja an den Beiträgen von Erik an der Unterrichtskommunikation deutlich, dass er auch der fachlichen Thematisierung folgt und auf die von der Lehrerin gesteuerte Kommunikation richtig reagieren kann. Er tut dies aber – als Ergebnis der schulischen Sozialisation und sicher ohne eine solche erzieherische Absicht der Lehrerin bzw. der Schule – mit einem gewissen Maß an innerer Distanzierung, das – so könnte man vermuten – die Grenze zu korrigierenden erzieherischen Interventionen der Lehrerin ausbalanciert.

Schließlich können wir an dem Beispiel auch zwei zentrale Merkmale der Unterrichtsinteraktion erkennen, auf die Luhmann besonders hingewiesen hat: Erstens zeigt sich hier die asymmetrische Rollenstruktur. Es ist die Lehrerin, die Redebeiträge im Unterricht einfordert und zuteilt und die unerwünschtes Verhalten sanktioniert und nicht umgekehrt. Zweitens wird das Merkmal der klassenöffentlichen Unterrichtsinteraktion deutlich und die damit verbundene Handlungsanforderung für die Lehrerin, dyadische Bezüge auf einzelne Schüler zu rechtfertigen und zeitig wieder in den Kontext der Schulklasse zurückzubinden. Diese Spannung zwischen dem Bezug auf den einzelnen Schüler und auf die Klassenöffentlichkeit zeigt sich nicht nur in der erzieherischen Verhaltensintervention, sondern besonders auch in der Aufforderung, die offensichtlich richtige Antwort auf die Frage der Lehrerin noch einmal lauter zu wiederholen, damit dieser Unterrichtsbeitrag als offizielle Bestätigung der Erziehungs- bzw. Vermittlungsabsicht für alle sichtbar gemacht werden kann.

**Literatur** (Tipps zum Weiterlesen fett gedruckt)

Baraldi, C./Corsi, G./Esposito, E. (1997): GLU. Glossar zu Niklas Luhmanns Theorie sozialer Systeme. Frankfurt a. M.: Suhrkamp.

**Hurrelmann, K. (1993): Einführung in die Sozialisationstheorie. Über den Zusammenhang von Sozialstruktur und Persönlichkeit. 4. Aufl. Weinheim und Basel: Beltz.**

Kade, J. (1997): Vermittelbar/nicht-vermittelbar: Vermitteln: Aneignen. Im Prozeß der Systembildung des Pädagogischen. In: Lenzen, D./Luhmann, N. (Hrsg.): Bildung und Weiterbildung im Erziehungssystem. Lebenslauf und Humanontogenese als Medium und Form. Frankfurt a. M.: Suhrkamp, S. 30-70.

Luhmann, N. (1984): Soziale Systeme. Frankfurt a. M.: Suhrkamp.

**Luhmann, N. (2002): Das Erziehungssystem der Gesellschaft. Frankfurt a. M.: Suhrkamp.**

Luhmann, N./Schorr, K. E. (Hrsg.) (1982): Zwischen Technologie und Selbstreferenz. Fragen an die Pädagogik. Frankfurt a. M.: Suhrkamp.

Luhmann, N./Schorr, K. E. (Hrsg.) (1986): Zwischen Intransparenz und Verstehen. Fragen an die Pädagogik. Frankfurt a. M.: Suhrkamp.

Luhmann, N./Schorr, K. E. (Hrsg.) (1988): Reflexionsprobleme im Erziehungssystem. Frankfurt a. M.: Suhrkamp.

Luhmann, N./Schorr, K. E. (Hrsg.) (1990): Zwischen Anfang und Ende. Fragen an die Pädagogik. Frankfurt a. M.: Suhrkamp.

Luhmann, N./Schorr, K. E. (Hrsg.) (1992): Zwischen Absicht und Person. Fragen an die Pädagogik. Frankfurt a. M.: Suhrkamp.

Luhmann, N./Schorr, K. E. (Hrsg.) (1996): Zwischen System und Umwelt. Fragen an die Pädagogik. Frankfurt a. M.: Suhrkamp.

Treibel, A. (1997): Theorie sozialer Systeme (Luhmann). In: Treibel, A.: Einführung in soziologische Theorien der Gegenwart. 4., verbesserte Aufl. Opladen: Leske und Budrich, S. 19-43.

## 3.6    Sozialökologischer Ansatz – (schulische) Sozialisation bei Urie Bronfenbrenner

Der sozialökologische Ansatz von Urie Bronfenbrenner (1917-2005), der vor allem als Vorschlag eines Modells der hierarchischen und sich wechselseitig beeinflussenden Verschachtelung von Systemen der Umwelt zu verstehen ist, geht bis in die 1970er Jahre zurück. Ausgangspunkt dieses Modells war damals eine Kritik Bronfenbrenners an den zu dieser Zeit vorherrschenden Vorstellungen zum Zusammenhang von Entwicklung und Umwelt. Für seine Perspektive war zentral, dass er einerseits – beeinflusst durch Talcott Parsons (vgl. 3.2) – Entwicklung insgesamt als Anpassungsprozess des Organismus an eine sich verändernde Umwelt betrachtete und damit eine evolutionstheoretische Anschauung vertrat (vgl. Lüscher 1976). Andererseits ist Bronfenbrenner durch seine eigene Herkunft und Migrationsgeschichte – geboren in Moskau, später wohnhaft in den USA – in besonderer Weise an den verschiedenen Umweltkonstellationen z. B. einzelner Länder und an vergleichenden Analysen interessiert (v. a. Bronfenbrenner 1973).

Die Frage nach dem Anteil der genetischen Anlage und dem Anteil der Umwelteinflüsse auf die Entwicklung war damals zentral. Für diese Fragestellung kam der Zwillingsforschung eine besondere Bedeutung zu, weil sie die Hoffnung begründete, die genetische Anlage (z. B. bei eineiigen Zwillingen) methodisch kontrollieren zu können. In der Diskussion zentraler Ergebnisse der Zwillingsforschung zeigt Bronfenbrenner aber deutlich, dass es erstens unmöglich ist, einen unabhängigen Anteil an der Herausbildung einer Personeneigenschaft ausschließlich der *Anlage* oder der *Umwelt* zuzuschreiben (vgl. Bronfenbrenner 1976a, S. 56). Zweitens stößt man stattdessen immer „auf die Tatsache einer wesentlichen Korrelation zwischen diesen beiden Faktoren" (ebd.).

Die zentrale (Selbst-)Kritik an den zu dieser Zeit vorherrschenden Untersuchungen und den damit verknüpften Vorstellungen von Entwicklung war, dass „die gerade für die kindliche Entwicklung entscheidenden Besonderheiten der alltäglichen Umwelt in unseren Forschungsmodellen typischerweise ausgeklammert bleiben" (Bronfenbrenner 1976b, S. 202). Es müsse aber – begrifflich-konzeptionell und methodisch-empirisch – genau an „diese *alltägliche Umwelt als soziale Ökologie menschlicher Entwicklung*" angeknüpft werden (ebd., S. 203; Hervorhebung d. A.). Bronfenbrenner wählt mit diesem Begriff der Ökologie bewusst eine biologische Terminologie, um den Charakter des unmittelbaren, dauerhaften Lebensraumes als „*Nische" des Organismus* zu verdeutlichen (ebd.).

Für diese Umwelt geht nun Bronfenbrenner von mehreren Schichten aus, die sich überlagern und als verschachtelte Strukturen im Sinnbild der russischen Matroschka-Puppen gedacht werden (ebd.; Bronfenbrenner 1981, S. 22ff. und 38;

Geulen 2002, S. 41; Steinkamp 2002, S. 270). Die „oberste und sofort sichtbare Schicht bildet die unmittelbare Umgebung, in der sich das Kind gerade befindet – Haus, Schule, Straße, Spielplatz, Ferienlager usw." (Bronfenbrenner 1976b, S. 203). Die Bedeutung dieser *unmittelbaren alltäglichen Umgebung* für die Entwicklung lässt sich über die räumliche und stoffliche Anordnung, die Personen mit ihren verschiedenen Rollen und Beziehungen zum Kind und v. a. nach den Tätigkeiten, welche die Personen miteinander oder mit dem Kind ausüben, bestimmen (vgl. ebd.). Diese unmittelbare Umgebung ist jedoch selbst in eine *erweiterte Umgebung* eingebettet, die einerseits aus informellen sozialen Strukturen (z. B. den peer-groups, der Nachbarschaft oder dem Berufsfeld) und andererseits aus formalen Institutionen (z. B. des Gesundheits-, Erziehungs- und Sozialwesens) besteht. Für Bronfenbrenner ist hier bedeutsam, dass diese differenzierbaren Bestandteile einer einbettenden Umgebung selbst Überlagerungen aufweisen und auch dann als Einbettung der unmittelbaren Umgebung für die Entwicklung relevant werden können, wenn das Kind nicht direkt an diesen Umgebungen partizipiert (ebd. und S. 204). Schließlich wird eine weitere ‚Schicht' unterschieden in der *Gesellschaft als Ganzem* und dem damit verbundenen *ideologischen System*, das die unmittelbare Umgebung wie auch die einbettenden sozialen Strukturen umschließt (ebd.).

In einer Gegenüberstellung dieser ökologischen Perspektive auf Entwicklung mit den vorherrschenden Untersuchen seiner Zeit zeigten sich Bronfenbrenner besonders deutlich die Grenzen der herkömmlichen Sozialisationsmodelle, die auf Zwei- oder Drei-Personen-Beziehungen reduziert waren oder davon ausgingen, dass das betrachtete Geschehen „nur in einer Richtung ablaufe" (ebd., S. 205). Stattdessen müsse es darum gehen, Modelle zu entwickeln, die auch die Einflüsse sogenannter zweiter Ordnung berücksichtigen. Das von Bronfenbrenner vorgeschlagene ökologische Modell legt „den Schwerpunkt auf die gleichzeitige, nicht-additive Wirkung eines Bündels von unabhängigen Variablen, die in nicht-linearer Weise zusammenspielen und ein integriertes System" bilden (ebd., S. 207).

> „Der ökologische Ansatz verweist dagegen auf die Notwendigkeit, den Schwerpunkt der Forschung breiter zu fassen und Beziehungen zwischen diesen Systemen einzubeziehen, die auf das Verhalten und die Entwicklung des einzelnen zurückwirken. Dazu zählt nicht nur die Wechselbeziehung zwischen den verschiedenen Sozialisationsinstanzen (Elternhaus und Schule, Familie und Freundeskreis usw.), sondern der Gesamteinfluß von Personen, die in verschiedenen Systemen aufeinander bezogene Rollen spielen (z. B. Eltern und Lehrer oder Arzt und werdende Mutter), und die Wirkung auf den einzelnen, wenn er in verschiedenen Systemen unterschiedliche Rollen zu spielen hat (z. B. widersprüchliche Anforderungen an die Mutter bzw. den Vater in Beruf und Familie)" (ebd., S. 207f.).

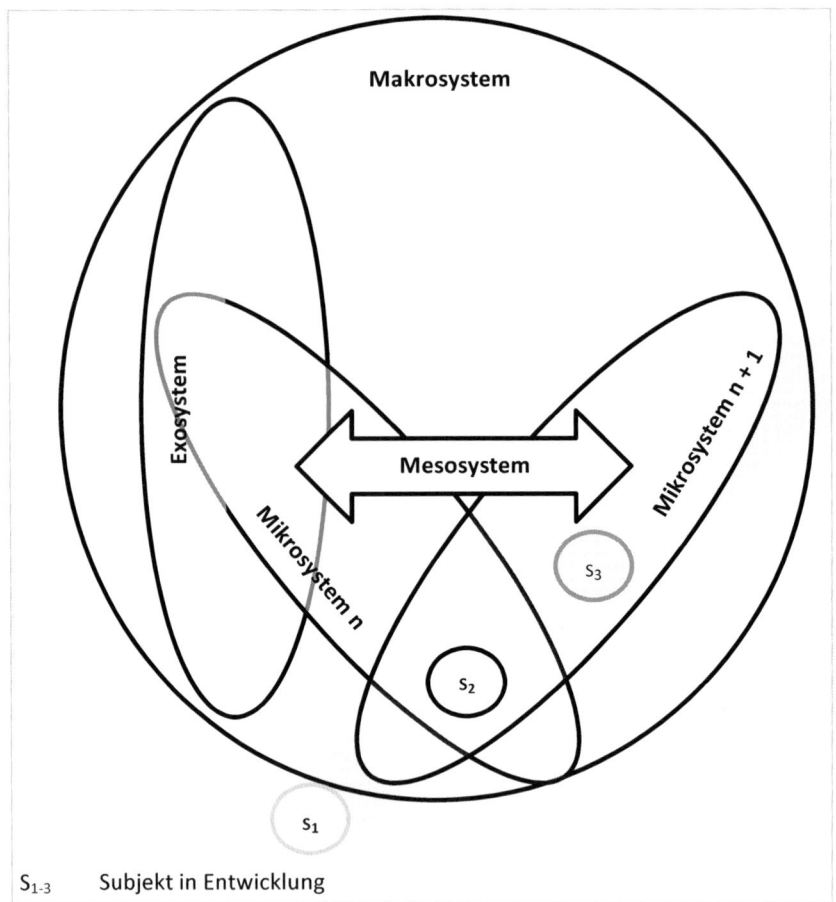

S<sub>1-3</sub>     Subjekt in Entwicklung

**Abb. 3.3**   Sozialökologie der Entwicklung

Ausgangspunkt des sozialökologischen Ansatzes ist die Fassung von Entwicklung „als dauerhafte Veränderung der Art und Weise, wie die Person die Umwelt wahrnimmt und sich mit ihr auseinandersetzt" (Bronfenbrenner 1981, S. 19). Dabei ist der Prozess „der allmählich entstehenden Wechselwirkung" zwischen Person und Umwelt und ihre zunehmende Komplexität von zentraler Bedeutung, wobei es Bronfenbrenner nicht um so etwas wie objektive Realität geht, sondern darum, wie die Umwelt durch die Person wahrgenommen wird (vgl. ebd., S. 20). Entscheidende

Phasen für die Entwicklung sind hier die so genannten „ökologischen Übergänge", die durch „Veränderungen der Rolle oder des Lebensbereichs" entstehen (z. B. die Ankunft eines Geschwisterkindes, der Eintritt in die Schule, Stellenwechsel usw.) (ebd., S. 22). In solchen ökologischen Übergängen geht es fast immer um eine Veränderung der Rolle, „also der mit einer bestimmten Gesellschaftsstellung verbundenen Verhaltenserwartungen" (ebd.).

Im Ansatz von Bronfenbrenner (vgl. Abb. 3.3) wird nun ein Vorschlag unterbreitet, die vielfältigen Umwelteinflüsse auf die Entwicklung einer Person begrifflich-analytisch mit verschiedenen Systembegriffen auszudifferenzieren und zu bezeichnen. Die unmittelbare Umwelt, in der sich die sich entwickelnde Person aufhält und interagiert, wird als *Mikrosystem* bezeichnet. Dabei umfasst auch die Umwelt im Sinne des Mikrosystems „mehr als die augenblickliche, direkt auf die sich entwickelnde Person einwirkende Situation mit Objekten, auf die sie reagiert, und Leuten, mit denen sie interagiert" (ebd., S. 23). Ebenso bedeutsam sind auch die Beziehungen zu anderen im Lebensbereich anwesenden Personen, „die Art dieser Verbindungen und der Einfluß, den sie über direkte Kontaktpersonen auf die sich entwickelnde Person ausüben" (ebd.). Mit Mikrosystem wird die Gesamtheit aller Wechselbeziehungen des unmittelbaren Nahraumes bezeichnet.

Das Prinzip der Wechselbeziehungen und deren Bedeutung für die Entwicklung zeigen sich auch in den weiteren analytisch-begrifflich bestimmten Systemebenen. Das „Prinzip der wechselseitigen Abhängigkeit" (ebd., S. 32) gilt also nicht nur innerhalb von Lebensbereichen, sondern „ebenso zwingend und folgenreich […] für die Verbindungen zwischen ihnen" (ebd., S. 24). Mit dem Begriff *Mesosystem* erfasst Bronfenbrenner diese Wechselbeziehungen zwischen Lebensbereichen, sofern die sich entwickelnde Person an diesen Lebenswelten aktiv beteiligt ist. Als Paradebeispiel kann hier die Wechselbeziehung zwischen Familie und Schule gelten (vgl. z. B. Helsper u. a. 2009) oder auch die Wechselbeziehung, die sich außerdem zur Gleichaltrigenkultur in der Nachbarschaft ergibt. Ein Mesosystem ist somit ein System von mehreren Mikrosystemen, die – in der Perspektive des Entwicklungsprozesses eines einzelnen – wechselseitige Einflüsse beinhalten. Neben den wechselseitigen Einflüssen der jeweils für ein Mikrosystem spezifischen Anforderungen, Erwartungen und Anerkennungsformen, die über primäre Verbindungen (z. B. Kind-Eltern und Schüler-Lehrer) bestehen, spielen hier z. B. auch die jeweiligen Kenntnisse und Wissensbestände eines Mikrosystems über ein anderes eine Rolle (was weiß z. B. ein Lehrer über die familiären Verhältnisse eines Schülers) wie auch die formalen und informellen Kommunikationen zwischen den Lebensbereichen.

Einflüsse auf die Entwicklung, die aus der Wechselbeziehung von Mikrosystemen resultieren, obwohl die Person nicht direkt an diesem anderen Lebensbereich partizipiert, werden im Ansatz von Bronfenbrenner als *Exosystem* bezeichnet.

„Unter Exosystem verstehen wir einen Lebensbereich oder mehrere Lebensbereiche, an
denen die sich entwickelnde Person nicht selbst beteiligt ist, in denen aber Ereignisse
stattfinden, die beeinflussen, was in ihrem Lebensbereich geschieht, oder die davon
beeinflußt werden" (Bronfenbrenner 1981, S. 42).

Ein Paradebeispiel für ein solches Exosystem für Kinder ist die Arbeitswelt der
Eltern und die damit vollzogene Platzierung in einer statusdifferenzierten sozialen
Ordnung sowie die Veränderungen, die sich in diesem Lebensbereich und für die
Eltern ergeben.

Schließlich definiert Bronfenbrenner die „überwölbenden, einer bestimmten
Kultur oder Subkultur gemeinsamen ideologischen und organisatorischen Muster
sozialer Institutionen" als *Makrosystem* (ebd., S. 24). Diese generalisierten Muster beziehen sich auf „die grundsätzliche formale und inhaltliche Ähnlichkeit der Systeme
niedrigerer Ordnung (Mikro-, Meso- und Exo-)", die in Strukturen, Institutionen
und zugrundliegenden Weltanschauungen bzw. Ideologien bestehen (ebd., S. 42).

Wir sehen, dass menschliche Entwicklung – also auch Sozialisation – bei
Bronfenbrenner als Ergebnis der Interaktion verstanden wird „zwischen dem
wachsenden menschlichen Organismus und seiner Umwelt" (ebd., S. 32). Ökologie
der menschlichen Entwicklung fokussiert dabei den Prozess „der fortschreitenden
gegenseitigen Anpassung zwischen dem aktiven, sich entwickelnden Menschen
und den wechselnden Eigenschaften seiner unmittelbaren Lebensbereiche" (ebd.,
S. 37). Dabei ist selbstverständlich klar, dass die sich entwickelnde Person sich auch
durch den ökologischen Raum bewegt und gerade durch diese Bewegung Entwick-
lungsveränderungen erzeugt werden. Von besonderer Bedeutung sind hierbei die
schon genannten ökologischen Übergänge. Diese finden dann statt, wenn „eine
Person ihre Position in der ökologisch verstandenen Umwelt durch einen Wechsel
ihrer Rolle, ihres Lebensbereichs oder beider verändert" (ebd., S. 43). Ein solcher
für die schulische Sozialisation sehr bedeutsamer ökologischer Übergang liegt z. B.
mit der Einschulung vor. Dies zunächst deshalb, weil sich damit für das Kind ein
grundsätzlich neuer Lebensbereich eröffnet, aber schließlich v. a. dadurch, weil das
Kind in der Regel damit erstmals außerhalb der Familie mit einer Rollenanforde-
rung – nämlich der als Schüler – konfrontiert wird (vgl. dazu die Perspektive von
Parsons in Kap. 3.2). Aber auch innerhalb der Schullaufbahn und zu deren Ende
mit dem Schulaustritt finden sich solche entwicklungsrelevanten ökologischen
Übergänge (vgl. dazu Kramer/Helsper 2013). Bronfenbrenner vertritt die These,
dass „jeder ökologische Übergang Folge wie Anstoß von Entwicklungsprozessen
ist" (Bronfenbrenner 1981, S. 43).

Insgesamt bleibt für den Ansatz von Bronfenbrenner aber festzuhalten, dass
damit zwar eine spezifische Perspektive auf Sozialisation fokussiert wird, in der
„Sozialisation im interaktiven und sinnorientierten Austausch der Individuen mit

ihrer alltäglichen, räumlich gedachten Umwelt stattfindet" und für die besonders das Zusammenspiel und das spezifische Zusammenwirken der hierarchisch und interdependent gedachten Umwelten zentral ist (Geulen 2002, S. 41). Zugleich wird deutlich, dass der Ansatz „kaum mehr als [eine, d. A.] orientierende und programmatische Funktion" beanspruchen kann (ebd.), mit der etwa die Methodik einer Mehrebenenanalyse angeleitet und für Interdependenzen sensibilisiert wird. Eine genaue begriffliche Fassung des Sozialisationsprozesses und etwa der Aspekte, Gegebenheiten und Variablen, „die tatsächlich und in bezug auf jeweils bestimmte Subjekte sozialisationsrelevant sind" fehlt jedoch in diesem Ansatz (ebd., S. 42).

Der sozialökologische Ansatz von Urie Bronfenbrenner geht von einem Verständnis von Entwicklung als einem zunehmend komplexer werdenden Anpassungsprozess zwischen einem aktiv sich entwickelnden Subjekt und seiner hierarchisch und interdependent strukturierten Umwelt aus. Anpassung wird dabei gerade nicht als Einbahnstraße gedacht, sondern als wechselseitige Beeinflussung. Obwohl der Ansatz nicht genau den Sozialisationsprozess oder entscheidende Merkmale und Variablen bestimmt, macht er doch besonders nachdrücklich deutlich, dass Entwicklungsprozesse und Sozialisation nur in komplexen Mehrebenenmodellen angemessen zu erfassen sind. Seine analytische Unterscheidung von Mikro-, Meso-, Exo- und Makrosystem lässt sich auch auf Prozesse der schulischen Sozialisation anwenden. Entscheidend ist dabei, dass schulische Sozialisation nicht einfach über die Lehrer-Schüler-Beziehung bestimmt werden kann, sondern nur im komplexen Zusammenspiel dieser pädagogischen Beziehungen zu den Beziehungen der Schüler untereinander als Peers und zu den familiären Beziehungen und die in diese hineinragenden Strukturen der Arbeitswelt der Eltern und der Statusdifferenzierung der Gesellschaft als Ganzes.

Bezieht man die Perspektive Bronfenbrenners auf das **Fallbeispiel Erik**, dann lässt sich über die zu Beginn des Bandes eingeführte Unterrichtsszene alleine kaum bestimmen, wie diese für Erik entwicklungsrelevant werden kann. Zwar handelt es sich im sozialökologischen Ansatz bei dieser Unterrichtssituation um einen unmittelbaren Lebensbereich und damit um ein Mikrosystem, in das Erik involviert ist und das entsprechend der Rollenerwartungen und der handelnden Personen konkretisiert werden kann (vgl. dazu z. B. die Fallbezüge am Ende des interaktionistischen Ansatzes, Kap. 3.4). Allerdings kann die Bedeutung dieses Mikrosystems für die Entwicklung und damit für die (schulische) Sozialisation erst bestimmt werden, wenn auch die einbettenden Systeme und deren Wechselbeziehungen einbezogen werden. Das heißt, erst in der Analyse und der Bezug-

nahme der weiteren einbettenden Mikrosysteme (hier v. a. die Familie, aber auch die
Welt der Jugend- und Subkultur) und v. a. ihrer wechselseitigen Einflüsse im Sinne
eines Passungsverhältnisses kann die Bedeutung des schulischen Mikrosystems
für Eriks Entwicklung freigelegt werden. Das soll hier kurz angedeutet werden:
Erik lebt, nachdem die Eltern sich vor über einem Jahr getrennt hatten, gemeinsam mit seiner älteren Schwester (21 Jahre) bei seinem etwa 80jährigen Vater.
Der Vater ist nun – auch durch die elterliche Trennung – in einer umfassenden
Lebenskrise gefangen, die eine sorgende Beziehung zu Erik verhindert. Stattdessen
ist es Erik, der sich an vielen Stellen um das Wohl seines Vaters sorgt und der
diesen bei Problemen der Lebensbewältigung zu unterstützen versucht. Diese
Verantwortung und der dadurch beeinträchtigte Freiraum zum Ausprobieren
für die eigene Entwicklung machen Erik gegenüber seinen Mitschülern zu einem
Sonderfall, der nicht integriert werden kann. Das Mikrosystem der Peers ist bei
ihm also als Leerstelle und mit der Problematik der Ausgrenzung zu kennzeichnen.
Im Prozess der eigenen Lebensbewältigung und auch mit Bezug auf die eigene
Identitätsentwicklung wird für Erik dagegen der subkulturelle Bereich der Mangas
wichtig. Hier kann Erik einerseits in modifizierter Form das künstlerische Schaffen
seines Vaters reproduzieren. Andererseits findet Erik hier eine Alternativ- bzw.
Gegenwelt, die auch Identifikationsangebote bereitstellt. Erik ist also auf sich
allein gestellt und schöpft aus dieser Alleinstellung aber auch Besonderungs- und
Autonomiepotenzial. Zugleich sind im die daraus folgenden Probleme bewusst:

> „und sie [Eriks Schwester, d. A.] hat halt immer alles äh bekommen und
> äh schafft das nicht al äh äh sozusagen alleine , irgendwas (.) ,zu machen'
> (betont) damit eben (.) //hmhm// und ich hab mich dann wiederum dadurch
> dass ,sie so is', ,ins gegenteil entwickelt' (gehoben) //hmhm// ich mache eher
> ,alles alleine' (gehoben) , und lass mir nicht äh äh so oft helfen meistens äh äh
> , das is ,sehr schlecht' (betont) //hm// , weil ich dann äh , es nich unbedingt
> ,schaffe' (gehoben) //hmhm// , das was ich ,machen will' (gehoben) und
> äh (2) hm (2) ,ja' (gedehnt) //was denn ,zum beispiel' (gehoben)// äh zum
> beispiel schulische=äh äh dinge in der schule kann ich äh , wird n projekt
> äh gemacht und , (Luft holend) äh alle sammeln sich in äh gruppen nur ich
> war wieder äh äh zu ,spät' (betont) und //hmhm// äh mach dann für mich
> ne gruppe alleine und das auch noch //,hm' (leise)// mit nem thema was so
> schwierig ist , dass äh , ähm dass , kein normaler mensch schaffen würde ,
> //,hm' (leise)// und ich schaff s dann auch meistens ni , nur ,knapp' (betont)"
> (Helsper u. a. 2009, S. 243)

Vor diesem Hintergrund kommt nun dem Lebensbereich der Schule seine Bedeutung zu. Das Zusammenspiel der familiären und der schulischen Lebenswelt (bei

Bronfenbrenner das Mesosystem) kann hier als ambivalentes Passungsverhältnis bestimmt werden. So repräsentiert Eriks Familie zwar das alternativ-kritische und künstlerische Milieu und zeigt sich dieses gegenüber den Idealerwartungen der Schule als sehr affin. Zugleich wird aber die starke schulisch-pädagogische Zentrierung auf das Wohlergehen des Kindes in der Familie für Erik gerade nicht eingelöst (vgl. dazu Helsper u. a. 2009, S. 275ff.). Hier kommt es zu Spannungen, die sich in Eriks Orientierung an der subkulturellen Welt der Mangas noch zuspitzen, weil diese nicht zu den Idealen der Schule im Sinne einer ökologischen und medienkritischen Lebensführung passen. Dass es hier aber nicht zu einer reinen Abstoßung von Erik durch die Schule kommt (vgl. dazu die Fallbezüge beim Ansatz von Bourdieu, Kap. 3.8), hängt damit zusammen, dass die Schule alternativ zur Familie überhaupt Sorge, Orientierung und klare Anforderungen gegenüber Erik repräsentiert. Genau diese Spannung – sich der asymmetrischen pädagogischen Struktur überlassen und dennoch nicht das Potenzial der Besonderung und Autonomie einzubüßen – zeigt sich auch in der zitierten Unterrichtsszene vom Anfang. Erik wird hier gerade nicht hart sanktioniert, sondern v. a. integriert. Und diese Integration gelingt soweit und nur deshalb, weil in ihr ein Mindestmaß an Autonomie und Eigensinnigkeit bewahrt werden kann. In diesem Sinne ist die Schule, auch wenn sie von Erik selbst v. a. negativ eingeschätzt wird, für seine Entwicklung hochbedeutsam. Sozialisatorisch wird sie wichtig, weil sie Erik eine Entlastung von und Abfederung der in der Familienkonstellation drastisch erzwungenen Verselbständigung gewährt.

**Literatur** (Tipps zum Weiterlesen fett gedruckt)

Bronfenbrenner, U. (1973): Erziehungssysteme. Kinder in den USA und der Sowjetunion. München: Deutscher Taschenbuch Verlag.

Bronfenbrenner, U. (1976a): Anlage und Umwelt: Eine Neuinterpretation der vorliegenden Ergebnisse. In: Lüscher, K. (Hrsg.): Urie Bronfenbrenner. Ökologische Sozialisationsforschung. Stuttgart: Ernst Klett Verlag, S. 33-57.

**Bronfenbrenner, U. (1976b): Ökologische Sozialisationsforschung – Ein Bezugsrahmen. In: Lüscher, K. (Hrsg.): Urie Bronfenbrenner. Ökologische Sozialisationsforschung. Stuttgart: Ernst Klett Verlag, S. 199-226.**

Bronfenbrenner, U. (1981): Die Ökologie der menschlichen Entwicklung. Natürliche und geplante Experimente. Stuttgart: Klett-Cotta.

Geulen, D. (2002): Die historische Entwicklung sozialisationstheoretischer Ansätze. In: Hurrelmann, K./Ulich, D. (Hrsg.): Handbuch der Sozialisationsforschung. 6., unveränderte Auflage. Weinheim und Basel: Beltz Verlag, S. 21-54.

Helsper, W./Kramer, R.-T./Hummrich, M./Busse, S. (2009): Jugend zwischen Familie und Schule. Eine Studie zu pädagogischen Generationsbeziehungen. Wiesbaden: VS Verlag für Sozialwissenschaften.

Kramer, R.-T./Helsper, W. (2013): Schulische Übergänge und Schülerbiografien. In: Schröer, W./Stauber, B./Walther, A./Böhnisch, L./Lenz, K. (Hrsg.): Handbuch Übergänge. Weinheim und Basel: Beltz Juventa, S. 589-613.

**Lüscher, K. (1976): Urie Bronfenbrenners Weg zur ökologischen Sozialisationsforschung. Eine Einführung. In: Lüscher, K. (Hrsg.): Urie Bronfenbrenner. Ökologische Sozialisationsforschung. Stuttgart: Ernst Klett Verlag, S. 6-32.**

Steinkamp, G. (2002): Sozialstruktur und Sozialisation. In: Hurrelmann, K./Ulich, D. (Hrsg.): Handbuch der Sozialisationsforschung. 6., unveränderte Auflage. Weinheim und Basel: Beltz Verlag, S. 251-277.

## 3.7    Strukturtheorie und schulische Sozialisation

In einer strukturtheoretisch gerahmten Theorie schulischer Sozialisation können Einflüsse aus der Interaktionstheorie, dem Strukturfunktionalismus und der Psychoanalyse geltend gemacht werden. Diese Theorierichtung ist zunächst eng mit dem Namen Ulrich Oevermann (*1940) verbunden. Oevermann begreift Sozialisation als Prozess der Subjektbildung in und durch Gesellschaft. Die Gesellschaft als solche ist dabei nicht direkt erfahrbar, sondern gesellschaftliche Regeln dem Individuum in konkreten Handlungssituationen, die jeweils unterschiedlich gerahmt sind (also etwa dadurch, dass die Handlungen in Familie oder Schule stattfinden).

Oevermann übernimmt aus der Psychoanalyse die modellhafte Vorstellung, dass sich die Entwicklung des Subjekts in jeweiligen *Individuationskrisen* vollzieht (vgl. Kap. 3.3). Diese Krisen werden als Entscheidungskrisen der Lebenspraxis begriffen – wobei der Begriff Lebenspraxis synonym zum Subjektbegriff verwendet wird und darauf verweist, dass sich das Leben von Personen als Praxis vollzieht, Handeln also der Kern sozialer Praxis ist. Im Prozess des Aufwachsens sind vier Krisen typisch: die Geburt, die Unterscheidung von Selbst und Anderem, die ödipale Krise und die Adoleszenzkrise. In diesen Krisen stellt sich dem Subjekt die Aufgabe, sich aktiv mit den historisch-kulturellen Bedingungen der Gesellschaft auseinanderzusetzen (Oevermann 1983). Die Bildung des Subjekts erfolgt im Wesentlichen durch die Aneignung von Sprache, als dem zentralen gesellschaftlichen Regelsystem. In der Sprache sind die Regeln der Gesellschaft abgebildet, Sprache ist aber zugleich ein dynamisches System. Subjekte verfügen über die Kompetenz, sich die Regeln der Sprache anzueignen. Obwohl alle Subjekte über diese Kompetenz verfügen, die Aneignungsfähigkeit also universal ist, hängt die Art, wie sich Sprache angeeignet wird, wesentlich mit den Regeln der jeweiligen Kultur und Geschichte, der unmittelbaren Umgebung (dem Milieu) des Aufwachsenen und den individuellen Erfahrungen zusammen. Wie ein Subjekt Sprache benutzt, ist also ein Zeugnis davon, dass es so und nicht anders geworden ist (vgl. Weber 1981). So werden einerseits allgemeine Regeln des Sprachlichen angewandt, die Äußerungen, die erfolgen, sind jedoch individuell, sie äußern sich also, wenn sie Sprache benutzen, individuell. Diese Erkenntnis schlägt sich in der Unterscheidung von Kompetenz und Performanz nieder, das heißt: die Kompetenz zur Sprachaneignung ist universell, die *Performanz* – also die Nutzung der Sprache – ist individuell.

Diese Unterscheidung ermöglicht nun, die Entstehung des Neuen zu erklären, indem davon ausgegangen wird, dass sich „in der Evolutionsgeschichte für Mitglieder einer Gattung Spielräume offener Möglichkeiten [auftun, M.H.], zwischen denen eine Entscheidung getroffen werden muß [sic]" (Wagner 2001, S. 135). Kultur schafft somit gewissermaßen den Rahmen, der ein bestimmtes Set an Entscheidungsmöglichkeiten eröffnet – und auch beschließt. Der Mensch ist nicht ausführendes Passivum, das von der Natur determiniert wird, sondern erlernt im Laufe seiner Sozialisation, dass ihm jenes Set an Entscheidungsmöglichkeiten zur Verfügung steht, er sich aber auch entscheiden muss (Hummrich 2014). Oevermann (1991) spricht hier von einer Doppelwertigkeit aus Entscheidungszwang und Begründungsverpflichtung. Das heißt: das Subjekt muss sich für bestimmte Handlungen entscheiden und es ist gefordert, sein Handeln zu begründen. Wie das Subjekt seine Entscheidung trifft, ist bedingt durch die Erfahrungen des Subjekts – seine Lebensgeschichte – und die kulturell-historischen Bedingungen. So entsteht für jedes Subjekt eine *individuierte Fallstruktur*. Subjekte sind unterschiedlich und die Unterschiedlichkeit setzt sich aus Erfahrung und Bedingungen zusammen.

Die „widersprüchliche Einheit" aus Entscheidungszwang und Begründungsverpflichtung ist schließlich auch bedeutsam für die Sozialisation im Sinne der Bildung des Subjekts. Sozialisation hat das Ziel zur Autonomie zu führen, das heißt: Personen müssen ihr Handeln selbst bestimmen und begründen können. Deshalb kann *Sozialisation als Transformationsprozess* gesehen werden, der sich im Spannungsverhältnis von *Krise und Routine* vollzieht. Eine bislang gültige Fallstruktur wird aufgegeben, weil sie in einer bestimmten Situation nicht mehr tragfähig ist – die Routine, die bislang galt, gerät in die Krise. In der Krise kommt es somit zu einer Transformation, nach der sich die gesamte Fallstruktur ändert, d. h. die Bedeutungsmuster, die dem subjektiven Handeln zugrunde liegen, wandeln sich. Das bedeutet, dass die bislang üblichen Entscheidungskriterien keine Gültigkeit mehr beanspruchen können und nicht mehr darauf basierend gehandelt werden kann (Oevermann 1991, S. 297). Neue Handlungsroutinen werden nun entwickelt, indem – so erklärt es Oevermann unter anderem mit Bezug auf Mead (vgl. Kap. 3.4) – kreative Vorstellungen davon entstehen, wie die Krise bewältigt werden kann: es werden „innere Bilder" (Oevermann 1991, S. 316) entwickelt, die der Krisenlösung vorgreifen und ein spielerisches Erproben neuer Handlungsmöglichkeiten implizieren. Von hohem Stellenwert sind dabei raumzeitliche ‚Spielräume', in denen das Subjekt seine neuen Handlungsmuster in ihrem Verhältnis – man könnte auch sagen ihrer Passförmigkeit – zur sozialen Umwelt entwerfen und erproben kann. Nicht zufällig vergleicht Oevermann diesen kreativen Prozess mit demjenigen des künstlerischen Schaffens (ebd., S. 318).

Das hier beschriebene Modell der Sozialisation, das in den oben angesprochenen *Individuationskrisen* besonders virulent wird, vollzieht sich sehr deutlich in Auseinandersetzung mit der Familie. Oevermann bedient sich dabei zwar des Vokabulars der Psychoanalyse (vgl. Kap. 3.3), er orientiert sich dabei aber nicht an der psychosexuellen Entwicklung oder den innerpsychischen Abläufen, sondern an dem in der Psychoanalyse enthaltenen Strukturmodell der Entwicklung des Selbst im Verhältnis zur Gesellschaft. Dabei sind die ödipale Krise (also wenn das Kind etwa sechs Jahre alt ist) und die Adoleszenzkrise (im Alter zwischen 13 und 18 Jahren) von besonderer Bedeutung.

In der ödipalen Krise kommt es zu folgendem Szenario: das Kind hat bisher in dem Bewusstsein gelebt, dass die Beziehungen zu den ihm nahestehenden Generationsälteren (also im Regelfall den Eltern) nicht alleine um es selbst zentriert sind. Vielmehr gibt es unter den Eltern eine Art der Beziehung (die Gattenbeziehung), die das Kind ausschließt (Oevermann 2002). Das Kind muss somit die Krise bewältigen, dass es nicht nur in *dyadischen Beziehungen* lebt, in der die Mutter und das Kind *oder* der Vater und das Kind aufeinander bezogen sind; es erlebt, dass es Teil einer *Triade* ist. Oevermann nennt diese Struktur die ödipale Triade. Es gibt also Beziehungen innerhalb der Familie, die das Kind ausschließen. In dieser Krise muss das Kind eine neue Routine entwickeln, um mit den Anforderungen, die durch diese Änderung in der Wahrnehmung der Beziehungen entstehen, umzugehen. Es bearbeitet diese Krise, indem es sich selbst nicht mehr als Zentrum der Beziehungen sieht, sondern als Teil eines Beziehungsgefüges. Der Schluss liegt hier nahe, dass genau diese Transformationserfahrung grundlegend dafür ist, dass das Kind sich auch als Teil der Gesellschaft begreift, die angemessenes Verhalten von ihm erwartet. Nicht zufällig liegt in diesem Alter die Einschulung.

In der Adoleszenzkrise werden die bisherigen Beziehungsroutinen wiederum aufgestört. Dem/der Jugendlichen stellen sich neue Anforderungen. Er/Sie muss eigenständige Vorstellungen von der Zukunft entwickeln und dazu gehört, dass er ein höheres Maß an Autonomie verwirklicht. Vera King (2004) beschreibt, dass sich Jugendliche in dieser Phase mit Bezug auf Vergangenheit, Gegenwart und Zukunft neu positionieren müssen. Dies geschieht schließlich erstmals in Abgrenzung von und Auseinandersetzung mit den Eltern und nicht auf der Grundlage der durch sie getroffenen Entscheidungen. Jugendliche fragen sich: *wer bin ich, woher komme ich, wohin gehe ich?* – und stellen fest, dass sie zu einer Neuordnung ihrer bisherigen Beziehungen kommen müssen, wollen sie Autonomie gegenüber den Eltern erlangen. Ebenso erkennen sie, dass die Frage nach der Zukunft nicht abschließend beantwortet werden kann, denn die Zukunft ist prinzipiell offen (es kann so wie geplant, aber auch anders kommen). Hier setzt eine Krise ein, die mit dem Bewusstsein um die nicht stillstellbare Bewährungsdynamik verbunden ist, sprich: der/die Jugendliche erfährt, dass autonomes Handeln trotz ungewisser Zukunft der permanenten Entscheidung und Begründung bedarf. Der Abschluss der Adoleszenz ist indes dann erreicht, so Oevermann (2005), wenn der Mensch sich in dieser nicht stillstellbaren Bewährungsdynamik eigenständig positionieren kann und somit eigene Entscheidungen mit Blick auf seine Beziehungen (die sexuelle Reproduktion), den eigenen Beruf und der Verpflichtung gegenüber dem Gemeinwohl fällt.

Wie kommt hier die Schule ins Spiel? Die familialen Beziehungen sind von den schulischen strukturell unterschieden. Während die Familie sich durch eine konstitutive Körperbasis, grundlegendes Vertrauen, die Unkündbarkeit der Beziehungen und die intimisierten Beziehungsstrukturen auszeichnet (Oevermann 2008), sind schulische Beziehungen als Lehrer-Schüler-Beziehungen ganz anders strukturiert. Es handelt sich hier um berufliche und nicht familialisierte Beziehungen. Das bedeutet auch, dass diese Beziehungen nicht *naturwüchsig* sind, sondern als *professionalisierte Arbeitsbündnisse* verstanden werden müssen. Ähnlich wie die Beziehung zwischen Arzt und Patient oder Anwalt und Klient enthalten schulische Beziehungen dabei diffuse (persönliche) und spezifische (unpersönliche) Anteile. Die Beziehungen sind weniger nah als in der Familie, aber auch nicht gänzlich distanziert. Auch Lehrerinnen und Lehrer sind gefordert, sich das Schicksal des Einzelnen nicht zu Herzen gehen zu lassen und sich zugleich in sein individuelles Leistungsvermögen einzufühlen. Das heißt: das Verhältnis von Nähe und Distanz muss von Lehrerinnen und Lehrern im Umgang mit den Schülerinnen und Schülern angemessen ausbalanciert werden.

Nun gibt es mit Blick auf schulische Beziehungen Spezifika, die es unmöglich machen, schulpädagogische mit allgemeiner Professionalisierung (wie sie z. B. Ärzte und Anwälte betrifft) gleichzusetzen. Man kann sagen: Patienten und Klienten nehmen die professionalisierten Leistungen von Ärzten und Anwälten freiwillig in Anspruch. Sie beauftragen die Professionellen so lange mit der *stellvertretenden Deutung* ihrer individuellen Krisen, bis die Autonomie der Lebenspraxis wiederhergestellt ist (Wernet 2011). Ein Patient, der zum Arzt geht, beauftragt diesen zum Beispiel mit einer Diagnose und der Behandlung/Therapie, bis seine Gesundheit (und damit auch seine Autonomie) rehabilitiert ist. Weil er selbst die Diagnose nicht stellen kann, deutet der Arzt *stellvertretend*, was dem Patienten fehlt, um

seine Autonomie wiederherzustellen. Ist der Patient geheilt, ist die stellvertretende
Deutung nicht mehr nötig und die Beziehung wird beendet, bzw. erst dann wieder
aktualisiert, wenn ein erneuter Krankheitsfall auftritt.

   Schulische Beziehungen unterscheiden sich hier, da es sich bei Schülerinnen und
Schülern um *noch nicht autonome Subjekte* handelt. Schülerinnen und Schüler sollen
durch die Schule erst in die Lage versetzt werden, autonom zu handeln. Gleichzeitig – dies kritisiert zum Beispiel Oevermann (2008) – behindert die Schulpflicht
die Autonomie, weil die Freiwilligkeit des Schulbesuchs eingeschränkt ist. Damit
sind Lehrer-Schüler-Beziehungen, die Autonomie ermöglichen sollen, heteronom
(i. e. fremdbestimmt) gerahmt.

> Die Beziehung zwischen Lehrer und Schüler kann deshalb als ein *professionali-
> siertes Arbeitsbündnis* bezeichnet werden, in dem das Handeln nicht wie in der
> Medizin therapeutisch ist, sondern *prophylaktisch-therapeutisch*. Es geht nicht
> darum, Autonomie wiederherzustellen (durch Therapie), sondern sie überhaupt
> erst möglich zu machen.

Lehrerinnen und Lehrer sind auf diese Weise wesentlich an der Entfaltung lebens-
praktischer Autonomie beteiligt, sie setzen an der kindlichen Neugierde an und
sind als Wissens- und Normvermittlerinnen und -vermittler dazu berufen, jene
Krisen zu erzeugen, in denen psychisch Neues entsteht. Sie fungieren somit als
Geburtshelfer in ontogenetischen Krisen (Oevermann 2002).

> Es ist an dieser Stelle noch einmal hilfreich, sich die Theorie am Fallbeispiel von
> **Erik** deutlich zu machen (vgl. 2.1). Erik wird im Chemieunterricht ermahnt,
> das Malen einzustellen und sich am Unterricht zu beteiligen. Er beteiligt sich,
> die Lehrerin ratifiziert dies und stellt die nächste Frage. Erik sagt die Lösung
> offenbar leise vor sich hin, die Lehrerin ermahnt ihn erneut: „Dann sachs auch
> bitte so, dass es andere verstehen können." Nach der richtigen Lösung lobt sie
> knapp („gut") und nimmt den nächsten Schüler dran.
>    Wir sehen hier, dass die Beziehung sowohl persönliche als auch distanzierende
> Anteile hatte. Die Lehrerin nimmt dabei Bezug auf die Qualifikation und die
> Vermittlung von Wissen. Sie sorgt dafür, dass Erik bei der wichtigen Frage nach
> Redoxreaktionen nicht geistig abwesend ist. Sie deutet damit die Notwendigkeit
> dieses Wissenserwerbs stellvertretend als zentral. Damit signalisiert sie Erik, dass
> er dieses Wissen beherrschen muss, schränkt ihn aber zugleich in seiner Autono-
> mie ein – er soll ja mit der selbst gewählten Tätigkeit (dem Malen) aufhören. Dies
> tut sie, weil sie die spontane Aktion des Jugendlichen als Grenzüberschreitung
> einstuft. So signalisiert sie ihm, dass er eben *noch nicht* autonom über seine

Zeit verfügen kann, und sie ließ im Sinne des prophylaktisch-therapeutischen Handelns die Deutung der Frage, was wichtig und was unwichtig ist, übernimmt.

In der zweiten Ermahnung, in der Erik „es" so sagen soll, „dass es auch alle verstehen können", liegt ebenfalls eine stellvertretende Deutung und ein prophylaktisch-therapeutisches Handeln vor. Dieses Mal bewegt sich die Lehrerin aber nicht auf der Ebene des Wissenserwerbs, sondern auf der Ebene der Beziehungsstrukturierung und des Gemeinwohls. Sie sorgt wieder für etwas – dieses Mal nicht für Aufmerksamkeit im Wissenserwerb, sondern dafür, dass Erik sein Handeln auf die Klasse bezieht. Damit spricht sie ihm die autonome Entscheidung ab, sich auch einmal nicht melden zu müssen, auch wenn man die Antwort weiß; Ergebnisse für sich vor sich hinmurmeln zu können; und zugleich wirkt sie prophylaktisch-therapeutisch einer möglichen Isolation Eriks entgegen. Er ist gefordert, sich mit der Klassenöffentlichkeit auseinanderzusetzen.

Das etwas holzschnittartige Modell des Arbeitsbündnisses kann schließlich ausdifferenziert werden (hierzu vgl. Helsper/Hummrich 2008). Wir haben in diesem Zusammenhang schon davon gesprochen, dass es Spannungsverhältnisse gibt, die dieses Arbeitsbündnis maßgeblich beeinflussen. Oben war die Rede von dem Spannungsverhältnis von Diffusität und Spezifik, von Nähe und Distanz sowie von Autonomie und Heteronomie. Werner Helsper (1996) entfaltet auch weitere Spannungsverhältnisse, die im Schaubild (Abb. 3.4) auftauchen, aber hier nicht im Einzelnen entfaltet werden können. Wichtig ist an dieser Stelle vor allem zu verstehen, dass das Arbeitsbündnis durch die Art, wie diese Spannungsverhältnisse balanciert werden, ausgestaltet wird. Diese Spannungsverhältnisse werden auch *Antinomien* genannt. Damit ist ein allgemeines Modell eingeführt, das Lehrer-Schüler-Beziehungen einen Spielraum lässt, bzw. die Möglichkeit der individuellen Unterschiedlichkeit der Arbeitsbündnisse einbezieht.

Eingangs zeigten wir, dass das Subjekt sich zwischen allgemeinen Bedingungen und besonderen Erfahrungen bildet. Nun sehen wir, dass es auch mit Blick auf die Arbeitsbündnisse allgemeine Grundlagen gibt, in denen die Beziehungen als Arbeitsbündnisse besonders ausgestaltet werden. Allgemein ist den Arbeitsbündnissen eigen, dass sie in *Antinomien* ausgestaltet werden, dass sie im Unterricht zustande kommen und dass sie damit um die Sache zentriert sind. Das heißt: In Arbeitsbündnissen geht es darum, sachliche Wissen zu vermitteln. Dies ist der Kern der Schule. Die Idee ist, dass durch diese Wissensvermittlung auch die gesellschaftlichen Normen angeeignet werden und damit auf gesellschaftliches Zusammenleben vorbereitet wird.

Zu Besonderheiten im Arbeitsbündnis kommt es, weil Lehrer und Schüler immer vor dem Hintergrund ihrer individuellen Erfahrungen, dem milieuspezifischen

Hintergrund, der gesellschaftlich-historischen und kulturellen Eingebettetheit handeln. Das Arbeitsbündnis wird also individuell ausgestaltet, indem die allgemein zugrundeliegenden Antinomien je spezifisch ausbalanciert werden. Dies macht auch das untenstehende Modell (Abb. 3.4) deutlich.

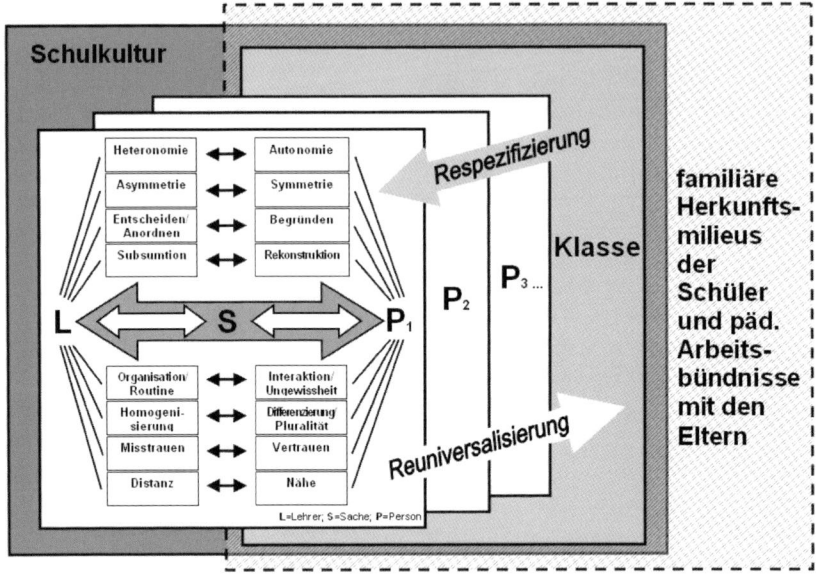

**Abb. 3.4**  Pädagogisches Arbeitsbündnis I (Helsper/Hummrich 2008)

Im Mittelpunkt steht die Beziehung zwischen Lehrer (L) und Schüler (P1), die um die Sache (S) zentriert ist. Eingebettet ist diese Beziehung in Antinomien, welche die Beziehung gewissermaßen rahmen. Der Lehrer oder die Lehrerin ist nun gefordert, ein solches *dyadisches* Arbeitsbündnis (i. e. ein auf zwei Personen bezogenes Arbeitsbündnis) mit jedem einzelnen Schüler auszuformen, denn er muss ja die Erträge seiner Wissens- und Normvermittlung jeweils einzeln sicherstellen und abprüfen. Gleichzeitig muss der Lehrer oder die Lehrerin auch ein Arbeitsbündnis mit der gesamten Klasse im Blick haben. Während er/sie mit einem einzelnen Schüler spricht, muss sichergestellt sein, dass die gesamte Klasse dies verfolgt. Unterricht ist also ein beständiges Wechselspiel aus (respezifizierenden) dyadischen

Arbeitsbündnissen und (reuniversalisierenden) Klassenarbeitsbündnissen. Dies ist im Schaubild durch die beiden schrägen Pfeile angezeigt.

Wir finden diese Strukturlogik auch im **Fall Erik** wieder. Die sanften Ermahnungen, die Erik immer wieder durch seine Lehrerin erfährt und die ihn immer wieder in die Klasse zurückholen, zeigen eine Tendenz, nach der die Lehrerin die Wissensvermittlung auf der Basis der gelingenden Beziehung zwischen ihr und Erik situiert. Sie balanciert also das Spannungsverhältnis von Nähe und Distanz aus, indem sie eher auf nahe Beziehungen setzt. Sie fühlt sich in Erik ein und straft ihn nicht, sondern bindet ihn in den Kontext Schule ein. Die Beziehung, an die sie Erik erinnert – „hör mal auf zu malen" – zeigt ihm, dass er sich ihm Kontext Schule befindet, aber nimmt eine grundsätzliche Haltung der Akzeptanz gegenüber Eriks persönlichen Vorlieben (dem Malen) ein. Über diese Akzeptanz gelingt es der Lehrerin, die Bezugnahme auf die Sache in den Vordergrund zu rücken.

Innerhalb dieses dyadischen Arbeitsbündnisses gestaltet die Lehrerin auch weiterhin das Klassenarbeitsbündnis aus. Indem sie beispielsweise sagt „Der Erik sacht's", wendet sie sich an die Klasse und deutet Eriks Sprechen stellvertretend als kompetente und zum Sachzusammenhang beitragende Aussage. So vermittelt sie der Klasse, dass das, was Erik nun sagen wird, auch für die gesamte Klasse wichtig ist und macht deutlich, dass die dyadische Beziehung in einen allgemeinen Zusammenhang eingebettet ist.

Wir können an dieser Stelle zusammenfassen:

Eine Strukturtheorie der schulischen Sozialisation nimmt die Individuation von Kindern und Jugendlichen im Handlungsfeld Schule mit Blick auf die pädagogischen Arbeitsbündnisse und deren innere Strukturiertheit in den Blick. Wesentlicher Kern ist dabei die Beziehung zwischen Lehrer und Schüler in ihren Einbettungszusammenhängen (dem universalistischen Zusammenhang der Schulklasse, der Schulkultur, den Herkunftsmilieus der Schülerinnen und Schüler). Idealtypisch steht die Wissensvermittlung im Vordergrund, das heißt: die Lehrer-Schüler-Beziehung ist um die Sache zentriert.

Selbstverständlich ist das Arbeitsbündnis auch davon abhängig, in welcher Schulkultur es ausgestaltet wird. So unterscheiden sich gymnasiale Schulkulturen von gesamtschulischen oder reformpädagogischen Schulkulturen (und allen weiteren Schulformen). Aber auch zwischen gymnasialen Schulkulturen oder reformpädagogischen Schulkulturen gibt es deutliche Unterschiede (vgl. Helsper et al. 2001,

2009, Hummrich 2011). Schließlich ist die Schule als Einzelschule nicht nur einer bestimmten Schulform zugeordnet, sondern auch in einen sozialen Zusammenhang eingebettet: so gibt es Schulen, die eher bürgerliche Milieus anziehen oder auf Milieus ausgerichtet sind, die aufstiegsorientiert sind, und Schulen, die eher von Eltern und ihren Kindern „angewählt" werden, die als „bildungsdistanziert" gelten. In die dyadischen Arbeitsbündnisse gehen sowohl die spezifischen Erfahrungen des Kindes im familiären Herkunftsmilieu ein als auch die an der jeweiligen Schule insgesamt dominanten Herkunftsmilieus.

## Literatur (Tipps zum Weiterlesen fett gedruckt)

Helsper, W. (2012): Antinomien im Lehrerhandeln. Professionelle Antinomien – vermeidbare Verstrickung oder pädagogische Notwendigkeit? Lernende Schule, 15(60), S. 30–34.
Helsper, W./Böhme, J./Kramer, R.-T.,/Lingkost, A. (2001): Schulkultur und Schulmythos: Gymnasien zwischen Elitärer Bildung und Höherer Volksschule im Transformationsprozeß. Rekonstruktionen zur Schulkultur I. Opladen: Leske + Budrich Verlag.
**Helsper, W./Hummrich, M. (2008): Arbeitsbündnis, Schulkultur und Milieu. Reflexionen zu den Grundlagen schulischer Bildungsprozesse. In G. Breidenstein & F. Schütze (Hrsg.), Paradoxien in der Reform der Schule : Ergebnisse qualitativer Sozialforschung (S. 43-72). Wiesbaden: VS Verlag für Sozialwissenschaften.**
Helsper, W./Kramer, R.-T./Hummrich, M./Busse, S. (2009): Jugend zwischen Familie und Schule: Eine Studie zu pädagogischen Generationsbeziehungen. VS Verlag für Sozialwissenschaften.
Hummrich, M. (2011): Jugend und Raum: Exklusive Zugehörigkeitsordnungen in Familie und Schule. Wiesbaden: VS Verlag für Sozialwissenschaften.
Hummrich, M. (2013): Kulturen der Aneignung. Bildungsforschung und Aneignung von Vergangenheit, In: Literatur in Unterricht und Wissenschaft, H.2 & 3/2013, S. 233–250.
King, V. (2004): Die Entstehung des Neuen in der Adoleszenz: Individuation, Generativität und Geschlecht in modernisierten Gesellschaften. Wiesbaden: Springer VS.
Oevermann, U. (1983): Zur Sache. Die Bedeutung von Adornos methodologischem Selbstverständnis für die Begründung einer materialen soziologischen Strukturanalyse. In: L. v. Friedeburg, L.v./Habermas, J. (Hrsg.): Adorno-Konferenz. Frankfurt a.M., S. 234-292.
Oevermann, U. (1991): Genetischer Strukturalismus und das sozialwissenschaftliche Problem der Erklärung der Entstehung des Neuen. In Müller-Doohm, S. (Hrsg.): Jenseits der Utopie. Frankfurt a.M.: Suhrkamp, S. 267–336.
**Oevermann, U. (2001): Die Soziologie der Generationsbeziehungen und der historischen Generationen aus strukturalistischer Sicht und ihre Bedeutung für die Schulpädagogik. In Helsper, W./S. Busse/R.-T. Kramer (Hrsg.), Pädagogische Generationsbeziehungen. Jugendliche im Spannungsfeld von Familie und Schule. Opladen: Leske + Budrich Verlag, S. 78-128.**
Oevermann, U. (2005): Bildungsideale und Strukturprobleme der Hochschulen im digitalen Zeitalter. In: Kufeld, K. (Hrsg.): Profil durch Wissen. Bildungsideal und regionale Strategie. Freiburg/München: Karl Alber, S. 45–90.

Oevermann, U. (2008): Profession contra Organisation? Strukturtheoretische Perspektiven zum Verhältnis von Organisation und Profession in der Schule. In Helsper, W./Busse, S./Hummrich, M./Kramer, R.-T- (Hrsg.): Pädagogische Professionalität in Organisationen. VS Verlag für Sozialwissenschaften, S. 55–77.

Wagner, H. J. (2001): Objektive Hermeneutik und Bildung des Subjekts. Weilerswist: Velbrück.

Weber, M. (1981): Gesammelte Aufsätze zur Wissenschaftslehre. Frankfurt a.m: Suhrkamp.

Wernet, A. (2014): Überall und nirgends. Ein Vorschlag zur professionalisierungstheoretischen Verortung des Lehrerberufs. In C. Leser, T. Pflugmacher, M. Pollmanns, J. Rosch/J. Twardella (Hrsg.), Zueignung. Pädagogik und Widerspruch. Opladen: Budrich, S. 77–96.

## 3.8  Konstruktivistisch-strukturalistischer Ansatz – schulische Sozialisation bei Pierre Bourdieu

Der Blick von *Pierre Bourdieu* (1930-2002) auf Schule und Prozesse der schulischen Sozialisation wird bestimmt durch eine ganz eigene Perspektive, die Handeln und Struktur zu verbinden versucht. Diese Verbindung, die vor allem durch das Konzept des Habitus geleistet werden soll (Kramer 2011; Krais/Gebauer 2014), zeigt sich auch in der etwas sperrigen Kennzeichnung als konstruktivistisch-strukturalistischer Ansatz. Dass Bourdieu hier ein eigener Abschnitt gewidmet wird, hat einerseits mit dieser ganz eigenen Perspektive zu tun, aber andererseits auch damit, dass seine Überlegungen und Konzepte – obwohl sie weitestgehend auf den Begriff der Sozialisation verzichten (vgl. Baumgart 2008) – die bildungssoziologische Diskussion um Wirkungen der Schule und besonders um Bildungsungleichheiten seit Jahrzehnten intensiv anregen. Im Folgenden soll es deshalb um eine Einführung in diese Überlegungen Bourdieus gehen.

Wie in anderen sozialisationstheoretisch inspirierten Bezugnahmen auf Schule ist auch im Ansatz von Bourdieu klar, dass der Schule zentrale, das einzelne Subjekt prägende Prozesse vorausgehen und die Wirkung von Schule gerade von diesen vorausgehenden Prozessen abhängt. Daher sollen hier zunächst Bourdieus Überlegungen zur Sozialisation vor der Schule vorgestellt werden.

Sozialisation ist bei Bourdieu als *Habitualisierung* – als Herausbildung und eventuelle Veränderung des Habitus – zu verstehen (vgl. Baumgart 2008). *Habitus* bezeichnet das erworbene System von Erzeugungsschemata, das jeweils spezifische Wahrnehmungen, Bewertungen und Handlungen hervorbringt (Bourdieu 1993, S. 102; 2001, S. 177). Habitus ist damit als Begriff v. a. das Ergebnis der Sozialisation, eine „grundlegende Haltung" (Bourdieu 1991, S. 130), die als Einprägung vergangener Erfahrungen in den Körper (als *Einverleibung* oder *Inkorporierung*) entsteht. Zugleich wird Habitus bei Bourdieu als Generierungs- bzw. Hervorbringungsprinzip verstanden, das – selbst erworbenes System von Erzeugungsschemata – nun alle Gedanken, Wahrnehmungen und Handlungen hervorbringt (vgl. Bourdieu 1993, S. 102). Insofern ist das Konzept des Habitus bei Bourdieu – wie er schreibt – gegen zwei verbreitete Irrtümer gerichtet: a) die Erklärung des Handelns als mechanistische Folge äußerer Ursachen und b) die Vorstellung einer bewussten, intentionalen Handlungssteuerung, wie sie in Ansätzen der Theorie des rationalen Handelns besteht. Das Konzept des Habitus steht in gewisser Weise zwischen diesen beiden Vorstellungen und versucht diese zu verbinden. Die Rede vom *Habitus als strukturierter und zugleich strukturierender Struktur* soll verdeutlichen (vgl. ebd., S. 98), dass der Habitus Ergebnis von Erziehung und Sozialisation ist, die als *Konditionierungen* der sozialen Existenzbedingungen auch dauerhafte Modifikationen der Körper bewirken (vgl. Bourdieu 2001, S. 178), gleichzeitig aber als Erzeugungs- und Ordnungsgrundlage für unsere Praktiken und Vorstellungen fungiert. Habitus verweist also immer schon auf geronnene und akkumulierte Geschichte und eröffnet aber dabei auch Spielräume der eigenen Gestaltung der Gegenwart und der zukünftigen Welt.

Für Bourdieu geschieht *Lernen durch den Körper*, der permanent und mehr oder weniger dramatisch im Austausch mit der gesellschaftlichen Umgebung ist (vgl. ebd., S. 181). In dieser Konfrontation „dringt die Gesellschaftsordnung in den Körper ein" (ebd.). Dabei geht es v. a. um den Druck oder die Unterdrückung, „die kontinuierlich und oft unmerklich von der gewöhnlichen Ordnung der Dinge" ausgeht, um „die Konditionierungen, die von den materiellen Lebensbedingungen, von den stummen Befehlen und von der […] »trägen Gewalt« der ökonomischen und sozialen Strukturen und der ihrer Reproduktion dienenden Mechanismen auferlegt werden" (ebd.). In der stillen Wirkung der stummen Befehle wie in der alltäglichen pädagogischen Praxis erfolgt die Einverleibung der sozialen Struktur, werden die sozialen Grenzen und die sozialen Klassifikationen eingeprägt, indem sie sich in Form von Körpern zu „Naturgegebenheiten' ‚verwandeln' (ebd.). Das lässt sich besonders anschaulich an den jeweils geltenden Schönheitsidealen verdeutlichen. In der Regel kommt es selten dazu, dass die eigenen Geschmacksurteile oder Schönheitsideale hinterfragt werden. Sie scheinen ganz natürlich oder naturgegeben. Schaut man aber die lange Kulturgeschichte zurück, dann wird sofort klar, dass die Vorstellungen von Schönheit und Geschmack großen Veränderungen unterliegen und sozial hervorgebracht (also nicht naturgegeben) sind (vgl. Bourdieu 1999, S. 17ff.). Diese Naturalisierung des Sozialen über den Habitus zeigt sich nicht zuletzt auch in der Wahrnehmung des eigenen Körpers, seiner Gestaltung und Ästhetik. Ob und in welcher Art man sich um seinen eigenen Körper und seine Gestaltung Gedanken macht, hat v. a. mit dem eigenen Habitus und der in diesen inkorporierten sozialen Lage zu tun (vgl. ebd., S. 332ff.).

Der Habitus ist Produkt der Geschichte und produziert Praktiken, die wiederum zu Geschichte werden (Bourdieu 1993, S. 101). Geschichte liegt damit für Bourdieu immer doppelt vor, in Form „von objektivierten und einverleibten Ergebnissen der historischen Praxis, von Strukturen und Habitusformen" (ebd., S. 98). Als inkorporierte Sozialität sorgt der Habitus zugleich dafür, dass Geschichte über die hervorgebrachten Praktiken in der Gegenwart aktualisiert und damit zur wahrscheinlichen Zukunft wird. Er ist verantwortlich für Konstanz, Kontinuität und Regelmäßigkeit. Mit seinen Erzeugungsschemata der Wahrnehmung, Deutung und des Handelns sorgt der Habitus für vermeintlich vernünftige Verhaltensweisen, die zu den objektiven Strukturen und Anforderungslogiken passen, die als Ergebnis der Konditionierungen und der Einverleibung im Habitus inkorporiert sind (vgl. ebd., S. 104). Man könnte auch sagen, der Habitus sucht solche Verhaltensweisen zu vermeiden und auszuschließen, die als ‚Dummheiten' gemaßregelt werden müssten (‚so etwas tut man nicht') (vgl. ebd.). Die Erzeugungsschemata des Habitus wirken wie ein *praktischer Sinn*, der das intuitive Handeln und abkürzungshafte Agieren erlaubt, weil durch den Habitus im Sinne von Vorwegnahmen schon angelegt ist, wie die soziale Welt wahrzunehmen, zu deuten und angemessen in ihr zu handeln ist. Auf diese Weise „schützt sich der Habitus vor Krisen" (ebd., S. 114).

In dieser Fassung des Habituskonzeptes deutet sich eine konservierende Schräglage im Theorieansatz von Bourdieu an. So wurde diesem Ansatz oft kritisch vorgeworfen, er könne nur die ständige Wiederkehr (Reproduktion) sozialer Verhältnisse erfassen und das Handeln von Subjekten wirke zu unfrei (also überdeterminiert) (vgl. dazu Rieger-Ladich 2005; Kramer 2011, S. 13ff.). Tatsächlich finden sich bei Bourdieu viele Hinweise in diese Richtung, etwa in der Idee der durch den Habitus bewirkten Vorangepasstheit von Handlungen an soziale Bedingungen, oder in der Rede davon, dass der Habitus dafür sorge, dass Unvermeidliches gewollt und aus der Not eine Tugend gemacht werde (vgl. Bourdieu 1993, S. 100). Richtig ist aber auch, dass Bourdieu immer wieder betont, dass der Habitus gerade nicht im Sinne einer starren Reproduktivität zu denken ist, sondern als Erzeugungsprinzip – als *modus operandi* – auch unter wechselnden Anforderungen und Bedingungen „alle Gedanken, Wahrnehmungen und Handlungen" frei hervorbringen kann. Insofern verbindet sich mit dem Habituskonzept auch die Annahme eines kreativen Prinzips (vgl. Kramer 2011, S. 49).

Bei der Entstehung des Habitus unterscheidet Bourdieu zwei differente, aber ineinander verschränkte Prinzipien:

a. die Konditionierungen, die von identischen oder ähnlichen Existenzbedingungen ausgehen und einen Klassenhabitus bzw. den *kollektiven Habitus* eines sozialen Milieus (einer sozialen Lagerung) hervorbringen; sowie

b. die Konditionierungen, die aus der „Einzigartigkeit der Stellung innerhalb der Klasse und des Lebenslaufs" resultieren und die zu einem *besonderen oder individuellen Habitus* führen (vgl. Bourdieu 1993, S. 112f.).

Dabei sind diese beiden Hervorbringungen des Habitus nicht als getrennt voneinander zu verstehen, sondern als zwei Seiten derselben Medaille, da „jedes System individueller Dispositionen [als, d. A.] eine strukturale Variante der anderen Systeme" zu verstehen ist (ebd., S. 113; vgl. auch Kramer 2011, S. 52ff.).

An anderer Stelle deutet Bourdieu an, dass die Genese des Habitus und die Differenz von Klassenhabitus und individuellen Habitus ihren Ausgangspunkt in der Dynamik der familialen Transmissionsdynamik (also der Übertragung in der Generationenabfolge) haben (vgl. Bourdieu 1997). Die gesellschaftliche Position wird in der Familie als weiterzugebendes Erbe betrachtet. Diese Weitergabe ist jedoch von einer hohen Dynamik gekennzeichnet und voller Widersprüche. Das zeigt sich nicht nur in der Redewendung, dass der Erbe des familialen Projektes auch zum Erben bereit sein muss und damit bereit, „vom Erbe selbst ererbt zu werden" (ebd., S. 652), sondern besonders in den „Unstimmigkeiten zwischen den Dispositionen des Erben und dem Schicksal, das das Erbe für ihn bereithält" (ebd.). Da die impliziten Erwartungen der Eltern immer in einem früheren Zustand der sozialen Welt konstituiert sind, drohen diese immer schon zu veralten und überholt zu sein. So müssen nicht selten die Erwartungen der Eltern enttäuscht werden. Oder wir finden dort, wo eine Transmission erfolgreich war, eine Dynamik der Ablehnung und Abwertung des Vaters oder der Mutter. Generationskonflikte verweisen dann vor allem auf Unterschiede in den Habitusformen, die verschieden entstanden sind (vgl. Bourdieu 1993, S. 116). So oder so spielen die Institutionen des Bildungssystem, spielt die Schule, in diesen Prozessen eine zunehmend bedeutsame Rolle, insofern „deren Urteile und Sanktionen diejenigen der Familie bestätigen, ihnen aber auch entgegenlaufen und entgegenwirken können" (Bourdieu 1997, S. 651).

Entscheidend ist dabei für diese Fassung des Habituskonzeptes eine im Grunde strukturtheoretische Argumentation, nach der den Ersterfahrungen – den primären Konditionierungen und ihrer Einverleibung – eine besondere Bedeutung für alle späteren Erfahrungen und Konditionierungen zukommt. Die Aufnahme späterer Erfahrungen wird nämlich durch die Ersterfahrungen dominiert. Zwar kann der Habitus „mit den [inkorporierten, d. A.] Strukturen aus früheren Erfahrungen jederzeit neue Erfahrungen strukturieren", aber diese neuen Erfahrungen sind nur in den Grenzen möglich, die der bereits bestehende Habitus vorgibt (Bourdieu 1993, S. 113). Dieses Weiterwirken der Erstkonditionierungen in Gestalt des Habitus zeigt sich besonders da, „wo sich Dispositionen unerwünscht auswirken und Praktiken den vorliegenden Bedingungen objektiv *un*angepasst" (Hervorhebung d. A.) sind, z. B. weil sich die Dispositionen des Habitus länger halten als die sozialen Bedingungen seiner Erzeugung (ebd., S. 117). In einem solchen Auseinanderklaffen von inkorporierten und äußeren Strukturen zeigt sich der *Effekt der Hysteresis* oder *Trägheit des Habitus*, den Bourdieu etwa in der literarischen Figur des Don Quichotte illustriert (ebd., S. 116). Dabei kann dieses Auseinanderklaffen Ausgangspunkt von Anpassung – z. B. im Sinne einer Transformation des Habitus – sein wie auch von Auflehnung und Resignation (ebd.; Helsper 2014; Kramer 2013). Die vollständige Übereinstimmung von Habitus und objektiven Strukturen im Sinne einer vollständigen Reproduktion ist bei Bourdieu jedoch eher die historisch unwahrscheinliche Ausnahme – ein »Sonderfall des Möglichen«, der nur gilt, „wenn der Habitus unter Bedingungen zur Anwendung gelangt, die identisch […] mit denen seiner Erzeugung sind" (Bourdieu 1993, S. 117). Als Normalfall wäre dagegen von mehr oder weniger deutlichen Spannungen zwischen Habitus und äußeren Strukturen auszugehen und damit von der ständigen Potenzialität der Veränderung und Transformation (vgl. Kramer 2013).

Schule kommt für Prozesse der Statusvererbung deshalb ins Spiel, weil die Positionsvererbung in modernisierten Nationalstaaten immer weniger direkt, als vielmehr über die Zertifikate und Titel vermittelt erfolgt, die Institutionen des Bildungssystems vergeben. Dabei erscheinen diese Institutionen – wie etwa die Schule – bei Bourdieu immer schon in einer Ambivalenz. Einerseits muss jedes *pädagogische Handeln* und insofern auch das pädagogische Lehrerhandeln als Versuch einer dauerhaften Beeinflussung – letztlich als Formung eines Habitus – und damit *als Einprägungsarbeit* verstanden werden (vgl. Bourdieu/Passeron 1973, S. 45f.). Andererseits ist diese Einprägungsarbeit (sowohl in den durchzusetzenden Inhalten als auch in der bevorzugten Durchsetzungsweise) auf eine spezifische Kultur begrenzt und darin *willkürlich*. Da dieses Moment der Willkür verdeckt und verschleiert werden muss, trägt pädagogisches Handeln – auch das der Lehrer – zur Bewahrung eben dieser sozialen Verhältnisse bei (vgl. ebd., S. 23). Pädagogisches Handeln und besonders das Lehrerhandeln in der Schule ist damit anfällig für Formen der *Herrschaftssicherung* und der *symbolischen Gewalt* insofern, als damit „die beherrschten Klassen zur Anerkennung des legitimen Wissens und Könnens zu bringen [sind, d. A.]", was zugleich „die Entwertung des Wissens und Könnens, daß sie wirklich beherrschen, zur Folge hat" (ebd., S. 57).

Durch die oben genannte strukturtheoretische Annahme einer Irreversibilität (Unumkehrbarkeit) der Habitusbildung muss die Durchsetzungs- und Einprägungsarbeit der Schule als *sekundäre Pädagogik* verstanden werden, die auf eine immer schon vorgängige primäre Einprägung („erste Erziehung") und einen *primären Habitus* aufbauen muss (ebd., S. 58; auch Liebau 1987, S. 79 und 82ff.). Es ist bei Bourdieu der in der Familie erzeugte Habitus, der Ausgangs- und Zielpunkt der schulischen Botschaft ist. Dabei ist die schulische Einprägungsarbeit umso erfolgreicher, je geringer der Abstand ist, der den Habitus, den Schule einprägen will, vom primären Habitus der Familie trennt. Zugleich hängt der Erfolg in der Schule damit von der Nähe oder der Distanz zwischen der sozialen Herkunft eines Schülers bzw. einer Schülerin von der durch die Schule repräsentierten kulturellen Willkür ab. Je nach Ausprägung dieses Abstandes geht es mit der schulischen Botschaft um eine Bestätigung und Festigung bereits vorhandener Dispositionen oder – am anderen Ende dieses Kontinuums – um deren Zurückweisung und Überformung im Sinne einer „Reedukation" (Bourdieu/Passeron 1973, S. 61). „Die Aussicht auf und die Wahrscheinlichkeit von Bildungserfolgen […] steigt in dem Maße, in dem schulische und familiäre Habitusformen übereinstimmen" (Liebau 1987, S. 86).

Man kann hier von unterschiedlichen *Passungsverhältnissen* der sozialen Herkunft zur Schule sprechen – von einer je unterschiedlichen Passung zwischen dem primären Herkunftshabitus und dem sekundären Habitus der Schule (ebd., S. 86ff.). Bereits Ende der 1960er Jahre wurde dazu eine grobe Unterteilung von Bourdieu und Passeron (1971) vorgelegt. Diese beinhaltet, dass Angehörige privilegierter Schichten sich in der Haltung der Überlegenheit und mit großer Souveränität auf Schule beziehen und von dieser ihre bereits erworbenen kulturellen Gewohnheiten anerkannt bekommen (vgl. ebd., S. 37f.). Schule und schulischer Erfolg kann daher als Bestätigung von Begabung und Intelligenz erfahren werden. Für Angehörige mittlerer Schichten ist Schule v. a. das Versprechen von sozialem Aufstieg, das zugleich Anstrengung und methodischen Lerneifer verlangt. Die Leichtigkeit und Souveränität fehlt dagegen. Erfolg ist dann v. a. Lohn für die eingesetzten Mühen und Investitionen. Für Angehörige unterprivilegierter Schichten ist Schule mit ihren Anforderungen v. a. eine Zumutung, der man fremd und teilweise hilflos gegenübersteht, der man sich aber nur begrenzt entziehen kann. Schulische Sozialisation bedeutet demnach je nach sozialer Herkunft sehr Unterschiedliches. Sie verbindet sich v. a. mit einer „fundamentale[n] Chancenungleichheit", die entsteht, „da alle ein Spiel mitspielen müssen, das unter dem Vorwand der Allgemeinbildung eigentlich nur für Privilegierte bestimmt ist" (ebd., S. 39). Zur Verschleierung dieser Bildungsungleichheit tragen besonders Ideologien der Begabung und Intelligenz bei, weil diese die soziale Hervorbringung unterschiedlicher Schulleistungen vergessen und die Unterschiede selbst zu Effekten der ‚Natur' machen.

Der konstruktivistisch-strukturalistische Blick von Bourdieu auf Schule macht einerseits darauf aufmerksam, dass wir es beim pädagogischen Handeln mit einer institutionalisierten Durchsetzungs- und Einprägungsarbeit kulturell und historisch spezifischer Wissens- und Normbestände zu tun haben. Schule ist in dieser Perspektive gerade nicht eine Instanz universalistischer Orientierungen, sondern sie ist zwingend partikular und an spezifische Herrschaftsverhältnisse gebunden. Schule trägt damit – ob sie will oder nicht – tendenziell zur Sicherung dieser Herrschaftsverhältnisse bei. Andererseits macht diese Perspektive deutlich, dass auch alles Handeln innerhalb der Schule – genauso wie außerhalb dieser Einrichtung – durch Schemata der Wahrnehmung, Deutung und des Handelns erzeugt wird, die der Habitus als selbst historisch hervorgebrachtes Generierungsprinzip (modus operandi) hervorbringt. Schulische Sozialisation ist damit v. a. zu bestimmen als Verhältnis der sekundären Einprägungsarbeit zu der bereits erfolgten primären Einprägungsarbeit in der Familie. Der Erfolg und auch die jeweils unterschiedlich erfahrene Dramatik dieser Einprägungsversuche hängen damit zentral von der bereits vorliegenden Nähe oder Differenz des primären Habitus zum sekundären Habitus der Schule ab.

Wenn wir die Bourdieu'schen Überlegungen auf das Anfangsbeispiel der **Unterrichtssituation mit Erik** beziehen, dann können wir darin eine spezifische Konstellation der kulturellen Passung vermuten. Dass Erik hier im Unterricht etwas malt oder zeichnet (In einem Interview mit Erik wird deutlich, dass er eine Vorliebe für die Welt der Anime und der Manga hat und diesen Stil auch zu kopieren versucht.), verweist zunächst v. a. auf eine Praktik, die nicht durch die curricularen Anforderungen des Unterrichts begründet ist, sondern – vermutlich in engem Bezug zu entsprechenden Deutungen und Wahrnehmungen – Ergebnis und Ausdruck eines Habitus ist. Dieser Habitus von Erik ist als primärer Habitus im Bourdieuschen Sinne zu bestimmen, also als ein Erzeugungsschema oder Generierungsprinzip, das Erik bereits inkorporiert hat und das hier in Schule und Unterricht Eingang findet. Dieser primäre Habitus kann nun – angezeigt durch die Intervention der Lehrerin – nicht 1:1 deckungsgleich sein zum sekundären Habitus der Schule, der als Konstruktion des idealen Schülers bestimmbar wäre. Wir finden statt einer Homologie von primären und sekundären Habitus eher eine Form der Einprägungsarbeit insofern, als mit der Intervention die pädagogische Hoffnung verbunden ist, dass Erik dauerhaft diesen sekundären Habitus der Schule übernimmt – ihn also inkorporiert. Er müsste dann zu einem transformierten Erzeugungsschema kommen, das Malen oder Zeichnen (zumal das Malen und Zeichnen von Mangas) im Unterricht als (unsinnige) Praktik von vornherein ausschließt. Der angesonnene Habitus würde dagegen beinhalten, dass stärker peerbezogene oder jugend- bzw. subkulturbezogene Orientierungen im Rahmen der Schule und des Unterrichts prinzipiell illegitim wären.

Natürlich bleibt anzuzweifeln und wäre es wahrscheinlich auch nicht wünschenswert, dass durch die Intervention der Lehrerin eine einseitige Anpassung von Erik an den sekundären Habitus dieser Schule erfolgt. Eher finden wir vermutlich ein spezifisches Arrangement zwischen Eigensinnigkeit und (strategischer) Anpassung. Davon ist auch insofern auszugehen, als die primären Erzeugungsschemata des Habitus besonders tief in das Unbewusste abgesunken sind und ihre Funktionalität ja in der Bewältigung zentraler Anforderungen des Lebens erhalten.

Was wir an dem Beispiel nicht verdeutlichen können ist der Prozess der primären Sozialisation im Sinne einer Habitualisierung. Allerdings deuten die Interviews mit Erik und seinem Vater einige interessante Linien an. So wird z. B. deutlich, dass der Vater von Erik selbst Künstler ist und mit dem Malen von Bildern den Lebensunterhalt verdient. Das Interesse von Erik an Mangas und Anime würde dann eine transformatorische Fortsetzung dieser familialen Genealogie andeuten, da Erik die Praktik – und damit auch die dazugehörigen Orientierungen und Haltungen – des Malens seines Vaters übernimmt, aber zugleich ausreichend neu definiert, sodass dieses als Transformation der väterlichen Erbschaft erscheint, indem er diese Praktik auf den sub- und jugendkulturellen Bereich der Mangas bezieht.

**Literatur** (Tipps zum Weiterlesen fett gedruckt)

**Baumgart, F. (2008): Pierre Bourdieu – Die verborgenen Mechanismen der Macht. In: Baumgart, F. (Hrsg.): Theorien der Sozialisation. Erläuterungen – Texte – Arbeitsaufgaben. 4., durchgesehene Auflage. Bad Heilbrunn: Julius Klinkhardt, S. 197-252.**
Bourdieu, P. (1991): Zur Soziologie der symbolischen Formen. 4. Auflage. Frankfurt a. M.: Suhrkamp.
Bourdieu, P. (1993): Sozialer Sinn. Kritik der theoretischen Vernunft. Frankfurt a. M.: Suhrkamp.
Bourdieu, P. (1997): Widersprüche des Erbes. In: Bourdieu, P. u. a.: Das Elend der Welt. Zeugnisse und Diagnosen alltäglichen Leidens an der Gesellschaft. Konstanz: UVK, S. 651-658.
Bourdieu, P. (1999): Die feinen Unterschiede. Kritik der gesellschaftlichen Urteilskraft. 11. Aufl. Frankfurt a. M.: Suhrkamp.
Bourdieu, P. (2001): Mediationen. Zur Kritik der scholastischen Vernunft. Frankfurt a. M.: Suhrkamp.
Bourdieu, P./Passeron, J.-C. (1971): Die Illusion der Chancengleichheit. Untersuchungen zur Soziologie des Bildungswesens am Beispiel Frankreichs. Stuttgart: Klett Verlag.
Bourdieu, P./Passeron, J.-C. (1973): Grundlagen einer Theorie der symbolischen Gewalt. Frankfurt a. M.: Suhrkamp.

Helsper, W. (2014): Habitusbildung, Krise, Ontogenese und die Bedeutung der Schule – Strukturtheoretische Überlegungen. In: Helsper, W./Kramer, R.-T./Thiersch, S. (Hrsg.): Schülerhabitus. Theoretische und empirische Analysen zum Bourdieuschen Theorem der kulturellen Passung. Wiesbaden: Springer VS, S. 125-158.

Kramer, R.-T. (2011): Abschied von Bourdieu? Perspektiven ungleichheitsbezogener Bildungsforschung. Wiesbaden: VS Verlag für Sozialwissenschaften.

Kramer, R.-T. (2013): »Habitus(-wandel)« im Spiegel von »Krise« und »Bewährung«. Strukturtheoretische Überlegungen zu einer dokumentarischen Längsschnittforschung. In: Zeitschrift für Qualitative Forschung, Jg. 14, H. 1, S. 13-32.

**Krais, B./Gebauer, G. (2014): Habitus. 6. Auflage. Bielefeld: transcript Verlag.**

Liebau, E. (1987): Gesellschaftliches Subjekt und Erziehung. Zur pädagogischen Bedeutung der Sozialisationstheorien von Pierre Bourdieu und Ulrich Oevermann. Weinheim und München: Juventa.

Rieger-Ladich, M. (2005): Weder Determinismus, noch Fatalismus: Pierre Bourdieus Habitustheorie im Licht neuerer Arbeiten. In: Zeitschrift für Soziologie der Erziehung und Sozialisation, Jg. 25, H. 3, S. 281-296.

## 3.9 Poststrukturalistische Perspektiven auf schulische Sozialisation

Poststrukturalismus ist eine Theorieperspektive, die ihren Ursprung in der französischen Strukturalismusdebatte im Anschluss an Freud und Marx hat. Zeitlich kann sein Beginn in den 1960er Jahren verortet werden, seit den 80er und 90er Jahren verbreiteten sich poststrukturalistische Ansätze global (vgl. Angermüller 2007). Die Ansätze im Feld des Poststrukturalismus sind vielfältig. Gemeinsam haben sie die Orientierung an der Analyse von Macht- und Ordnungsstrukturen, der gesellschaftlichen Produktion von Differenz und Differenzmarkierungen, die kritische Auseinandersetzung mit gesellschaftlichen und theoretischen Universalismen sowie die Kritik des Subjekts als Endpunkt individueller und subjektiver Bildungsprozesse (vgl. Moebius/Reckwitz 2008). Poststrukturalistische Theoriebildung beruft sich häufig auf den französischen Philosophen Michel Foucault (1926-1984), der mit seinen Analysen gesellschaftlicher Macht in und durch Institutionen gezeigt hat, dass Macht sowohl allgegenwärtig ist als auch gemeinsam hergestellt wird. Das Präfix „post" [lat.: nach] im Begriff des Poststrukturalismus markiert sowohl eine zeitliche Folgelogik (das, was auf den Strukturalismus folgt) als auch eine Kritik des strukturalistischen Denkens. Es ist die Rede vom „Ende der großen Erzählungen" (Lyotard 1999). Dies betrifft die Erzählungen der Moderne – also zum Beispiel: der moderne Fortschrittsglaube, die Rede von der Autonomie des Subjekts, die Vorstellung von natürlicher Entwicklung in Schule und Familie.

Der Poststrukturalismus bricht also zunächst mit sicher geglaubten Gewissheiten. Er räumt auf mit strukturalistischen und funktionalistischen Annahmen über allgemeine Grundlagen des Lebens, über die Funktionsweisen der Gesellschaft, über die Selbstwerdung des handelnden Subjekts – und damit auch mit dem, was wir bisher über Sozialisation sicher zu wissen geglaubt haben.

Kritisiert wird die angenommene Eindeutigkeit der Ordnung – und diese Kritik richtet sich vor allem auf die impliziten Normalitätsvorstellungen von gesellschaftlichen Instanzen, wie etwa Schule und Familie. Begleitet wird diese Kritik von Prozessen der radikalen Modernisierung bzw. einer „zweiten Moderne" (Beck 1986). Kennzeichnend ist, dass sich die Vorstellung, Menschen integrierten sich als Subjekte in die Gesellschaft, noch einmal zuspitzt: Lebenslagen pluralisieren sich, die Wahlmöglichkeiten zwischen unterschiedlichen Lebensmodellen steigern sich. Während eine Biografie in der frühen Moderne planbar oder kalkulierbar schien – ein Mensch geht zur Schule, macht eine Ausbildung, die an die elterliche Tradition anschließt, heiratet, gründet eine Familie, wird pensioniert oder verrentet – steigen in der „zweiten Moderne" seit den 1960er Jahren die Wahlmöglichkeiten, aber auch die Zwänge auszuwählen.

Familienformen vervielfachen sich zum Beispiel. Neben Großfamilien mit mehr als zwei Generationen und Kleinfamilien mit zwei Generationen, entstehen Ein-Eltern-Familien und Patchworkfamilien mit und ohne Trauschein. Das familiale Zusammenleben scheint vor allem ein vorübergehender Status zu sein. Auch schulische Wege sind keineswegs nur geradlinig als Weg von der Einschulung über einen Schulabschluss zu Ausbildung und Beruf, in dem die Individuen dann bis zur Rente arbeiten, hin denkbar. Die Ausbildungswege vervielfachen sich, neben Schule und Beruf gibt es zahlreiche Weiterbildungsmöglichkeiten. Ein Beruf scheint damit eine Passage zu sein, auf deren Grundlage eine weitere Orientierung oder Entwicklung erfolgt. Mit den Wahlmöglichkeiten gehen schließlich auch neue Machtstrukturen einher, die gesellschaftlich produziert und reproduziert werden. Dies wurde oben am Beispiel der Freiheit sich selbst zu verwirklichen und des Zwanges, dies auch zu tun, angesprochen. Vor diesem Hintergrund soll folgende Tabelle (Tab. 3.3) einen kurzen Überblick darüber geben, wie unterschiedlich die Perspektiven in funktionalistischen und strukturalistischen Theorien im Vergleich zu poststrukturalistischen Theorien angelegt sind. Diese Unterschiedlichkeit lässt sich unter anderem für drei Bereiche entfalten: die Gesellschaft, Institution und Milieu sowie das Selbst.

**Tab. 3.3** Unterschiede funktionalistischer/strukturalistischer und poststrukturalistischer Theorien

|  | Funktionalistische und strukturalistische Theorien | Poststrukturalistische Theorien |
|---|---|---|
| **Gesellschaft** | Normative Orientierungen, Gesellschaftliche Handlungsfähigkeit | Normalisierung, (diskursive) Macht- und Ordnungsstrukturen |
| **Schule und Familie** | Universalistische Annahmen über Bedeutung | Analyse der (diskursiv) hervorgebrachten Differenzierungen |
| **Individuum** | (Ich-) Identität | Dezentriertes Subjekt |

Auf der **Ebene der Gesellschaft** sind also zwei Dimensionen von Interesse auf die sich der analytische Blick unterschiedlicher Theorieperspektiven richtet. In funktionalen und strukturalistischen Perspektive gilt die Gesellschaft als normativer Bezugshorizont des Handelns und die Handlungsfähigkeit des Individuums lässt sich eng auf die aktive Auseinandersetzung damit oder die Anpassung an das normative Konzept von (autonomer) Handlungsfähigkeit beziehen. Normative Orientierungen bedeuten dabei Anpassungen an soziale Normen und Stabilisierung des Handelns (Kelle/Mierendorff 2013). Dabei ist autommome Handlungsfähigkeit immer eine angepasste Handlungsfähigkeit, welche Handeln dezidiert als gesellschaftlich betrachtet. Diesen Faden nehmen nun poststrukturalistische Perspektiven auf. Macht und Ordnung bilden dabei nicht den Hintergrund, vor dem sich gesellschaftliche Handlungsfähigkeit entfaltet, sondern den diskursiven Rahmen für Normalisierung. Normalisierung beschreibt also einen Prozess, durch den Macht- und Ordnungsstrukturen diskursiv hervorgebracht werden. Der Diskursbegriff geht über den Begriff der (zumeist verbal geführten) Diskussion hinaus. Es handelt sich um „eine Reihe von Elementen, die innerhalt eines allgemeinen Machtmechanismus operieren" (Foucault, zit. n. Ruoff 2009, S. 99).

Poststrukturalistische Konzepte verabschieden sich auch in ihrer Perspektive auf **Familie und Schule** von Eindeutigkeiten und Universalisierungen, wie wir sie in funktionalistischen und strukturalistischen Annahmen finden. Dies wurde am Beispiel der Familie bereits deutlich. Die Kernfamilie gilt nicht mehr als einzige Familienform, Schule nicht als Ausbildungsinstanz, die linear verfolgt wird. Beide sind auch eingebunden in Macht- und Ordnungsdiskurse – und mehr noch: erst vor dem Hintergrund der Moderne haben sich Familie und Schule, so wie sie heute verstanden werden, herausgebildet. Schule ist dabei ein Prototyp moderner Institutionen. Sie dient der Überwachung der gesellschaftlichen Normalisierung und der Bestrafung, wenn die Normalisierung nicht in gewünschtem Maße erfolgt

(Foucault 1977). Familie kennen wir vornehmlich als moderne Kleinfamilie, bestehend aus zwei Generationen. Die Beziehungen in der Familie wandeln sich mit der Moderne von einer zweckorientieren Ausrichtung zu einer um Liebe, Sorge und Nähe zentrierten Handlungseinheit. Poststrukturalistische Perspektiven nehmen den historischen Prozess der Bildung von Kleinfamilien zum Anlass, deren Eingebundenheit in Machtstrukturen der Gesellschaft zu analysieren. So geht es in der Kleinfamilie um die Kontrolle des Kindes durch die Eltern, was sich auch in der Krankheitsvorsorge ausdrückt. „Die affektive und sexuelle Familie ist gleichzeitig eine medizinisierte Familie" (Foucault 2003, S. 330) und das heißt: eine Familie, die umfassend in die staatliche Kontrolle eingebunden ist.

---

**Beispiel:**

Die Überwachung des Kindes beginnt bereits im Mutterleib. Mit ihrem ersten Besuch beim Gynäkologen erhält die werdende Mutter einen „Mutterpass", der Auskunft über den Verlauf der Schwangerschaft gibt. Die Blutwerte, die Entwicklung des Gewichts, das Wachstum des Kindes usw. werden bestimmt. So wird sie nicht nur vorbeugend kontrolliert, sondern die Kontrolle bezieht sich auch auf die Hervorbringung gesunden Nachwuchses. Sollte der Nachwuchs etwa zu krank sein, um zu überleben, wird der Mutter frühzeitig die Option eingeräumt, die Schwangerschaft zu beenden. Aber auch die Mutter wird hinsichtlich ihrer Lebensführung kontrolliert: sie soll nicht rauchen, trinken oder Drogen konsumieren. Mit dem Argument der Verantwortung für den Nachwuchs wird die Mutter in die Verantwortungsübernahme für das Kind einsozialisiert. Die Vorstellung, ein gesundes Kind zur Welt bringen zu müssen, hängt indes eng mit den gesellschaftlichen Vorstellungen von Gesundheit und guter Lebensführung zusammen.

Die Kontrollfunktion setzt sich mit den medizinischen Vorsorgeuntersuchungen im Kindesalter fort. Über die Kinder wird genau Buch geführt. Ihre Gewichtszunahme, das Längenwachstum, die körperliche und geistige Entwicklung werden in einem gelben Untersuchungsheft verzeichnet. Dabei wird das Kind an Normwerten ge- und vermessen, die statistisch ermittelt wurden. Auch dahinter verbirgt sich Normalisierung – als Vorstellung, Entwicklungsdefizite frühzeitig erkennen und korrigieren zu können. Über dieses Heft kann jedoch auch die Fürsorgeleistung der Eltern kontrolliert werden. So meldet etwa die Arztpraxis dem Jugendamt das Nicht-Erscheinen zur Vorsorgeuntersuchung – der Staat überwacht also die Entwicklung des Nachwuchses.

Der Staat suggeriert – so schreibt Foucault: „Behütet eure Kinder, haltet sie schön am Leben und gut beieinander, körperlich recht gesund, gelehrig und geschickt, auf daß wir sie in einen Apparat stellen können, über den ihr keine Kontrolle mehr habt, nämlich das System der Erziehung, des Unterrichts, der Ausbildung, des Staates" (ebd., S. 341).

Poststrukturalistische Perspektiven betrachten schließlich auch das **Individuum** nicht als Person, die eine Ich-Identität ausbildet und deren Entwicklungsziel Freiheit im Einklang mit der Gesellschaft ist, sondern das Subjekt gilt im Wortsinne („sub" steht für „unter", „jekt" kommt vom lateinischen „jacere" – „werfen") als unterworfen (Reckwitz 2007). Dieser Prozess wird von Theoretikern des Poststrukturalismus unterschiedlich beschrieben. Für ein Kapitel über schulische Sozialisation sind dabei vor allem zwei Theoriebezüge relevant: der Bezug auf Lacan und die Dezentrierung des Subjekts und der Bezug auf Foucault und dessen Abhandlungen zum Zusammenhang von Subjekt und Macht.

Jacques Lacan (1901-1981) war ein französischer Poststrukturalist und Psychoanalytiker. Mit seinem Modell der Ich-Entwicklung schließt er an die Freudsche Psychoanalyse (vgl. Kap. 3.3) an. Er übernimmt die ‚psychische Topik' von Freuds Konzept (Doetsch 2009, S. 199, vgl. Schaubild 3.3) und ersetzt das Beziehungsgefüge von Ich, Über-Ich und Es durch „die drei >Phasen< des Psychischen: das Reale, das Imaginäre und das Symbolische". Im Gegensatz zu Freuds Psychoanalyse, dem es auf Einheit und Integration ankommt, beschreibt die Dreiheit in Lacans Modell eine *fragmentierte Ordnung*. Diese Fragmentierung entsteht im Kleinkindalter – dem sogeannten Spiegelstadium (Lacan 1975). Hier erkennen sich die Kinder – zum Beispiel im Spiegelbild – und lernen „ich" zu sich selbst zu sagen. Dabei entsteht in ihnen eine Imagination ihrer selbst – aufgrund des Bildes, das sie sich von sich machen. Dieses Bild ist das Kind, und es ist es nicht – es begreift sich als anders als es ist (ebd.).

Die Distanz, die nun zwischen die leibliche Existenz des Kindes und seine Imagination tritt, überbrückt das Kind symbolisch – also durch den Gebrauch von Sprache als signifikantem Symbolsystem. Der Gebrauch von Sprache bedeutet also die Überbrückung des Auseinanderfallens der Selbst-Bilder und der leiblichen Existenz. Indem das Kind „Ich" sagt, nimmt es Bezug auf ein Symbolsystem, das mit dem Wort „Ich" das Selbst (-bild) des Kindes verbindet. Das Kind macht sich sein Selbst gewissermaßen durch eine Normalisierungsstrategie zugänglich. In dieser Dreiheit von Imaginärem (dem Selbst-Bild), dem Realen und dem Symbolischen entsteht eine symbolische Ordnung des Selbst, die jedoch nicht als einheitliche Identität angelegt ist, sondern als nicht stillstellbarer Prozess der Vermittlung zwischen der Vorstellung von sich selbst und der Anerkennung der Unerreichbarkeit dieser Vorstellung (Koller 2013, S. 38). Subjektbildung ist schließlich nur

als dezentriert zu begreifen: es gibt keinen Kern der Ich-Identität, sondern den
beständigen dynamischen Prozess der *Subjekt-Postionierung* (Tudor 1999) durch
die Integration widersprüchlicher (Selbst-) Bilder und der Abwehr ebenso widersprüchlicher (Fremd-) Bilder (ebd.).

Michel Foucaults (1926-1984) Theorie kommt zunächst ohne das Subjekt aus.
Als Kritiker der Psychoanalyse sieht er in Subjekt- und Sozialisationstheorien eher
Legitimationsfiguren moderner Machtapparate (Foucault 2003, S. 427), denn die
Möglichkeit, sich mit dem einzelnen Menschen und seiner Entwicklung auseinanderzusetzen. Jedoch schreibt Foucault in seinem späteren Werk über das (Erkenntnis-)
Subjekt. Im Gegensatz zu strukturalistischen und funktionalen Theorien sieht er
das Subjekt jedoch nicht nur als Gestalter von Macht-Wissens-Zusammenhängen,
sondern auch als Ergebnis dieser Zusammenhänge (Foucault 1977, Ruoff 2009).
Einen wesentlichen Beitrag dazu leisten moderne Institutionen wie das Gefängnis,
das Krankenhaus, die psychiatrische Anstalt. Sie fungieren als Normalisierungs-
instanzen, weil in ihnen all jene Menschen gesammelt und gelagert werden, die als
„anormal" gelten. Sie fallen aus den Normalvorstellungen der Gesellschaft heraus,
sollen wieder auf den richtigen Weg gebracht werden. Normalisierung betrifft in
diesem Zusammenhang aber nicht nur diejenigen, die als „anormal" gelten, sondern
alle Subjekte in der Gesellschaft. Subjekte stehen in permanentem Wechselspiel zur
gesellschaftlichen Macht. An einem Beispiel wie dem obigen kann dies nachvollzogen werden: die Vorsorgeuntersuchung scheint als eine gouvernementale Struktur
(i. e. eine Struktur, durch die Macht ausgeübt wird) und bringt Mütter nach einer
bestimmten Norm der Mutterschaft oder Kleinkinder (später auch Schulkinder
und Jugendliche) nach Normen des Kindseins (usw.) hervor. Sie werden einer
Normierung – also einer Kontrolle ihres Verhaltens – unterzogen. Macht ist also
kein einseitiger Unterdrückungsapparat, sondern produktiv.

> „Subjekte sind Effekte und zugleich Voraussetzung von Macht: Es gibt nicht weltlose
> Subjekte vor allem Machtbeziehungen, die erst nachträglich in Machtbeziehungen
> verstrickt werden. Ebensowenig indes ist die Vorstellung einer Macht vor den Sub-
> jekten sinnvoll" Macht ist an Subjekte gebunden, ist nicht ohne Freiheit möglich: Der
> Wirkungsmodus der Macht […] setzt gerade die prinzipielle Freiheit der machtun-
> terworfenen Subjekte voraus" (Kocyba 2003, S. 72).

Es wird nun deutlich: eine einheitliche poststrukturalistische Theorie gibt es
nicht. Poststrukturalistischen Ansätzen liegen jedoch Annahmen darüber
zugrunde, dass
- „große Erzählungen" zugunsten der Individualisierung und Pluralisierung
  der Lebensformen ein Ende finden,

- sich Subjektbildung deszentriert als Subjekt-Postitionierung vollzieht, indem widersprüchliche Handlungsanforderungen und Subjektanteile fortwährend balanciert werden müssen,
- Subjekte durch Macht- und Ordnungsstrukturen hervorgebracht werden und durch ihre Subjektivierung zur Aufrechterhaltung dieser Strukturen (auch zu verstehen als symbolische Ordnung) beitragen.

Vor diesem Hintergrund ist nun zu fragen, welche Rolle die Schule sozialisatorisch spielt und ob diese Theorien Antworten dazu geben können. Dabei liegt in poststrukturalistischen Ansätzen kein lineares Entwicklungsmodell vor, gemäß dem bestimmte Entwicklungsstufen mit einem spezifischen Lebensalter verknüpft werden. Schon dieser Anspruch wird in den Ansätzen als Normalisierungsstrategie verstanden und damit als Machtpraxis, die ihr Übriges dazu beiträgt, dass sich Sozialisation so und nicht anders vollzieht. Der Sozialisationsbegriff selbst ist also in der Perspektive poststrukturalistischer Theorien problematisch und wird dort vor allem mit Blick auf die in ihn eingelagerte symbolische Ordnung verwendet. Jedoch scheinen uns zwei Aspekte aus den poststrukturalistischen Ansätzen relevant, um deren sozialisationstheoretischen Gehalt zu bergen. Es handelt sich dabei um den Aspekt der **Dezentierung** und den der **Subjektivierung**.

Lacan kann hier als Repräsentant der **Dezentrierung** aufgerufen werden. In seiner Theorie über Kindheit orientiert er sich zunächst formal[11] am Freudschen Phasenmodell (vgl. Kap. 3.3). Schule spielt bei ihm eine untergeordnete Rolle. Erst die Studien des Center for Contemporary Cultural Studies (CCCS) betrachten die Arbeit Lacans und einige der nachfolgenden Psychoanalytiker wie Roland Barthes und Julia Kristeva vor allem hinsichtlich der Perspektive der Subjekt-Positionierung als eine Referenz, auf deren Grundlage sich Strukturen der Machtausübung untersuchen lassen (vgl. Tudor 1999). In diesem Sinne untersucht bereits in den 1970er Jahren Paul Willis, „wieso Arbeiterkinder Arbeiter-Jobs kriegen" und „warum sie's sich selbst erlauben" (Willis 1990, S. 11). In einer ethnographischen Studie analysiert er, wie die Positionierung von Arbeiterjugendlichen als Arbeiterjugendliche sich im Wechselspiel der Ausgrenzung durch schulische Arrangements, des Ablehnens der jugendlichen Verhaltensweisen durch Lehrerinnen und Lehrer und der Abgrenzung der Jugendlichen von den Machtstrukturen der Schule vollzieht.

---

11 „Formal" heißt, dass Lacan zwar die Begrifflichkeiten verwendet und auch die zeitlichen Horizonte ähnlich einbettet. Seine psychoanalytische Theorie erfährt jedoch eine strukturalistische Wendung.

**Beispiel:**

„Die meisten ‚lads' [i. e. eine bestimmte Gruppe von Arbeiterjugendlichen]
rauchen und, was noch wichtiger ist, sie werden beim Rauchen *gesehen*. Wenn
Schüler rauchen, so geschieht dies meist draußen an der Schulpforte. Die ‚lads'
verbringen typischerweise viel Zeit damit, ihre nächste Zigarettenpause zu planen
und Stunden zu ‚schwänzen'. Um einen ‚raschen Zug' zu nehmen. Und wenn die
‚lads' sich darin gefallen, Zigaretten zu rauchen und mit ihrer Frechheit prahlen
zu können, so können die Lehrer sie zumindest nicht ignorieren. Es gibt in der
Regel strenge, oft publizierte Regeln hinsichtlich des Rauchens. Wenn die ‚lads'
aus diesem Grund – beinah als Ehrenpunkt – sich angespornt fühlen, weiter
öffentlich zu rauchen, dann lassen die Lehrer sich bei dieser, wie sie meinen, Herausforderung ihrer Autorität leicht provozieren. Dies gilt vor allem dann, wenn
sie mit jener anderen großen Herausforderung, der Lüge einhergeht.

[In einer Gruppendiskussion über Zusammenstöße mit Lehrern]

> *Spike:*      *Und da gingen wir rein, da sag ich „Wir haben nicht geraucht",*
> *und da sagt er (...) und er wurde wirklich wild. Ich glaube schon,*
> *gleicht wischt er mir eine.*
>
> *Spansky:*  *„Du nennst mich einen Lügner", sagt er, „Ich lüge nicht", sag ich,*
> *„Dann raus", sagt er und zum Schluß haben wir's zugegeben; wir*
> *haben geraucht (...) er kriegte einen Anfall, er sagte, „Ihr nennt*
> *mich einen Lügner". Wir sagten, wir haben nicht geraucht, wir*
> *wollten dabei bleiben, aber Simmondsky kriegte einen Anfall.*
>
> *Spike:*      *Er hat wirklich gesehen, wie wir sie anzündeten."*
> *(Willis 1990, S. 35f.)*

Das Rauchen wird zu einer Praxis mit der (auch körperlich) die Distanz zu
schulischen Regeln offenbar wird. Sie ist „Quelle des Materials für Widerstand
und Selbst-Ausschluß" (ebd., S. 37). Die Perspektive, die Willis hier zum Ausdruck bringt, zeigt, dass Schule nicht nur eine Instanz ist, die leistungsbezogen
selektiert und damit funktional die legitimen Plätze in der Gesellschaft zuweist
(wer gute Leistungen bringt, wird belohnt, wer faul ist, wird bestraft), sondern
dass sich Ausschluss auch über den Umgang miteinander und die Positionierung
zueinander vollzieht. Mit Lacan könnte man sagen: mit ihren Selbstentwürfen als
zu den (Mittelschicht-) Lehrerinnen und Lehrern distanzierte ‚lads' imaginieren
sich die Schüler bereits in selbstbewusster Distanz zur Schule. Sie verkennen
allerdings, dass sie nicht aus sich selbst heraus existieren – wie Koller (2013, S. 38)

dies ausdrückt – sondern dass sie dabei andere Ich-Bilder (z. B. das des erfolgreichen und angepassten Schülers, des Lehrerlieblings usw.) abwehren müssen, die ihnen zugleich soziale Teilhabe ermöglichen würden.

Sozialisation lässt sich somit als Dezentrierung begreifen, in der Schülerinnen und Schüler sich selbst zur Schule positionieren und auch positioniert werden. Dabei entwickeln sie Imaginationen von sich, die sie selbst ins Verhältnis zur Schule setzen. Sie entwerfen sich als angepasst, widerständig oder moderat und symbolisieren ihre Haltung durch die Art, wie sie am Unterricht und am Schulgeschehen insgesamt teilnehmen.

Wie weitere Studien aus dem CCCS-Zusammenhang (Cohen 1986; Clarke u. a. 1979) verweist auch die Studie von Willis auf die sozialisatorische Bedeutsamkeit der Positionierung in der Schule bei der (Re-) Produktion gesellschaftlicher Ordnung. Dabei erfolgt nicht nur eine Positionierung der Subjekte (als Schüler), sondern auch der Lehrer als Repräsentanten einer kulturellen Ordnung und schließlich der Schule selbst, die sich vor dem Hintergrund gesellschaftlicher Anforderungen als Ort des Lernens, der Wissensvermittlung und der Sozialisation entwirft. Wir werden darauf gezielt in Kap. 5 eingehen. Soviel sei allerdings gesagt: mit dem Lacanschen Instrumentarium der fragmentierten Ordnung in Imaginäres, Symbolisches und Reales lässt sich auch Schule als Sozialisationskontext beschreiben (Helsper u. a. 2001; Helsper 2008; Hummrich 2015; Helsper 2015). Schule kann damit als Einzelinstitution gesehen werden, die sich selbst in ein Verhältnis zu anderen Schulen setzt, weil die Institution sich als spezifisches Sozialisationsfeld imaginiert (vgl. Helsper u. a. 2009; Hummrich 2011). Sie bietet damit den Imaginationen der Schüler spezifische Anschlussmöglichkeiten und unterwirft dabei die Schüler gemäß ihrer jeweiligen schulkulturellen Ordnungen als lernende Subjekte.

Vor diesem Hintergrund lässt sich das **Fallbeispiel von Erik** im Chemieunterricht als dezentrierte Praxis verstehen. Als Jugendlicher, der sich zunächst von der schulischen Erwartung in Bezug auf Aufmerksamkeit distanziert, entwirft Erik von sich selbst eine Imagination des moderaten Widerstands: er opponiert nicht öffentlich gegen den Unterricht, sondern wählt mit dem Malen eine selbstbezügliche ästhetische Praxis, die nicht generell gegen die schulische Ordnung verstößt. Der Lehrerin reicht indes ein kurzer Hinweis, um Erik an die Erwartung zur Teilhabe zu erinnern. Erik erhält also nicht wie die ‚lads' seinen Widerstand aufrecht und distanziert sich nicht generell von *dem* Schulischen. Sein Malen und

> später auch seine leise Antwort, ohne sich zu melden, können als minimalistische
> Opposition verstanden werden, die sogleich von der Lehrerin aufgelöst wird.

Neben der Dezentrierung ist für die sozialisationstheoretische Auseinandersetzung
mit poststrukturalistischen Ansätzen auch die **Subjektivierung** bedeutsam. Hierzu
gehen wir knapp auf Foucault und seine Deutung in Bezug auf Schule in seinem
Werk „Überwachen und Strafen" ein. In der Schule und vor allem in schulischen
Prüfungen wird eine überwachende Hierarchie mit normierenden Sanktionen
kombiniert (Foucault 1977, S. 238). Das bedeutet: die Schule überwacht das Lernen,
indem sie die Schüler normalisiert und Abweichungen von der Norm sanktioniert
(= bestraft). Schule erscheint in diesem Zusammenhang als Disziplinarmacht, „die
sich unsichtbar macht, während sie den von ihr Unterworfenen die Sichtbarkeit
aufzwingt" (ebd., S. 239). In Prüfungen etwa sind Schülerinnen und Schüler so ange-
ordnet, dass sie für die Lehrperson sichtbar werden. Sie werden vom Schülersubjekt
zum Objekt der Macht (ebd., S. 242), während die Lehrperson ubiquitär ist: sie ist
allgegenwärtig, da sie zwischen den Tischen herumschreitet (Thiemann 1985). Die
latente Drohung zu scheitern und dadurch aus der exklusiven Lerngemeinschaft
ausgeschlossen zu werden, bleibt indes unsichtbar. Die Schriftsprachlichkeit sorgt
zugleich dafür, dass die Individuen sichtbar werden (ebd., S. 243). Die Prüfung
erzeugt durch Fixierung eine Unmenge an Dokumenten, die archiviert und verwal-
tet werden. Dadurch wird nicht nur das Individuum in seiner Leistungsfähigkeit
dokumentiert, es wird außerdem ein Vergleichssystem aufgebaut, das in Bezug auf
die Schulklasse, die Schule, die Nation und schließlich global existiert und eine
Legitimation zwischen den sozialen Differenzierungen beinhaltet (ebd., S. 245).
Nicht zuletzt dient die Prüfung der Einübung von Macht-Wissens-Technologien
im Sinne der Unterwerfung unter die Vergleichbarkeit (ebd.).

Foucaults Beschreibungen zur Bedeutung der Schule für die Subjektivierung
erschöpfen sich nicht in der Auseinandersetzung mit der Prüfung, aber es wird
hier deutlich, dass Macht produktiv ist und nicht unterdrückend. Sie bringt Subjekte hervor. Subjektivierung bedeutet also nicht nur Unterwerfung, sondern auch
Hervorbringung von Subjekten (vgl. Kocyba 2003) – indem Menschen zu Schülern
gemacht werden und indem sie *als* Schülerinnen und Schüler einen Subjektstatus
erhalten. Schulische Sozialisation bedeutet somit nicht nur die Unterwerfung,
sondern auch die Hervorbringung.

> Lesen wir das **Fallbeispiel Erik** als Subjektivierung, so wird deutlich, dass sich
> die benannten Elemente auch in seinem Fall finden lassen. Die Frage der Lehrerin
> ist als Prüfung zu verstehen, mit der Erik (in diesem Fall) mündlich dokumen-

tiert, wie er sich das Wissen angeeignet hat. Dass Erik ausgewählt (und somit zum Fall) wird, geschieht nicht zufällig. Die Lehrerin hätte auch jeden anderen Schüler aufrufen können. Dass sie aber Erik aufruft, verfolgt den Zweck, das Wissen besonders sichtbar zu machen. Erik wird nicht aufgerufen, weil es auf seinen Wissenstand alleine ankommt, sondern weil er in ein Verhältnis zu den anderen Schülerinnen und Schülern gesetzt wird und durch das Aufrufen seiner Person zugleich markiert wird, dass das folgende Wissen nun besonders wichtig ist. Aber nicht nur die Verfügbarkeit des Wissens, auch die Haltung, die er dazu einnimmt, wird von der Lehrerin bewertet. Er soll aufhören zu malen und so sprechen, dass ihn jeder verstehen kann. Damit wird er auf eine Norm bezogen, deren Überschreitung von der Lehrerin sanktioniert wird, indem sie Eriks Fehlverhalten öffentlich macht – sie diszipliniert ihn. Die Tatsache, dass er ihren Ermahnungen folgt, verweist darauf, dass Erik sich in der Klasse positioniert: er unterwirft sich der schulischen Norm und wird so als (Leistungs-) Subjekt hervorgebracht.

Schulische Sozialisation als Subjektivierung bedeutet die Unterwerfung von Menschen als Schülerinnen und Schüler, ihre Normierung als lernende Subjekte und damit zugleich ihre Hervorbringung als Leistungs-Subjekte. So werden sie vergleichbar gemacht, lernen sich in dieser Vergleichbarkeit zu positionieren und erhalten zugleich einen Status, der ihnen eine legitime Handlungsgrundlage gibt.

Der Beitrag poststrukturalistischer Ansätze zu einer Theorie schulischer Sozialisation muss vor dem Hintergrund der kritischen Perspektive des Poststrukturalismus auf das Konzept von Sozialisation gesehen werden. Es geht weder darum, das Individuum als Keimzelle der Gesellschaft zu bestimmen, noch seine Identität als Kern der menschlichen Existenz zu analysieren, und es geht auch nicht darum, den Beitrag der Schule zur Vergesellschaftung der Person herauszustellen.

Der poststrukturalistische Beitrag zum Verstehen schulischer Sozialisation liegt in der machtanalytischen Perspektive, die den Beitrag schulischen Handelns zum Erhalt gesellschaftlicher Ordnung in den Blick nimmt. Zwei Konzepte sind in diesem Zusammenhang von besonderem Interesse: das Konzept der Dezentrierung und das Konzept der Subjektivierung. Das dezentrierte Verständnis von Sozialisation betrachtet die Positionierung von Schülerinnen und Schülern in Schule und durch Schule sowie die Positionierung von Schulen als Sozialisationsraum. Das Konzept der Subjektivierung analysiert die Normierung und Sanktionierung von Schülerinnen und Schülern durch die Schule und ihre Hervorbringung als leistungsfähige Subjekte.

## Literatur (Tipps zum Weiterlesen fett gedruckt)

Angermüller, J. (2007): Nach dem Strukturalismus: Theoriediskurs und intellektuelles Feld in Frankreich. Bielefeld: Transcript – Verlag für Kommunikation, Kultur und soziale Praxis.

Beck, U. (1986): Risikogesellschaft. Auf dem Weg in eine andere Moderne. 1. Aufl. Frankfurt a. M.: Suhrkamp Verlag.

Clarke, J./Honneth, A./Lindner, R. (1981): Jugendkultur als Widerstand. Milieus, Rituale, Provokation. Frankfurt a. M.: Athenaeum Verlg.

Cohen, P./Berge, M./McRobbie, A. (1986): Verborgen im Licht. Neues zur Jugendfrage. Frankfurt a. M.: Syndikat/EVA.

Doetsch, H. (2009): Einleitung. In: Raumtheorie. Grundlagentexte aus Philosophie und Kulturwissenschaften. Frankfurt a. M.: Suhrkamp Verlag, S. 195–212.

Lyotard, J. F. (1999): Das postmoderne Wissen: Ein Bericht. 4., Aufl. Wien: Passagen.

Foucault, Michel (2003): Die Anormalen: Vorlesungen am Collège de France 1974/1975. 1. Aufl. Frankfurt a. M.: Suhrkamp Verlag.

Foucault, M. (2000): Die Gouvernementalität. In: Bröckling, U./Krasmann, S./Lemke, T. (Hrsg.): Gouvernementalität der Gegenwart. Studien zur Ökonomisierung des Sozialen. Frankfurt a. M., S. 41-67.

Foucault, M. (1977): *Überwachen und Strafen: Die Geburt des Gefängnisses.* 19. Aufl., Frankfurt a. M.: Suhrkamp Verlag.

Helsper, W. (2008): Schulkulturen – die Schule als symbolische Sinnordnung. In: Zeitschrift für Pädagogik. 54, H. 1/2008, S. 63–80.

Helsper, W. (2015): „Schulkultur revisited. Ein Versuch, Antworten zu geben und Rückfragen zu stellen". In: Böhme, J./Hummrich, M./Kramer, R.-T. (Hrsg.): Schulkultur. Theoriebildung im Diskurs. Wiesbaden: Springer VS, S. 447–500.

Hummrich, M. (2015): „Die fragmentierte Ordnung. Das Imaginäre, das Symbolische und das Reale der Schulkultur". In: Böhme, Jeanette; Hummrich, Merle; Kramer, Rolf-Torsten (Hrsg.) Schulkultur. Theoriebildung im Diskurs. Wiesbaden: Springer VS, S. 71–94.

Hummrich, M. (2011): Jugend und Raum: Exklusive Zugehörigkeitsordnungen in Familie und Schule. 1. Aufl. VS Verlag für Sozialwissenschaften.

Kelle, H./Mierendorf, J. (2013): Normierung und Normalisierung in der Kindheit. Weinheim: Beltz Juventa.

**Kocyba, H. (2003): „Einleitung: Soziale Kontrolle und Subjektivierung". In: Honneth, A./Saar, M. (Hrsg.): Michel Foucault. Zwischenbilanz einer Rezeption. Frankurter Foucault-Konferenz 2002. Frankfurt a. M.: Suhrkamp-Verlag, S. 71–77.**

**Kolbe, F.-U./Reh, S./Idel, T.-S./Rabenstein, K. (2009): Ganztagsschule als symbolische Konstruktion — Analysen und Falldarstellungen aus schultheoretischer Perspektive. Zur Einleitung. In: Kolbe, F.-U./Reh, S./Idel, T.-S./Rabenstein, K. (Hrsg.): Ganztagsschule als symbolische Konstruktion. Wiesbaden: VS Verlag für Sozialwissenschaften, S. 11–20.**

**Koller, H.C. (2001): Bildung und die Dezentrierung des Subjekts. In: Fritzsche, B./Hartmann, J./Schmidt, A. (Hrsg.): Dekonstruktive Pädagogik. Wiesbaden: VS Verlag für Sozialwissenschaften, S. 35–48.**

Lacan, J. (1975): Schriften 1. Frankfurt a. M.: Suhrkamp Verlag.

Moebius, S./Reckwitz, A. (2008): Poststrukturalistische Sozialwissenschaften. Originalausgabe. Frankfurt a. M.: Suhrkamp Verlag.

Reckwitz, A. (2007): Subjekt. Bielefeld: Transcript.

Ruoff, M. (2009): Foucault-Lexikon: Entwicklung – Kernbegriffe – Zusammenhänge. 2. Aufl. Paderborn: UTB.

Thiemann, F. (1985): Schulszenen: Vom Herrschen und vom Leiden. Erstausgabe. Frankfurt a. M.: Suhrkamp Verlag.

Tudor, A. (1999): Decoding Culture: Theory and Method in Cultural Studies. London/ Thousand Oaks: Sage Pubn Inc.

Willis, P. (1990): Spaß am Widerstand. Gegenkultur in der Arbeiterschule. Frankfurt a. M.: Athenaeum Verlag.

## 3.10 Zusammenfassung zu den unterschiedlichen Ansätzen schulischer Sozialisation

Wir wollen nun als Abschluss für die Einführung in die verschiedenen sozialisationstheoretischen Perspektiven noch einmal übergreifend diese Ansätze diskutieren. Dabei soll es jedoch nicht um einen systematischen Vergleich gehen, der vielleicht die Vor- und Nachteile eines jeden Ansatzes besonders herausarbeitet. Hier haben wir in der Einführung in dieses Kapitel schon deutlich gemacht, dass diese Ansätze auch aktuell noch relevant sind und Gültigkeit beanspruchen können (vgl. Kap. 3.1). Auch wenn eine solche systematische Kontrastierung aufschlussreich erscheint, ist nach unserem Ermessen dafür hier nicht der richtige Ort. Es soll auch nicht um eine Nachzeichnung der Genese dieser Ansätze und der Mechanismen gehen, wie diese theoretischen Positionen auseinander hervorgegangen sind und sich in kritischer Bezugnahme aufeinander geschärft haben. Erste Hinweise dazu lassen sich in Kap. 3.1 finden. Stattdessen soll es in dieser Zusammenfassung darum gehen, übergreifend zentrale Theoreme und Annahmen der vorgestellten Ansätze herauszustellen, die nach unserer Einschätzung für die Thematik der schulischen Sozialisation hochbedeutsam sind und die letztlich auch die Basis unserer eigenen empirischen Untersuchungen ausmachen. In Bezug auf diese Theoreme und zentralen Annahmen gilt es, die vorgestellten Ansätze nun zu bündeln und – wo es erforderlich wird – auch voneinander zu unterscheiden bzw. abzugrenzen.

### a. Die grundlegende Differenz von Familie und Schule

Die hier vorgestellten Ansätze gehen von einer grundlegenden Differenz der Verfasstheit von Familie und Schule aus und leiten daraus die sozialisatorische Bedeutung beider zentraler Instanzen des Aufwachsens und der Vergesellschaftung ab. Besonders deutlich wird das etwa in den Ansätzen des Strukturfunktionalis-

mus (3.2), der Psychoanalyse (3.3), der Systemtheorie (3.5) und auch der Strukturtheorie (3.7). Familie und Schule unterscheiden sich – und das nicht nur nach
äußeren, quantifizierbaren Merkmalen, sondern in Bezug auf die ihnen jeweils
eigene Struktur der Beziehungen und deren Bedeutung für das Aufwachsen von
Kindern und Jugendlichen. Besonders der Strukturfunktionalismus von Parsons
hat mit seinen *Pattern Variables* (vgl. 3.2) eine Bestimmungsfolie angeboten, um
diese Differenz scharf herauszuarbeiten (vgl. Parsons/Shiles 1951; Wernet 2003,
S. 57ff.). Wie Wernet deutlich macht, kann man dabei noch deutlicher, als Parsons dies selbst verfolgt, die grundsätzliche Differenz von Familie und Schule in
den jeweils durch diese repräsentierten Orientierungen bestimmen. Familie ist
gekennzeichnet durch die affektiv-diffuse Vergemeinschaftung und den damit
verbundenen askriptiv operierenden Partikularismus. Schule dagegen wäre durch
eine affektiv-neutrale, universalistische Leistungsorientierung gekennzeichnet
(vgl. Wernet 2003, S. 57ff.). Während also in der Familie der Status über die Zugehörigkeit bestimmt wird, ist er in der Schule über erbrachte Leistungen nach
universell geltenden Kriterien erst zu erwerben. Hier geht es um die Unterscheidung von rollenförmigem Handeln in der Schule und dem nicht-rollenförmigen
Handeln in der Familie.

Dabei kommt für Schule das Strukturprinzip einer unausgesetzten Bewertung
von im Unterricht gezeigten Verhalten und Ergebnissen – die sogenannte Selektionsfunktion von Schule – hinzu. Luhmann hat aus diesem zentralen Struk-
turmerkmal von Schule in seiner Systemtheorie gar den grundlegenden Code
von besser-schlechter als Basis der systemeigenen Operation auf der Grundlage
einer festen Rollenasymmetrie abgeleitet (vgl. Luhmann 2002, S. 63). Familie sei
demgegenüber durch die Beziehung zwischen ganzen Personen – eine „Inklusion
der Vollperson" und nicht nur spezifischer Personenanteile – gekennzeichnet
(Luhmann 1990, S. 208).

In der Strukturtheorie von Oevermann wird der Unterschied von Familie und
Schule weiterführend als Differenz prototypischer Sozialbeziehungen gefasst. Während Familie eine Vergemeinschaftung diffuser Sozialbeziehungen sei, die sich durch
Körperbasis, Vertrauensbildung, Affektbesetzung und Unkündbarkeit auszeichnen
– insgesamt die Nicht-Ersetzbarkeit eines Beziehungspartners ausmachen –, ist
Schule historisch durch die Ausdifferenzierung eines spezifischen Beziehungstyps
gekennzeichnet, der gegenteilig zu Familie auf affektive Neutralität, Kündbarkeit der
Beziehung und Ersetzbarkeit des ‚Personals' verweist (vgl. Oevermann 2001). Erst
unter dem Anspruch einer Professionalisierung des pädagogischen Lehrerhandelns
erscheint Schule durch die widersprüchliche Einheit aus diffusen und spezifischen
Beziehungsanteilen geprägt (vgl. Oevermann 1996, 2008).

Auch wenn diese Differenz von Familie und Schule in den verschiedenen Theoriesprachen unterschiedlich benannt wird und in einigen der vorgestellten Ansätze keinen herausgehobenen Stellenwert eingeräumt bekommt, scheint es aus unserer Sicht legitim, diese hier noch einmal herausgestellte Differenz für die Thematik schulischer Sozialisation zugrunde zu legen. Damit ist die Annahme verbunden, dass sich Prozesse der schulischen Sozialisation auch aus dieser Differenz ergeben und sich von Prozessen der familiären Sozialisation unterscheiden lassen.

### b. Die Vorgängigkeit von Familie gegenüber Schule

Ebenfalls in einer ganzen Reihe der vorgestellten Ansätze finden wir die gleichartige Annahme der Vorgängigkeit von Sozialisationsprozessen in der Familie. Damit gehen diese Ansätze – besonders deutlich z. B. der Strukturfunktionalismus (3.2), die Systemtheorie (3.5), die Strukturtheorie (3.7) oder der Konstruktivistische Strukturalismus (3.8) – davon aus, das schulische Sozialisation auf immer schon vollzogene Sozialisationsprozesse in der Familie aufruht und auf diese bezogen ihre Wirkungen entfaltet. Exemplarisch kann diese Annahme am Strukturfunktionalismus verdeutlicht werden, der davon ausgeht, dass der Schule hier in dem Nacheinander von familialer und schulischer Sozialisation erst ihre Bedeutung zukommt, indem mit Eintritt in die Schule die diffusen familiären Identifizierungen aufgebrochen und erweitert werden. Dabei erscheint die familiäre Sozialisation hochfunktional auch für die schulische Sozialisation. Einerseits – so argumentiert die strukturfunktionale Position – schmiegt sich Schule anfangs an den Modus der familiären Sozialisation an, indem z. B. mit der Rolle der Grundschullehrerin das Prinzip Mutter in der Familie simuliert und die Motivation für die Leistungserbringung hergestellt wird (vgl. Kap. 3.2). Gleichzeitig kann erst auf der Grundlage der diffusen Identifizierung in der Familie und der askriptiven Statusübernahme durch das Kind überhaupt eine Erweiterung und Übernahme des universalistischen Leistungsprinzips und später des Prinzips einer gleichberechtigten Kooperation erfolgen. Allerdings geht Parsons in seinem Ansatz von einem eher ungebrochenen Nacheinander von familialer und schulischer Sozialisation aus.

Das ist wiederum im Ansatz von Bourdieu anders (vgl. Kap. 3.8). Bourdieu macht in seinem Ansatz deutlich, dass Schule aufgrund der gesellschaftlichen Statusdifferenzierungen und der eigenen Involvierung in das System bestehender Herrschaftsverhältnisse sehr unterschiedlich auf die Resultate familiärer Sozialisation reagiert bzw. auch nur unterschiedlich reagieren kann. So geht man hier von einem in der Familie erworbenen primären Habitus aus, der nun ganz unterschiedlich zum sekundären Habitus des Bildungssystems relationiert ist und damit von Schule mal mehr und mal weniger aufgegriffen, bestätigt oder auch zurückgewiesen und sanktioniert wird (vgl. Bourdieu/Passeron 1971). Das bedeutet, dass aus der Perspektive schulischer Sozialisation Kinder und Jugendliche mit spezifischen primären Habitusformationen ganz gegensätzlich zu Schule platziert sein können, also auf der Grundlage ihrer sozialen Herkunft in besonders dramatischer und folgenreicher Weise der symbolischen Gewalt der Schule ausgesetzt sind (vgl. Bourdieu/ Passeron 1973). Während damit Schülerinnen und Schüler aus privilegierten sozialen Schichten schulische Sozialisation als Entsprechung und Fortsetzung ihrer familiären Sozialisation erfahren, wird für Schülerinnen und Schüler aus unterprivilegierten Schichten die Institution Schule mit ihren Anforderungen und Anerkennungsbezügen zu einer Zumutung, die unverstanden bleibt und der man sich aber nur schwer entziehen kann. Schulische Sozialisation ist dann nicht selten damit verbunden, die Orientierungen und Haltungen der Herkunftsfamilie in einer grundsätzlichen Weise zu brechen und in Frage zu stellen.

### c. Die Bedeutung des Zusammenspiels von Familie und Schule für die Individuation

Schließlich verweisen schon die ersten beiden hier hervorgehobenen Annahmen der vorgestellten Sozialisationsansätze auf den nun folgenden Grundsatz, dass nämlich für die Entwicklung und Individuation genau das jeweils konkrete Zusammenspiel von Familie und Schule von Bedeutung ist. Auf diese Bedeutung weisen in verschiedener Deutlichkeit der Strukturfunktionalismus (3.2), die Psychoanalyse (3.3), die Systemtheorie (3.5), die Sozialökologie (3.6), die Strukturtheorie (3.7) und der Konstruktivistische Strukturalismus (3.8) hin. Ob z. B. Schule sozialisatorisch eine Bestätigung und Festschreibung bereits familial erworbener Haltungen und Orientierungen darstellt oder im Gegenteil deren Infragestellung und Korrektur impliziert, hängt im Ansatz von Bourdieu genau davon ab, welche Familie hier auf welche Schule trifft (vgl. 3.8).

Am deutlichsten ist dieser Aspekt jedoch im Ansatz der Sozialökologie von Bronfenbrenner (3.6) herausgearbeitet und begrifflich bestimmt. Bronfenbrenner geht in seinem sozialökologischen Ansatz davon aus, dass Entwicklung sich auf den Prozess und die zunehmende Komplexität der Wechselwirkungen zwischen Person und Umwelt bezieht (vgl. Bronfenbrenner 1981). Dabei werden zunehmend auch die Wechselwirkungen zwischen Lebensbereichen als differente Umwelten bedeutsam. Für diese Wechselwirkungen prägt Bronfenbrenner den Begriff des *Mesosystems*. Als deren Paradebeispiel gilt das Zusammenspiel von Familie und Schule. Dabei ist – auch wenn Bronfenbrenner hier eigene Untersuchungen zu diesem Zusammenspiel in einer vergleichenden Studie in Russland und den USA durchgeführt hat (vgl. Bronfenbrenner 1973) – das Modell der Sozialökologie und die darin gefassten einzelnen Systeme v. a. als ein heuristischer Bezugsrahmen zu verstehen, weniger als inhaltliche Aussage über das Zusammenspiel selbst. Dieses wäre im Gegenteil zu den jeweils aktuellen historischen Bedingungen immer wieder neu zu realisieren.

### d. Sozialisation zwischen Anpassung und Eigentätigkeit

In einigen der vorgestellten theoretischen Ansätze wurde besonders deutlich darauf hingewiesen, dass Sozialisation nicht einfach als Einbahnstraße der Anpassung von Individuen an die Gesellschaft und ihre Zwänge und Herrschaftsverhältnisse zu verstehen ist. Hier deutet sich über die verschiedenen Positionen durchaus eine Kluft an. Während einige Ansätze sehr stark von diesen Anpassungsleistungen im Prozess der Sozialisation ausgehen (besonders deutlich im Strukturfunktionalismus von Parsons, Kap. 3.2), ist diese Annahme in anderen Ansätzen Ausgangspunkt der Kritik und der Weiterentwicklung sozialisationstheoretischer Perspektiven gewesen. Solche kritischen Weiterführungen finden sich z. B. besonders im Interaktionismus (3.4) oder im Poststrukturalismus (3.9). Damit ist insgesamt das Spannungsfeld aufgeworfen, ob (schulische) *Sozialisation als Anpassung, als Eigenleitung* oder *als Mischung* aus beiden zu fassen sei. In diesem Spektrum an theoretischen Verortungen sind auch die vorgestellten Ansätze zu positionieren. Wie in der Einführung in Kap. 3.1 verdeutlicht wurde, fällt die Positionierung zwischen Anpassung und Eigentätigkeit oft damit zusammen, ob Sozialisation stärker von der Gesellschaft aus oder stärker vom Subjekt aus gedacht und untersucht wird. Letztlich weisen eine Reihe von Ansätzen Versuche auf, diese Spannung selbst in die theoretische Perspektive zu integrieren (z. B. der Konstruktivistische Strukturalismus in Kap. 3.8). Poststrukturalistische Ansätze neigen demgegenüber eher zu einer einseitigen Überbetonung der Zurückweisung funktionaler sozialisatorischer Bezüge.

Besonders interessant ist in dieser Frage der Ansatz der Systemtheorie von Luhmann (Kap. 3.5). Für diesen Ansatz finden wir eine starke gesellschafts- und makrotheoretische Ausrichtung, weil es um eine Kennzeichnung von Prozessen der funktionalen Differenzierung geht, in die auch das Erziehungssystem – die Schule – historisch involviert ist. Gleichzeitig wird über die grundlegende Annahme von struktureller Kopplung und operativer Schließung Beeinflussung (z. B. Sozialisation) letztlich in die Verantwortung des jeweils beeinflussten Systems gestellt. Hier gibt es keine einfache Übertragung oder den Import von Regeln und kulturellen Orientierungen in das psychische System (vgl. Luhmann 2002, 23ff.). Damit wird bei Luhmann aus Sozialisation zwingend *Selbstsozialisation*, weil – am Beispiel der schulischen Sozialisation – die Schülerin bzw. der Schüler entscheidet, welche Änderung in den Orientierungen und Handlungsweisen sie bzw. er vornimmt. Diese Änderung kann nur auf der Ebene der Schülerin bzw. des Schülers selbst erfolgen und sie erfolgt autonom. Allerdings führt die Änderung (oder Nichtänderung) zu einer besseren oder schlechteren funktionalen Passung zur Umwelt. Diese Umwelt ist dann zunächst die Schule, aber darüber hinaus auch die Gesellschaft, auf die hin Schule bzw. das Erziehungssystem sich ja funktional ausdifferenziert hat.

## e. Schulische Sozialisation und Bildungsungleichheit

Schließlich soll in dieser Zusammenfassung der Ansätze auf einen Zusammenhang hingewiesen werden, der sich vergleichsweise wenig findet, aber dafür in einzelnen Ansätzen besonders pointiert vertreten wird: der Zusammenhang von (schulischer) Sozialisation und (Bildungs-)Ungleichheit. Besonders poststrukturalistische Ansätze heben kritisch hervor, wie Schule auf die Formung der Schülerinnen und Schüler Einfluss nimmt und dabei mit Macht und Herrschaft verknüpft ist (vgl. Kap. 3.9). Andere Ansätze sind für Differenzierungen entlang der sozialen Platzierung von Kindern und Jugendlichen in der Gesellschaft relativ unempfänglich. So geht etwa der Strukturfunktionalismus noch völlig unbeirrt von der Annahme einer Gleichheit aller Schülerinnen und Schüler zu Beginn ihrer Schulzeit aus und reproduziert damit die Vorstellung und Ideologie, alle hätten in der Schule die gleichen Chancen auf Erfolg und Status (vgl. Parsons 1987, S. 114f.).

Es ist von den vorgestellten Ansätzen aber v. a. der Ansatz von Bourdieu (Kap. 3.8), der besonders betont, dass Schule und ihre Wirkungen nicht unabhängig von dem jeweils bestehenden System der Schichtung einer Gesellschaft sind (v. a. Bourdieu/Passeron 1971). In diesem Ansatz geht man davon aus, dass Schule als die zu einem bestimmten historischen Zeitpunkt durchgesetzte Art und Weise der pädagogischen Arbeit und der durch diese durchzusetzenden Auswahl der Inhalte und Bedeutungen immer in deutlicher Nähe zu den herrschenden Schichten platziert ist. Sie trägt durch ihre pädagogische Arbeit zu deren weiterer Privilegierung bei und damit insgesamt zur Reproduktion der sozialen Ordnung (vgl. ebd.). Schulische Sozialisation ist in diesem Ansatz nicht ‚unschuldig' in Bezug auf bestehende Herrschaftsverhältnisse. Ihr Beitrag zur Reproduktion der sozialen Ordnung verlangt aber, dass dieser verschleiert wird. So erscheinen Erfolg und Versagen in der Schule gerade nicht als Ausdruck einer unterschiedlichen sozialen Herkunft und Privilegierung, sondern als Ausdruck von (fehlender) Begabung und Anstrengung.

Diese hier noch einmal herausgestellten Annahmen zu Prozessen schulischer Sozialisation gilt es aus unserer Sicht theoretisch weiter zu schärfen. Dabei ist besonders in Studien zur schulischen Sozialisation darauf zu achten, inwieweit diese Annahmen aufgegriffen und untersetzt werden. Wir werden in den folgenden Kapiteln dieses Lehrbuches deshalb auf diese Annahmen immer wieder zurückkommen.

## Literatur

Bourdieu, P./Passeron, J.-C. (1971): Die Illusion der Chancengleichheit. Untersuchungen zur Soziologie des Bildungswesens am Beispiel Frankreichs. Stuttgart: Klett Verlag.

Bourdieu, P./Passeron, J.-C. (1973): Grundlagen einer Theorie der symbolischen Gewalt. Frankfurt a. M.: Suhrkamp.

Bronfenbrenner, U. (1973): Erziehungssysteme. Kinder in den USA und der Sowjetunion. München: Deutscher Taschenbuch Verlag.

Bronfenbrenner, U. (1981): Die Ökologie der menschlichen Entwicklung. Natürliche und geplante Experimente. Stuttgart: Klett Verlag.

Luhmann, N. (1990): Sozialsystem Familie. In: Luhmann, N.: Soziologische Aufklärung 5. Konstruktivistische Perspektiven. Opladen: Westdeutscher Verlag, S. 196-218.

Luhmann, N. (2002): Das Erziehungssystem der Gesellschaft. Frankfurt a. M.: Suhrkamp.

Oevermann, U. (1996): Theoretische Skizze einer revidierten Theorie professionalisierten Handelns. In: Combe, A./Helsper, W. (Hrsg.): Pädagogische Professionalität. Untersuchungen zum Typus pädagogischen Handelns. Frankfurt a. M.: Suhrkamp, S. 70-182.

Oevermann, U. (2008): Profession contra Organisation? Strukturtheoretische Perspektiven zum Verhältnis von Organisation und Profession in der Schule. In: Helsper, W./Busse, S./Hummrich, M./Kramer, R.-T. (Hrsg.): Pädagogische Professionalität in Organisationen. Wiesbaden: VS Verlag für Sozialwissenschaften, S. 55-77.

Parsons, T. (1987/1959): Die Schulklasse als soziales System: Einige Funktionen in der amerikanischen Gesellschaft. In: Plake, K. (Hrsg.): Klassiker der Erziehungssoziologie. Düsseldorf: Schwann, S. 102-124.

Parsons, T./Shiles, E.A. (1951): Values, Motives and Systems of Action. In: Parsons, T./Shiles, E.A. (Hrsg.): Toward a general Theory of Action: Theoretical Foundations for the Social Sciences. Cambridge: Harvard University Press, S. 47-243.

Wernet, A. (2003): Pädagogische Permissivität. Schulische Sozialisation und pädagogisches Handeln jenseits der Professionalisierungsfrage. Opladen: Leske + Budrich.

# Schule und soziale Ungleichheit – Unterschiede machen $\quad$ 4

## 4.1 Milieu und schulische Sozialisation

Als sozialwissenschaftlicher Begriff geht „Milieu" auf den französischen Philosophen Hyppolith A. Taine (1828-1893) zurück, der in Anlehnung an August Comte (1798-1857) mit diesem Begriff neben Vererbungsannahmen und Einflüssen der historischen Situation die jeweilige *Umwelt* bzw. die Lebensverhältnisse für die menschliche Entwicklung berücksichtigen wollte (Gukenbiehl 1989, S. 199; Hradil 2006). Seither geht es mit dem wissenschaftlichen Milieubegriff um die Frage, wie Menschen in ihrer Entwicklung durch die Umwelt und konkrete Lebensverhältnisse in ihrem „Erleben, Denken und Handeln grundlegend" beeinflusst werden (Gukenbiehl 1989, S. 199). Mit Milieu werden *typische Konstellationen bzw. Merkmale von Personengruppen* bezeichnet, die im Zusammenspiel von *sozialer Lagerung, impliziten Werten, Einstellungen und Verhaltensmustern* sowie *Lebensstilen* sichtbar werden. Allerdings legen milieutheoretische Ansätze dabei ihre Schwerpunkte ganz unterschiedlich (vgl. unten).

Insgesamt weist die Verwendung des wissenschaftlichen Milieubegriffs eine wechselvolle Geschichte auf. Besonders im Gefolge der Individualisierungsthese von Ulrich Beck (1986) ist der Milieubegriff fragwürdig geworden und hat sich dann im Sinne von *Freisetzungs- und Pluralisierungsannahmen* weiter ausdifferenziert (vgl. Bremer 2012). In diesen Weiterentwicklungen wurden Milieus nicht mehr ausschließlich durch Merkmale der Berufs- und Sozialstatistik (z. B. dem Berufsstatus und Einkommen), sondern „anhand der durch die Subjekte hervorgebrachten *Praxis* und ihrer *Mentalitäten* bestimmt" (Bremer 2012, S. 829; Kursivsetzung d. A.). Teilweise wurde „Bildung, Beruf und Einkommen kaum noch Einfluss auf Mentalität und Lebensführung der Einzelnen zugesprochen" (Hradil 2006, S. 4).

In der Bundesrepublik Deutschland lassen sich folgende besonders etablierte *Milieuansätze* ausmachen:

## 1. Sinus-Milieus

Der Ansatz bezieht sich auf „das Milieumodell der SINUS-Lebensweltforschung",
das „überwiegend in der kommerziellen Markt- und Meinungsforschung" eingesetzt
wird (vgl. Bremer 2012, S. 831). Entwickelt wurde dieser Milieuansatz von Stefan
Hradil, der damit in seinen Sozialstrukturanalysen auf gesellschaftliche Verände-
rungsprozesse reagierte, die oben bereits mit den Stichworten der Individualisierung, der Freisetzung und der Pluralisierung benannt wurden (vgl. Hradil 1999,
2006). Hradil sieht damit eine wesentliche Entwicklung in der Veränderung der
hierarchisch gegliederten Sozialstruktur von Gesellschaften, die in der „vorindust-
riellen Gesellschaft" durch „Stände", in der „frühindustriellen Gesellschaft" durch
„Klassen" und in „entwickelten Industriegesellschaften" durch in Verbindung mit
dem Beruf stehende „Schichten" bestimmt war (vgl. Hradil 1999, S. 32ff.). In „pos-
tindustriellen Gesellschaften" sei die Konstellation sozialer Ungleichheit komplexer
und auch dynamischer (ebd., S. 39), weshalb eine „differenzierte[re] Unterscheidung
ungleicher Lebensbedingungen gesellschaftlicher Gruppierungen" notwendig wird
(ebd., S. 40). Für Hradil eignen sich dafür die Begriffe *Milieu* und *Lebensstil*. Diese
Begriffe beziehen sich auf Übereinstimmungen „gruppenspezifischer „objektiver"
Lebensbedingungen und gruppentypischer „subjektiver" Lebensweisen" (ebd., S. 41).

Anders als in den abgelösten Konzepten der sozialen Klasse oder der sozialen
Schicht geht Hradil nicht von einer automatischen oder notwendigen Prägung der
Lebensweisen von den objektiven Lebensbedingungen aus. Sein Milieubegriff ist
v. a. durch *„gemeinsame Werthaltungen* und *Mentalitäten"* bestimmt, durch die
Gruppen Gleichgesinnter entstehen (ebd.; Kursivsetzung d. A.). Diese ähnlichen
Sinnvorstellungen bedingen die „Art und Weise, wie die einzelnen ihr Alltagsleben
organisieren" (ebd., S. 42). Sie begründen also einen bestimmten Lebensstil, der bei
Gemeinsamkeiten in Verhaltensweisen, Meinungen und Einstellungen Lebensstil-
gruppieren hervorbringt. Für den Milieubegriff von Hradil ist entscheidend, dass
dieser in der starken Fokussierung auf Werthaltungen nur noch lose in den „äußeren
Lebensbedingungen" verankert ist (ebd., S. 419; kritisch dazu Bremer 2012, S. 832).

Neben dem *Individualisierungstheorem* von Ulrich Beck (1986) stützt sich Hradil
v. a. auf die *These eines Wertewandels* von Ronald Inglehart (1977), nach der sich
eine zunehmende Ablösung materialistischer Werte (z. B. Vermehrung von Besitz
oder Erfüllung von Pflichten) durch „postmaterialistische" Werthaltungen (z. B.
Selbstverwirklichung) vollziehe. Von diesem Wertewandel und von Prozessen
der Individualisierung sind – wenngleich in unterschiedlichem Ausmaß – alle
Milieus erfasst. Dadurch ergeben sich unterschiedliche zentrale Werthaltungen als
„psychologisch „tiefsitzende", größtenteils unbewußte, in vielen Lebensbereichen
wirksame und allenfalls langsam veränderliche Grunddispositionen" (Hradil 1999,
S. 416), die die Grundlage des Milieumodells bilden. Diese Milieus unterscheiden

sich daher v. a. nach dem Grad der Traditionsverhaftung und dem Grad des Wertewandels (ebd., S. 421).

Insgesamt werden Sinus-Milieus für Westdeutschland seit den 1980er Jahren erfasst. Aktuell gibt es ein Modell für Gesamtdeutschland mit insgesamt *10 unterschiedenen sozialen Milieus* und inzwischen auch ein übernational angelegtes Modell sogenannter Sinus-Meta-Milieus, mit dem länderübergreifend Milieu-Zielgruppen bestimmt werden (vgl. Hradil 2004 und 2006). Diese sozialen Milieus sind v. a. über ihre Werthaltung deskriptiv bestimmt und lose mit einer sozialen Lage bzw. einer Schichtzugehörigkeit verknüpft, teilweise auch durch ihre Kohortenzugehörigkeit spezifiziert. So werden unter anderem z. b. „Konservative", „Traditionsverwurzelte", „Postmaterielle" oder „Hedonisten" unterschieden. Im Modell der Sinus-Milieus erfährt man dann etwa, dass die „Konservativen" „bewährte Traditionen, eine humanistisch geprägte Pflichtauffassung und gehobene Umgangsformen" pflegen, Familie sehr wichtig finden, technischen Fortschritt kritisch einschätzen und sich für klassische Kunst und Kultur interessieren (Hradil 2004, S. 280). Dieses Milieu strebt damit zugleich immaterielle Werte wie eine Traditionsbewahrung an. Politische oder wirtschaftliche Organisationen können dann daraus ihre Schlussfolgerungen ziehen. Bildungsorientierungen sind teilweise in die Milieukennzeichnungen integriert, ohne aber einen besonderen Stellenwert einzunehmen. In der Regel wird der durchschnittlich erreichte Bildungsabschluss genannt. Inwieweit damit die Wahrnehmung und das Handeln z. B. in der Schule präformiert werden und damit ein zentrales Differenzkriterium besteht, bleibt aber implizit. Bezugnahmen des Milieumodells auf das Bildungssystem und Fragen der Bildungsungleichheit finden sich damit nur vereinzelt (vgl. Bremer 2012, S. 832ff.; Helsper/Böhme/Kramer/Lingkost 2001, S. 595ff.).

## 2. Soziale Milieus bei Michael Vester u. a.

Der Milieuansatz von Vester u. a. teilt mit dem Modell der Sinus-Milieus die Annahme sozialen Wandels, der jedoch nicht auf ein Verschwinden sozialer Bindungen zurückgeführt oder als beliebige und frei wählbare Lebensstilgemeinschaft verstanden wird (vgl. Vester 2006, S. 11; Vester/von Oertzen/Geiling/Hermann/ Müller 2001, S. 129ff.). Statt „von der Auflösung sozialer Großgruppen" geht man hier von langsamen Veränderungen im Sinne horizontaler Ausdifferenzierungen aus, die teilweise durch veränderte berufliche Anforderungen und wohlfahrts-staatliche Regelungen ausgelöst und erst über die Abfolge einzelner Generationen zu vollziehen sind (ebd.; Vester u. a. 2001, S. 77ff.). Eine zentrale Dimension dieser Veränderungen betrifft die wachsende Bedeutung von Bildung und Bildungstiteln für die Sicherung von sozialen Status und die Vererbung von Privilegierung. Zur theoretischen Fundierung dieser Annahmen wird für den Milieuansatz von Vester

u. a. ein Bezug zentral, der bei Hradil eine nur marginale Bedeutsamkeit zugewiesen bekommt: die *Theorie des sozialen Raumes* und das *Konzept des Habitus* von Pierre Bourdieu (vgl. Vester u. a. 2001; siehe auch Kap. 3.8).

Einfach formuliert geht man mit Bourdieu von einer relativ stabilen und hier-archisch gegliederten Gesellschaft – dem sozialen Raum – aus, in dem Positionen einzelner und von Gruppierungen über Umfang und Art von *Kapital* (z. B. Besitz, soziale Beziehungen, aber auch wertgeschätzte kulturelle Gewohnheiten und Kom-petenzen) bestimmt sind (vgl. Bourdieu 1995, 1999; auch Kramer 2011). In diesem sozialen Raum lassen sich Positionen (oben, unten) unterscheiden. Zugleich sind diese Positionen umkämpft und damit bei aller Stabilität historisch und dynamisch zu denken. Diese Kämpfe finden zum größten Teil jedoch unbewusst statt. Es sind *symbolische Kämpfe* um die Legitimation und Vorrangstellung eigener Ansichten und der eigenen Stellung in der Gesellschaft, die sich in beiläufigen Alltagshandlungen (z. B. abwertenden Blicken) vollziehen und nur selten den Charakter eines expliziten politischen Kampfes annehmen. Hervorgebracht werden diese Alltagshandlungen durch den Habitus, ein verinnerlichtes Prinzip der *„Wahrnehmungs-, Denk- und Handlungsschemata"* (Bourdieu 1993, S. 112), das wie ein *„praktischer Sinn"* ganz ohne bewusste Entscheidung und Reflektion Vorstellungen und Praktiken erzeugt (ebd., S. 107). Dabei sind die erworbenen Dispositionen einverleibtes Ergebnis kon-kreter sozialer Strukturen und Existenzbedingungen – also inkorporierte soziale Praxis. Gleiche soziale Existenzbedingungen führen dann zu einer „objektiven Homogenisierung der Habitusformen" von Gruppierungen, ohne dass eine bewusste Bezugnahme oder direkte Interaktion notwendig wäre (ebd., S. 109).

An diese Annahmen von Bourdieu schließt das Milieumodell von Vester u. a. an. Habitus wird dabei als „tiefere, allgemeinere Grundhaltung gegenüber der so-zialen Welt" verstanden, die „Dimensionen des Geschmacks und des Lebensstils" ebenso einschließt wie „Muster sozialer Praxis und Beziehungen", die „körperlichen und emotionalen Haltungen" oder die „ideologische Weltsicht" (Vester u. a. 2001, S. 162f.). Habitus greift also weiter aus als eine spezifische Werthaltung und meint mehr als eine jeweils partielle Mentalitätsdimension. Milieus sind bei Vester u. a. einerseits verbunden durch eine homogene tieferliegende Grundhaltung, die eine gleichartige Wahrnehmung und gleichartiges Handeln hervorbringt, und damit strukturell einen Zusammenhang im Sinne einer Wahlverwandtschaft erzeugt (vgl. ebd., S. 169). Andererseits liegt dieser Gleichartigkeit in der grundlegenden Haltung eine Gleichartigkeit der prägenden sozialen Existenzbedingungen zugrunde, die „immer noch eng auf das jeweilige Berufsfeld abgestimmt ist" (Vester 2006, S. 11). Milieuforschung ist damit v. a. Habitusforschung, weil „die im Habitus angelegten Schemata des Geschmacks und der Alltagspraxis" zu milieueigenen „Strategien" führen, mit denen auch nachwachsende Generationen auf bestimmte Bildungs- und

Berufspfade ‚angesetzt' werden (ebd.). Ganz explizit setzen sich Vester u. a. dabei mit den Formen und den ‚Pfadabhängigkeiten' des Habitus- und Mentalitätswandels auseinander (vgl. Vester u. a. 2001, S. 215ff. und 250ff.). Ihre zentrale Pointe besteht darin, die empirisch bestimmten sozialen Milieus und Formen der Milieutransformation mit „Traditionslinien" zu verbinden und darüber der bestehenden sozialstrukturellen Verankerung zu entsprechen (vgl. Vester 2004, 2006). Nicht zuletzt haben diese Veränderungen mit der Umstellung der Milieustrategien auf das Bildungssystem zu tun, sodass die Milieus bei Vester u. a. ganz explizit Bezüge zu Schule im Sinne von Bildungsstrategien enthalten.

Im Milieumodell von Vester u. a. werden „fünf Milieu-Großgruppen" mit jeweils eigenen Traditionslinien unterschieden, die sich in die vertikale Gliederung der Gesellschaft einfügen und teilweise horizontal ausdifferenziert werden (vgl. Vester 2006, S. 12f.; Bremer 2012, S. 837). Auf der Ebene privilegierter Schichten finden sich *obere bürgerliche Milieus*, die sich gegen andere Milieus abgrenzen. Sie folgen dabei der Traditionslinie von Macht und Besitz oder der der akademischen Intelligenz. Hier findet sich der *Habitus der Distinktion*, der sich gerade auch in der Bildungsstrategie überdurchschnittlicher höherer Bildung zeigt. Auf der mittleren Ebene finden sich die *respektablen Volks- und Arbeitnehmermilieus*, die in zwei „grundsätzlich verschiedenen Strategien" und Traditionslinien einerseits das Bildungsstreben tief verinnerlicht haben oder andererseits Bildungserwerb eine eher begrenzte Funktion für „den Zugang zu einen „ordentlichen" Beruf" zuweisen. Und schließlich bestimmen Vester u. a. auf der Ebene unterprivilegierter Schichten die Traditionslinie *unterprivilegierter Volks- und Arbeitnehmermilieus*, für die Bildung einerseits die Chance für ein „Mithalten mit der „respektablen" übrigen Gesellschaft" symbolisiert, die andererseits aber nicht wirklich auf Bildungsinvestitionen setzen und kaum an den Bildungsöffnungen teilhatten.

Insgesamt lässt sich das Milieumodell von Vester u. a. sehr gut auf Schule beziehen, weil mit den herausgearbeiteten Traditionslinien und der Annahme einer Umstellung der Vererbungsstrategien auf das Bildungssystem die milieuspezifischen Bezüge und Disponierungen zu schulischer Bildung sehr deutlich gemacht werden. In einer eigenen Studie zur Frage der Passung familialer und schulischer Generationsbeziehungen konnten auf der Grundlage des Milieumodells von Vester u. a. die jeweils einzelschulspezifische Milieubindung der in die Untersuchung einbezogenen Schulen herausgearbeitet und deren primäre und sekundäre Bezugsmilieus bestimmt werden (vgl. Helsper/Kramer/Hummrich/Busse 2009, S. 275ff.). Dabei zeigt sich, dass es zu sehr unterschiedlichen Passungskonstellationen zwischen milieuspezifischen (lebensweltlichen) Bildungsstrategien und schulischen Bildungserwartungen und -zumutungen kommt (vgl. dazu auch Kap. 5.).

### 3. Das Milieukonzept der Dokumentarischen Methode

Das Milieukonzept der Dokumentarischen Methode ist v. a. von Ralf Bohnsack
seit den 1980er Jahren im Zusammenhang mit der Herausarbeitung und Schärfung einer eigenständigen Rekonstruktionsmethodologie entstanden, die sich in
besonderer Weise den *impliziten, handlungsleitenden Wissensbeständen* zuwendet
und diese als in gemeinsamen kollektiven Erfahrungsräumen fundiert begreift (vgl.
Bohnsack 1989, 2000). Dabei teilt Bohnsack mit dem Milieuansatz von Vester u. a.
die prinzipielle Skepsis gegenüber der mit dem Individualisierungstheorem von
Ulrich Beck verbundenen Annahme des Zerfalls sozialer Lagen. Statt dessen geht
das Milieukonzept von Bohnsack davon aus, dass gerade auch die Erosion und die
Veränderung von sozialen Lagen und Existenzbedingungen zu einem „kollektiven,
also einem *gemeinsamen* oder besser: *strukturidentischen* Erleben" und damit zu
„neuen Formen der Zugehörigkeit und Milieubildung" führen können (Bohnsack
u. a. 2013, S. 171; Kursivsetzung im Original). Es gibt außerdem auch parallele Bezüge
auf Bourdieu und sein Habituskonzept (vgl. ebd.). Allerdings bezieht sich Bohnsack
v. a. auf die Arbeiten von Karl Mannheim und dessen bereits in den 1920er Jahren
erschienene Theorie der Generationsbildung (Mannheim 1928/1929) sowie seine
Arbeiten zur Wissenssoziologie (z. B. Mannheim 1980). Die Dokumentarische Methode versteht sich dann auch – entsprechend der Verbindung von Wissenssoziologie
und Praxistheorie – als *praxeologische Wissenssoziologie* (vgl. Bohnsack 2003).

Mannheim (1928/1929) hatte in Bezug auf das Problem, die Entstehung von
Generationen als mentalitätsähnliche Gruppierungen theoretisch zu erfassen,
seinerzeit zwischen Generationslagerung, Generationszusammenhang und Gene-
rationseinheit unterschieden. Als Generations*lagerung* bestimmte Mannheim eine
verwandte „Lagerung der einer Generation zurechenbaren Individuen im sozialen
Raum" (Mannheim 1928/1929, S. 172), die dazu führt, dass die „möglichen Arten
und Weisen des Erlebens, Denkens, Fühlens und Handelns" spezifisch begrenzt
sind – sich also ähnliche Mentalitäten anbahnen (ebd., S. 174). Die hier noch v. a.
als Potenzialität gedachte ähnliche Mentalität realisiert sich als Generations*zusammenhang* dann, wenn an gleichen historischen Schicksalen und Ereignissen
partizipiert wird (vgl. ebd., S. 309). Werden dabei kollektiv übergreifende Formen
der Verarbeitung des gemeinsamen historischen Schicksals ausgebildet, dann
spricht Mannheim von Generations*einheiten*. Generationseinheiten sind demnach bestimmt durch die gleichartige Verarbeitung gleichsam erlebter Ereignisse
und Lagerungen v. a. in der Jugendphase. Man könnte auch von der Stiftung eines
Generationsmilieus sprechen.

Bohnsack schließt an diese Bestimmungen an und erweitert sie um die Annahme
verschiedener einander überlagernder Milieus, deren zentrales Kennzeichen ein

kollektiver Orientierungsrahmen (ein „kollektiver Habitus") auf der Basis eines
gemeinsamen konjunktiven Erfahrungsraumes ist (Bohnsack 2000, S. 132):

> „Milieus sind als „konjunktive Erfahrungsräume" dadurch charakterisiert, daß ihre
> Angehörigen, ihre Träger durch Gemeinsamkeiten des Schicksals, des biographischen
> Erlebens, Gemeinsamkeiten der Sozialisationsgeschichte miteinander verbunden
> sind. Dabei ist die Konstitution konjunktiver Erfahrung nicht an das gruppenhafte
> Zusammenleben derjenigen gebunden, die an ihr teilhaben" (Bohnsack 2000, S. 131).

Derart gefasste Milieus liegen auf einer Meso-Ebene gesellschaftlicher Analysen.
Sie bezeichnen in der Dokumentarischen Methode den „objektiv-geistigen Struk-
turzusammenhang", der „als kollektiver Wissenszusammenhang, als ein konjunk-
tiver Erfahrungsraum, das Handeln relativ unabhängig vom subjektive gemeinten
Sinn orientiert, ohne den Akteuren aber (im Sinne Durkheims) exterior zu sein"
(Bohnsack u. a. 2013, S. 172). Milieus werden damit nicht auf Intentionen oder
Bewusstheit der beteiligten Akteure reduziert, sondern sind an deren *implizites
Wissen* gebunden. Die Wirkung dieses Erlebens und Wissens zeigt sich jeweils in
der konkreten Praxis. In dieser lassen sich dann „unterschiedliche Milieuphäno-
mene bzw. Dimensionen der Milieuzugehörigkeit (u. a. im Bereich der Bildung, des
Geschlechts, der Generation, des Sozialraums etc.)" erschließen (Bohnsack u. a.
2013, S. 174), wobei das Individuum oder eine konkrete Gruppe „grundsätzlich im
Schnittpunkt unterschiedlicher Milieus oder Erfahrungsräume" steht (ebd., S. 175).
  Mit dem Milieukonzept der Dokumentarischen Methode lassen sich also
unterschiedliche *implizite und handlungsleitende Wissensbestände* und ihre Hervorbringung in spezifischen *konjunktiven Erfahrungsräumen* analysieren. So
können z. B. geschlechtsspezifische, generationsspezifische oder schichtspezifische
Disponierungen für die Schule sowohl bei Lehrerinnen und Lehrern als auch bei
Schülerinnen und Schülern herausgearbeitet werden. Letztlich kann auch Schule
selbst als konjunktiver Erfahrungsraum bestimmt werden, der eigene implizite
Wissensbestände aufweist.

Eine Unterscheidung von Schulen z. B. nach der Schulform oder die Kennzeichnung von Einzelschulen als je spezifisches *Lern- und Entwicklungsmilieu* finden
sich aktuell jedoch nur vereinzelt. In der Veröffentlichung der PISA-2000-Studie
wird von der „zentralen Tendenz" unseres Schulwesens gesprochen, jeweils „sehr
unterschiedliche institutionelle Lernmilieus" auszubilden (Baumert/Schümer 2001).
Diese differenziellen Lernmilieus entstehen in der Amalgamierung institutioneller
und kumulativer Effekte – also als Ergebnis einer Leistungshomogenisierung, die
sich mit sozialer Segregation verbindet. Diese Unterschiede von Schulen haben

sozialisatorische Wirkungen, die als „unerwünschter Nebeneffekt" des gegliederten Schulsystems gelten (ebd., S. 458).

Die besondere Bedeutung der jeweils konkreten Bedingungen der Einzelschule wird schließlich im schultheoretischen Ansatz der *Schulkultur* systematisch berücksichtigt (vgl. Helsper u. a. 2001; Helsper 2008; siehe Kap. 5.). Zentral ist für diesen Ansatz, dass Schule und der mit ihr geltende pädagogische Sinn als Ergebnis der handelnden Auseinandersetzung von schulischen Akteuren selbst (von Einzelakteuren wie von Gruppierungen) verstanden wird. Was Schule ist oder sein soll, welche pädagogischen Leitlinien und Orientierungen gelten sollen, ist damit umkämpft und einer ständigen Bewährung ausgesetzt (vgl. Helsper u. a. 2001, S. 26). Dabei sind natürlich die Spielräume begrenzt und kann Schule nicht alles Mögliche sein. In der Konsequenz dieser grundlegenden Annahme begegnet uns Schule immer als historisch hervorgebrachter Zwischenstand, als eine symbolisch-pädagogische Ordnung im Übergang. Diese handelnd hervorgebrachte symbolische Ordnung der Einzelschule ist dabei „keine einheitliche Sinnordnung" (Helsper 2008, S. 71ff.). Das wäre eher die Ausnahme. Gleichwohl handelt es sich bei aller innerschulischen Differenz um eine jeweils geltende und legitime symbolische Ordnung, die zu diesem Zeitpunkt dominant ist und damit andere Positionen und Vorstellungen von Schule dominiert.

Dadurch entstehen nicht nur *unterschiedliche Passungskonstellationen* für die schulischen Akteure der Lehrerinnen und Lehrer sowie deren Möglichkeiten der pädagogischen Professionalisierung, sondern auch „[d]ifferente Anschlussmöglichkeiten oder Abstoßungsverhältnisse [...] zu sozialisatorischen Milieus der Schülerinnen und Schüler" (Kramer 2011, S. 168). In diesen Anerkennungs- und Abstoßungsbezügen wird Schule selbst hochgradig sozialisationswirksam. Da Schulen zudem in der Hervorbringung ihrer Schulkultur Nähen und Distanzen zu differenten sozialen Milieus beinhalten und sich mit Bezugsmilieus verbinden, während distanzierte Milieubezüge zu Antagonismen und Abstoßungen führen, ist Schule schließlich intensiv in die symbolischen Kämpfe der sozialen Milieus selbst involviert. Hier entstehen jeweils unterschiedliche *Institutionen-Milieu-Komplexe* (vgl. Helsper 2006, 2009), in denen „die universalistischen Rahmungen der Schule mit diesen partikularen Milieubindungen" amalgamieren (Helsper 2006, S. 181). Schule wird damit für Schülerinnen und Schüler selbst zu einem partikular überformten *schulkulturellen Milieu* (vgl. Helsper u. a. 2001, S. 595ff. und Helsper u. a. 2009, S. 275ff.).

Für den Blick auf Prozesse und Wirkungen schulischer Sozialisation ist der Milieubegriff in dreifacher Hinsicht hochbedeutsam. *Erstens* hilft er, nach Soziallagen und nach im Herkunftsmilieu erworbenen unterschiedlichen Mentalitäten, Haltungen oder Habitus' von Schülerinnen und Schülern zu differenzieren. Hier verdeutlicht der Milieubegriff, dass Schülerinnen und Schüler nicht gleich und mit analogen Voraussetzungen in die Schule kommen und auf der Grundlage ihres sozialen Habitus sehr unterschiedlich für das schulische Spiel ausgestattet und gerüstet sind – Schule also mit ihren Anforderungen und Anerkennungsbezügen sozialisatorisch ganz unterschiedlich auf diese einwirkt. *Zweitens* verdeutlicht die Erweiterung des Milieubegriffs in der dokumentarischen Methode, dass wir es hierbei nicht nur mit Mentalitätsunterschieden auf der Grundlage differenter sozialer Lagen (der Schichtzugehörigkeit) zu tun haben, sondern diese für konkrete Schülerinnen und Schüler mit anderen Haltungen aus eigenständigen konjunktiven Erfahrungsräumen überlagert sind. Schülerinnen und Schüler in der Schule sind damit auf einer grundlegenden Ebene des impliziten und handlungsleitenden Wissens vielfach vordisponiert (z. B. neben sozialer Schicht auch durch die Lagerung von Generation und Geschlecht). *Drittens* schließlich ist Schule selbst als ein in Deutschland nach Schulform und auch nach Einzelschule variierendes Lern- und Entwicklungsmilieu zu verstehen, das wiederum jeweils unterschiedliche Anschlussmöglichkeiten für Schülerinnen und Schüler bereithält. Damit ist von sehr unterschiedlichen Passungskonstellationen zur Schule auszugehen – also auch von sehr verschiedenen sozialisatorischen Wirkungen der Schule. Schule ist damit nicht nur in das System sozialer Ungleichheiten verstrickt, sondern darin auch aktiv an seiner Herstellung beteiligt.

Milieubezüge lassen sich für **unser Fallbeispiel** in zweifacher Hinsicht ausführen: als Milieuhintergrund und vorliegende Mentalität von Erik als Schüler einerseits und andererseits als Milieubezug und damit spezifisch ausgeformte Schulkultur der Schule.

Erik besucht eine integrierte Gesamtschule, die sich in ihrem institutionellen Selbstverständnis in einer starken reformpädagogischen Tradition versteht. In herausgehobenen schulischen Präsentationen – z. B. in den Ansprachen der Schulleiterin zur Begrüßung der neuen Schülerinnen und Schüler – wird deutlich, dass hier als dominante Orientierung der Schule eine ausgeprägte Orientierung an der bereits vorhandenen und weiter zu stärkenden Autonomie des Kindes vorliegt, die sich zudem mit einer grundlegenden Skepsis gegenüber medien- und konsumbezogenen ‚Irrwegen' der Modernisierung verbindet. Das schulische Ideal eines „kritischen, reflexiven, eigenständigen Schülers" verweist auf einen idealen Schülerhabitus, der zugleich eine „ökologisch bewusste Lebensführung und eine medienkritische Haltung der Heranwachsenden" einschließt (Helsper u. a. 2009, S. 280). Mit diesem sekundären Habitus als Idealentwurf der Schulkultur kann die Gesamtschule z. B. in das Milieumodell von Vester u. a. eingeordnet werden. Man sieht dann, dass diese Schule ihre zentralen Bezugsmilieus auf der oberen Schichtungsebene der herrschenden bürgerlichen Milieus – und diesen zugeordnet den zentralen Bezugshabitus als Habitus der Distinktion – hat. Angehörige des *Alternativen Milieus* und des *Liberal intellektuellen Milieus* gehören damit zur bevorzugten schulischen Klientel, deren Vorkommen an der Schule über die Zugangshürde eines Gespräches des Kindes und seiner Eltern mit der Schulleiterin zu sichern versucht wird, das die Form einer Gesinnungsprüfung annimmt. Der Zugang zu dieser Gesamtschule kann damit – auch vor dem Hintergrund vielfach höherer Anmeldewünsche – selektiv reguliert werden. Noch kompatible, aber bereits eingeschränkte passförmige Milieus finden sich im *Hedonistischen Milieu*, im *Modernen Arbeitnehmer-Milieu* und im *Leistungsorientierten Arbeitnehmer-Milieu* (vgl. Abb. 13 in Helsper u. a. 2009, S. 281).

Erik's eigene Haltung und deren Passung zur Schule kann nun nicht einfach aus dem sozialen Herkunftsmilieu der Eltern abgeleitet werden, sondern ergibt sich erst, wenn man das spezifische Zusammenwirken dieser Herkunft mit dem konkreten Individuationsverlauf entlang seiner Biografie betrachtet – also als Habitus der soziale Herkunft und eine Individuation als Amalgam verbindet. Die Eltern gehören – besonders auch über den Künstlerstatus des Vaters als Maler – sicherlich zum Alternativen Milieu. Insofern ist auch der Zugang zu dieser Schule kein Problem. Allerdings zwingt die besondere familiäre Situation dem Individuationsprozess und Erik's Haltung ihren eigenen Stempel auf. Im Zusammenleben mit dem erheblich älteren Vater und der erwachsenen Schwester ist er mit einer durch die Trennung von der Mutter verursachten umfassenden Sinnkrise seines Vaters konfrontiert, sodass dieser kaum als sorgende und unterstützende Instanz für Erik greifbar ist, sondern umgekehrt der Sorge und Verantwortungsübernahme durch Erik bedarf. Durch diese Verkehrung der Generationendifferenz entsteht nicht nur ein primäres Anerkennungsproblem, sondern auch eine frühzeitige Distanzierung gegenüber dem Habitus des Vaters. Fluchtpunkt seiner Anerkennungsbedürfnisse wird die imaginäre Welt des Cyberpunk und die künstlerische Haltung findet eine biografisch passende Form im Zeichnen von Anime und Mangas. Genau damit gerät Erik aber aus dem harmonischen Passungsverhältnis zur Schule und deren Idealentwurf eines Schülerhabitus heraus. Dieses Herausfallen und die Suche nach einer Balance seiner Haltungen zu den schulischen Erwartungen sind in der Unterrichtsszene zu beobachten. Während die Lehrerin hier durch ihre Interventionen versucht, Erik auf den schulischen Idealhabitus zu verpflichten, zeigt sich bei Erik eine Mischung aus Anpassung und Eigensinn, die sich aus dem Zusammenspiel von Herkunftsmilieu, Biografie und dem Entwicklungsmilieu der Schule (der Schulkultur) ergibt.

## Literatur (Tipps zum Weiterlesen fett gedruckt)

Baumert, J./Schümer, G. (2001): Schulformen als selektionsbedingte Lernmilieus. In: Deutsches PISA-Konsortium (Hrsg.): PIS. 2000. Basiskompetenzen von Schülerinnen und Schülern im internationalen Vergleich. Opladen: Leske + Budrich, S. 454-467.

Beck, U. (1986): Risikogesellschaft. Auf dem Weg in eine andere Moderne. Frankfurt a. M.: Suhrkamp.

Bohnsack, R. (1989): Generation, Milieu, Geschlecht. Ergebnisse aus Gruppendiskussionen mit Jugendlichen. Opladen: Leske + Budrich.

Bohnsack, R. (2000): Rekonstruktive Sozialforschung. Einführung in Methodologie und Praxis qualitativer Forschung. 4. Aufl. Opladen: Leske + Budrich.

Bohnsack, R. (2003): Praxeologische Wissenssoziologie. In: Bohnsack, R./Marotzki, W./ Meuser, M. (Hrsg.): Hauptbegriffe Qualitativer Sozialforschung. Opladen: Leske + Budrich, S. 137-138.

Bohnsack, R. (2013): Dokumentarische Methode und die Logik der Praxis. In: Lenger, A./Schneickert, C./Schumacher, F. (Hrsg.): Pierre Bourdieus Konzeption des Habitus. Grundlagen, Zugänge, Forschungs-perspektiven. Wiesbaden: Springer VS, S. 175-200.

Bohnsack, R./Krüger, H.-H./Pfaff, N. (2013): Einleitung: Rekonstruktive Milieuforschung. In: ZQF, Jg. 14, H. 2, S. 171-178.

Bourdieu, P. (1993): Sozialer Sinn. Kritik der theoretischen Vernunft. Frankfurt a. M.: Suhrkamp.

Bourdieu, P. (1995): Sozialer Raum und ›Klassen‹. Leçon sur la leçon. Zwei Vorlesungen. 3. Aufl. Frankfurt a. M.: Suhrkamp.

Bourdieu, P. (1999): Die feinen Unterschiede. Kritik der gesellschaftlichen Urteilskraft. 11. Aufl. Frankfurt a. M.: Suhrkamp.

**Bremer, H. (2012): Die Milieubezogenheit von Bildung. In: Bauer, U./Bittlingmayer, U. H./Scherr, A. (Hrsg.): Handbuch Bildungs- und Erziehungssoziologie. Wiesbaden: Springer VS, S. 829-846.**

Gukenbiehl, H. L. (1989): Milieu. In: Schäfers, B. (Hrsg.): Grundbegriffe der Soziologie. 2. Aufl. Opladen: Leske + Budrich, S. 199-200.

Helsper, W. (2006): Elite und Bildung im Schulsystem – Schulen als Institutionen-Milieu-Komplexe in der ausdifferenzierten höheren Bildungslandschaft. In: Ecarius, J./Wigger, L. (Hrsg.): Elitenbildung – Bildungselite. Erziehungswissenschaftliche Diskussionen und Befunde über Bildung und soziale Ungleichheit. Opladen: Barbra Budrich, S. 162-188.

Helsper, W. (2008): Schulkulturen – die Schule als symbolische Sinnordnung. In: Zeitschrift für Pädagogik, Jg. 54, H. 1, S. 63-80.

Helsper, W. (2009): Schulkultur und Milieu – Schulen als symbolische Ordnungen päd-
agogischen Sinns. In: Melzer, W./Tippelt, R. (Hrsg.): Kulturen der Bildung. Opladen:
Barbara Budrich, S. 155-176.
Helsper, W./Böhme, J./Kramer, R.-T./Lingkost, A. (2001): Schulkultur und Schulmythos.
Gymnasien im Transformationsprozess zwischen exklusiver Bildung und höherer Volks-
schule. Rekonstruktionen zur Schulkultur I. Opladen: Leske + Budrich.
Helsper, W./Kramer, R.-T./Hummrich, M./Busse, S. (2009): Jugend zwischen Familie und
Schule. Eine Studie zu pädagogischen Generationsbeziehungen. Wiesbaden: VS Verlag
für Sozialwissenschaften.
Hradil, S. (1999): Soziale Ungleichheit in Deutschland. 7. Aufl. Opladen: Leske + Budrich.
Hradil, S. (2004): Die Sozialstruktur Deutschlands im internationalen Vergleich. Wiesbaden:
VS Verlag für Sozialwissenschaften.
**Hradil, S. (2006): Soziale Milieus – eine praxisorientierte Forschungsperspektive. In:
APuZ, H. 44-45, S. 3-10.**
Inglehart, R. (1977): The Silent revolution. Changing Values and Political Styles Among
Western Publics. Princeton/New Jersey: Univ. Press.
Kramer, R.-T. (2011): Abschied von Bourdieu? Perspektiven ungleichheitsbezogener Bil-
dungsforschung. Wiesbaden: VS Verlag für Sozialwissenschaften.
Mannheim, K. (1928/1929): Das Problem der Generationen. Kölner Vierteljahreshefte für
Soziologie, Jg. 7 (1928), S. 157-185 und (1929), S. 309-330
Mannheim, K. (1980): Strukturen des Denkens. Frankfurt a. M.: Suhrkamp.
**Vester, M. (2006): Soziale Milieus und Gesellschaftspolitik. In: APuZ, H. 44-45, S. 10-17.**
Vester, M./von Oertzen, P./Geiling, H./Hermann, T./Müller, D. (2001): Soziale Milieus im
gesellschaftlichen Strukturwandel. Zwischen Integration und Ausgrenzung. Frankfurt
a. M.: Suhrkamp.

## 4.2 Sozialisation, Schule und Geschlecht

In dem Filmklassiker „Die Feuerzangenbowle" kommt es zu folgender Szene:

Um einen Streich zu spielen, hat der Protagonist des Filmes, Hans Pfeiffer, den
Wecker des Chemielehrers am Vortag verstellt und die Oberklasse der nebenan
gelegenen höheren Mädchenschule eingeschleust. Hans Pfeiffer selbst steht nun
als Chemielehrer Professor Böck verkleidet vor den Schülerinnen und Schülern
als der Schulrat überraschend eintritt. Dieser soll über die Beförderung des
Chemielehrers entscheiden. Der Direktor durchschaut das Spiel und bittet Hans
Pfeiffer, den Unterricht fortzusetzen, während der Schulrat umringt von einigen
Lehrern im vorderen Bereich der Klasse Platz nimmt.

Hans Pfeiffer alias Prof. Böck sagt nun: „Wo waren wir stähen geblieben? Ach ja, beim Ackerbau. Schon Friederich der Große hat die Bedeutung dieses Probläms klar erkannt, von ihm stammt der Ausspruch: Wär es färtig bringt, zwei Halme wachsen zu lassen, wo bishär nur einer wächst, där ist größer als der größte Feldherr. Und wäderum war es ein Deutschär, där durch seine wissenschaftlichen Forschungen die Grundlagen gelägt hat, zu unsärer heutigen modärnen Agraeculturchemie. Wär können ihn gewissermaßen den Vater des Konstdöngers nännen. Er studierte in Gießen, erfand das globale Chloroform, schuf neue Värfahren zur Analöse. Sein Name äst allerdängs mähr bekannt geworden dorch den nach ähm benannten Fleischextrakt. Nun? Wie heißt wohl däser große Chämiker?" Mehrere Schülerinnen und Schüler schnippen mit den Fingern. Ein Mädchen tritt aus der Bank hervor und sagt mit hoher Stimme „Maggi." Mehrere Schüler lachen tief und rufen „Liebig", „von Liebig" durcheinander. Das Mädchen setzt sich und wiederholt betreten „Liebig." Der Schulrat wendet sich nun der Klasse zu und fragt: „Wo kommen denn die jungen Mädchen her?" Der Direktor entgegnet darauf: „Äh, die Mädchen. Ja, gewiss." Ein junger Lehrer beugt sich zum Schulrat und sagt: „Das ist die Oberklasse der höheren Mädchenschule von nebenan." Der Schulrat nickt und sagt: „Ach, ich verstehe. Sie machen den Versuch eines Gemeinschaftsunterrichts. Hm. Sehr modern. Aber nicht schlecht. Nicht schlecht. Bitte, mir Ihre Erfahrungen, Erfahrungen demnächst zu berichten." Der Direktor nickt. Der Schulrat sagt zu Hans Pfeiffer alias Prof. Böck: „Herr Kollege. Sehr, sehr hübsch."

Nun gibt es auch aus zeitgeschichtlicher Betrachtung sicherlich viel über diesen Film anzumerken, der sehr deutlich die Bedeutsamkeit der nationalen Verfasstheit von Schule herausstellt, und die die Reproduktion der Nationalgesellschaft zum Ziel hat. In dieser komödiantischen Szene tritt allerdings auch etwas anderes deutlich zutage, was in die Geschichte der Schule lange Zeit eingeschrieben war: dass nämlich die höhere Schulbildung, also die Schulbildung, die nach der Volksschule (der Pflichtschulzeit für alle Kinder) stattgefunden hat, für Jungen und Mädchen getrennt stattfand. Mehr noch: Mädchen waren bis ins späte 19. Jahrhundert hinein von höherer schulischer und universitärer Bildung ausgeschlossen. Dass in dieser Szene der Schulrat darauf anspielt, dass das Vorgehen sehr modern, aber nicht schlecht sei, stellt heraus, als wie ungewöhnlich es empfunden wird, dass Mädchen und Jungen gemeinsam das Gleiche lernen. Es zeigt, dass die Annahme der Gleichheit der Geschlechter sich erst allmählich etabliert hat. Heute ist sie zwar auch noch nicht vollständig umgesetzt, sie hat sich jedoch in subtilere Diskurse verschoben, wie wir in diesem Kapitel zeigen werden.

Zeichnet man die Geschichte der Institutionalisierung von Schule nach, so zeigt sich ein deutlicher Wandel im Umgang mit dem Geschlecht der Schülerinnen und Schüler vom Beginn der Pflichtbeschulung bis heute. Die Volksschule war im Grunde immer schon koedukativ, wobei die Sitzordnung häufig eine deutliche Trennung zwischen Mädchen und Jungen vornahm. Die mittlere und die höhere Schule hingegen waren seit Beginn der Massenbeschulung eher monoedukativ, d. h.: es gab Schulen für Mädchen und Schulen für Jungen. Dies wurde u. a. dadurch begründet, dass man Mädchen und Jungen in unterschiedlichen Bereichen für begabt hielt. Während Jungenschulen altsprachlich oder auch naturwissenschaftlich profiliert sein konnten, wurden an Mädchenschulen eher hauswirtschaftliche Fächer und neue Sprachen gelernt, um die Schülerinnen auf ihre künftigen Aufgaben als Ehefrau und Mutter vorzubereiten. Die Möglichkeit, das Abitur zu machen, erhielten Mädchen und junge Frauen erst 1893; die ersten Zulassungen zum Hochschulstudium gab es 1900 in Baden. Noch 1960 war der Anteil der weiblichen Abiturientinnen unter 8 % (Hadjar/Becker 2006).

Daran sehen wir: die Idee davon, dass Mädchen anders begabt als Jungen sind, ist keine neue; sie ist im Gegenteil tief verwurzelt in der gesellschaftlichen Arbeitsteilung und der Vorstellung natürlicher Unterschiede. Wie die Idee von der Dualität (i. e. Zweiheit) von männlich-weiblich produziert wird, zeigt u. a. Pierre Bourdieu (1930-2002) in seinem Band „Die männliche Herrschaft" (Bourdieu 2005). Nach Bourdieu scheint die Einteilung in Geschlechter zunächst „in der Natur der Dinge" zu liegen (ebd., S. 19). „Sie ist gleichermaßen – in objektiviertem Zustand – in den Dingen (z. B. im Haus, dessen Teile allesamt ‚geschlechtlich bestimmt' sind), in der ganzen sozialen Welt und – in inkorporiertem Zustand – in den Körpern, in dem Habitus der Akteure präsent, die als systematische Schemata der Wahrnehmung, des Denkens und Handelns fungieren" (ebd.). Wie das Milieu „wirkt" also auch Geschlecht als quasi-natürliches Unterscheidungskriterium, das in eher weiblichen und männlichen Dingen, vor allem aber auch in weiblichen und männlichen Tätigkeiten repräsentiert ist. Die Festlegung eines Geschlechtes bei der Geburt nimmt damit schon einen Entwicklungsverlauf vorweg: indem eingeteilt ist, ob ein Kind ein Junge oder ein Mädchen ist, wird auch zugeschrieben, welche Eigenschaften und Interessen er oder sie legitim haben darf. In Symbolstrukturen wie der Kleidung der Kinder, ihren Möbeln und Spielsachen schreibt sich diese Zuweisung fort. Und auch die Erfahrungen der Kinder mit der Erwachsenenwelt sind von geschlechtsspezifischen Zuweisungen geprägt: der geschlechtsspezifischen Arbeitsteilung der Eltern und weiterer Bezugspersonen, der Einteilung von Tätigkeiten und Fähigkeiten in typisch jungenhaft oder typisch mädchenhaft (vgl. Bilden 1991, S. 282ff.).

Die Dualität der Geschlechter ist auch dann erkennbar, wenn sie bewusst aufgehoben werden soll. Sie wird zu einem Herrschaftsverhältnis, indem Männern der Vorrang in gesellschaftlich anerkannten Bereichen zuerkannt wird (vgl. Bourdieu 2005, S. 63). Die Einteilung in produktive-männliche Tätigkeiten, die mit Berufstätigkeit zu tun haben, und reproduktive-weibliche Tätigkeiten, die schlechter oder gar nicht bezahlt werden, ist zum Beispiel im klassischen Ernährermodell (der Mann verdient das Geld, die Frau kümmert sich um Haushalt und Kinder) angelegt, das heute auch noch in weiten Teilen der Gesellschaft (gerade auch im Zuverdienermodell) verbreitet ist. Schließlich sind Tätigkeiten und Dinge des Alltagshandelns selbst in einer Art und Weise vergeschlechtlicht, so dass es kaum möglich ist, sich den damit einhergehenden Vorstellungen von geschlechtstypischem Verhalten zu entziehen (vgl. Bilden 1991, S. 281).

Wir können im Eingangsbeispiel das unwissende Mädchen gegenüber den wissenden Jungen als eine Art Beleg der Vergeschlechtlichung von Wissen und Nicht-Wissen verstehen. Während das Mädchen aus dem Alltag heraus urteilt, kommt die Korrektur der Jungen aus dem Wissen um den Kontext der Entdeckung eines Erfinders. Das Mädchen steht gesittet auf und setzt sich wieder, die Jungen schnippen mit den Fingern und rufen in den Unterricht herein. Hier reproduzieren sich Stereotype von Angepasstheit und Verbundenheit mit den alltäglichen Dingen gegenüber männlicher Dominanz und männlichem Wissen, das die eigentliche Ordnung herzustellen vermag (die höhere Ordnung der Wissenschaft). Genau diese in der Filmszene exemplarisch zum Ausdruck kommenden ‚Kurz-Schlüsse‘ von z. B. weiblich=angepasst=sorgsam und männlich=eigenständig=produktiv nennt Bourdieu (2005) homologe Verkettungen. Diese sorgen dafür, dass die Gegensätzlichkeit der Konstruktion von Geschlechtlichkeit aufrechterhalten werden können:

> „Die für sich genommen willkürliche Einteilung der Dinge und der Aktivitäten (geschlechtlicher oder anderer) nach dem Gegensatz von weiblich und männlich erlangt ihre objektive und subjektive Notwendigkeit durch ihre Eingliederung in ein System homologer Gegensätze: hoch/tief, oben/unten, vorne/hinten, rechts/ links, gerade/krumm (und hinterlistig), trocken/feucht, hart/weich, scharf/fade, hell/dunkel, draußen (öffentlich)/drinnen (privat) usf., die zum Teil Bewegungen des Körpers (nach oben/nach unten, hinaufsteigen/hinabsteigen, nach draußen/drinnen, hinaustreten/eintreten) entsprechen. Da diese Gegensätze im Hinblick auf den jeweiligen Unterschied einander ähnlich sind, ist ihre Übereinstimmung groß genug, um sich in und durch das unerschöpfliche Spiel der praktischen Übertragungen und der Metaphern gegenseitig zu stützen" (Bourdieu 2005, S. 18).

Wie die milieuspezifische Sozialisation, so verläuft also auch die geschlechtsspezifische Sozialisation auf der Grundlage alltäglicher Haltungen und Einstellungen, die den handelnden Subjekten nicht unmittelbar bewusst sind. So beschreibt etwa

Feministin Marianne Grabrucker in dem Band „Typisch Mädchen" den Versuch, ihre Tochter geschlechtsneutral zu erziehen, den sie schließlich – aufgrund ihrer eigenen Haltung – als gescheitert einstuft (vgl. Grabrucker 1989, zit. n. Bilden 1991, S. 281). Und selbst wenn Eltern ihren Kindern alternative Modelle vorleben, so orientieren sich Kinder – auch durch andere Sozialisationsagenten vermittelt – zunächst an den gängigen Bildern von Geschlechtlichkeit.

Dies lässt sich mit Bezug auf die im vorhergehenden Kapitel beschriebenen Sozialisationstheorien exemplarisch ausbuchstabieren, wie etwa Tillmann (2010) es in seinem Band zu Sozialisationstheorien auch macht, um den Zusammenhang von Gesellschaft, Institution und Subjektwerdung zu beschreiben. Dabei arbeitet er die expliziten und impliziten Bezugnahmen auf die Vergeschlechtlichung durch Sozialisation deutlich heraus. Am Phasenmodell Sigmund Freuds sei dies noch einmal kurz nachvollzogen (vgl. Kap. 3.3): Sowohl das Mädchen als auch der Junge sind in der prä-ödipalen Phase deutlich an die Mutter gebunden. Der Junge entdeckt in der ödipalen Phase nun, dass der Mutter der Penis fehlt, während der Vater ihn (noch) hat, und glaubt, sein Begehren der Mutter würde mit Kastration durch den Vater bestraft, so dass er (der Junge) werde wie die Mutter. An dieser Kastrations-drohung „zerschellen" (Tillmann 2010, S. 85) die ödipalen Wünsche, der Junge gibt seine mütterliche Objektbesetzung auf und identifiziert sich fortan mit dem Vater, das Über-Ich entsteht. Das Mädchen entdeckt indes, dass ihm selbst der Penis fehlt und entwickelt den mit dem Penisneid einhergehenden Kastrationskomplex. Sie wendet sich von der Mutter ab und entwickelt in ihrer ödipalen Phase den Wunsch, sich dem Vater zuzuwenden. Um aber die Zuwendung des Vaters zu erfahren, muss das Mädchen werden wie die Mutter. Es verlässt die ödipale Situation folglich sehr langsam, das Über-Ich wird nur zögerlich aufgerichtet (ebd.). Die folgende Phase, die Latenzphase, dient vor allem der Festigung der Geschlechtsidentität, indem verstärkt Kontakt zu gleichaltrigen und gleichgeschlechtlichen Kindern gesucht wird. In diese Phase fällt auch die schulische Sozialisation.

Von den Theorien, die auch in diesem Band eingegangen sind, sollen hier noch einmal knapp die strukturfunktionale Sicht (vgl. Kap. 3.2) und die interaktionistische Sicht (vgl. Kap. 3.4) mit Blick auf Geschlechtersozialisation in der Schule aufgerufen werden. Wir erinnern uns: Im Struktur-Funktionalismus steht die Übernahme von Rollen mit Blick auf die Verteilung der Arbeitskraft im Zentrum. Es geht darum, das gesellschaftliche System zu reproduzieren. Insofern schreibt Parsons auch ein konservatives Modell der geschlechtlichen Sozialisation fort. So erkennt er in sei-nen Ausführungen zur mütterlichen Grundschullehrerinnenrolle gegenüber der distanzierteren Erfahrung rationaler, auch männlicher Bewertungsmaßstäbe in der Highschool auch die Geschlechterdualität an und hinterfragt ihre Bedeutsamkeit bei der Reproduktion von Geschlechterungleichheit gegenüber dem Leistungsprinzip nicht. Im Interaktionismus ging es um das Wechselspiel aus „role-taking" und „role-making". „Rollen sind hier nicht (wie in der struktur-funktionalen Theorie) extern festgelegte Verhaltensanforderungen; sie werden vielmehr im Kommunikationsprozess zwischen Subjekten ausgehandelt" (Tillmann 2010, S. 172), die dabei die sozialen Anforderungen einer Situation mit ihren personalen Bedingungen ausbalancieren müssen. Insofern wäre Geschlecht etwas, das in Interaktionen hergestellt wird und das konsequenterweise sowohl dynamisch gedacht werden muss als auch in seiner Eingebundenheit in Macht- und Dominanzverhältnisse (Bilden 1991, S. 280). Mit dem interaktionistischen Ansatz gelingt es also, nicht nur zu betrachten, welche Unterschiede gemacht werden (wie bei Bourdieu) oder wie die herrschende Ordnung reproduziert wird (wie in psychoanalytischen und struktur-funktionalen Ansätzen), sondern auch wie Männlichkeit und Weiblichkeit hervorgebracht und verändert werden (ebd.).

Zu diesem Zusammenhang gibt es zahlreiche Untersuchungen, von denen hier einige exemplarisch vorgestellt werden sollen. Es war Jürgen Zinnecker (1941-2011), der sich schon früh mit der Frage auseinandersetzte, warum Mädchen in der Schule besser abschneiden als Jungen. Ihre höhere Leistungsfähigkeit wurde damit in Verbindung gebracht, dass sie sich in der Schule angepasster verhielten und dem „heimlichen Lehrplan" der Schule deutlicher entsprächen als die Mehrzahl der Jungen (Zinnecker 1986). Der „heimliche Lehrplan" beschreibt Aspekte der Lehrer-Schüler-Interaktion, die nicht nur das intendierte Erziehungs- oder Lernziel zum Gegenstand haben, sondern bei denen es unter der Hand (deshalb „heimlich") um die Vermittlung von angemessenem Verhalten in der Schule geht.

Der Begriff „heimlicher Lehrplan" ist in den Folgejahren auch verwendet worden, um Effekte sozialer Ungleichheit, die im schulischen Handeln zustande kommen, abzubilden. Zum Beispiel beschreiben Hannelore Faulstich-Wieland und Marianne Horstkemper (1995) die Zuschreibung von unterschiedlichen Leistungsfähigkeiten und Begabungskonzepten je nach Geschlecht als „heimlichen Lehrplan der Geschlechtersozialisation". Die Studie, die sie zu Beginn der 1990er Jahre durchführten, setzt bei der Frage an, ob es angesichts der anhaltenden Ungleichbehandlung von Mädchen und Jungen nicht besser sei, die Monoedukation wiedereinzuführen. Dies betraf mit Bezug auf die Mädchen die systematische Schlechterstellung in den heute als MINT-Fächern (Mathematik, Informatik, Naturwissenschaft und Technik) bezeichneten Fächern, mit Bezug auf die Jungen deren scheinbar geringere Leistungsfähigkeit in Sprachen und musischen Fächern. Die Autorinnen haben 1.700 Aufsätze von Mädchen und Jungen ausgewertet und Befragungen an monoedukativen und koedukativen Schulen durchgeführt. In ihren Auswertungen kommt häufig zum Ausdruck, dass die Schule nicht nur Ort der Wissensvermittlung ist, sondern auch ein Feld, in dem geschlechtstypisches Verhalten eingeübt wird.

Dabei stellen sie auch fest, dass in rein monoedukativen Schulen die stereotypen Annahmen über das andere Geschlecht stärker ausgeprägt sind, als in koedukativen Schulen (vgl. Faulstich-Wieland 1997). Das Ergebnis wird so erklärt, dass in den monoedukativen Schulen konkretes Handlungswissen fehlt, während an koedukativen Schulen auch vom Stereotyp abweichendes Verhalten erfahren wird. Als zentrales Ergebnis halten sie ein Schülerinnen-Zitat fest, das auch den Titel des Buches gibt: „Trennt uns bitte, bitte nicht" (Faulstich-Weland/Horskemper 1995), und fordern eine Lehrerprofessionalisierung im Sinne „reflexiver Koedukation", das heißt Geschlechtsunterschiede weder zu dramatisieren, noch zu negieren.

Was hat man sich darunter vorzustellen? Bevor wir auf zwei weitere Studien eingehen, soll hier ein Fallbeispiel aus dem DFG-Projekt „EDUSPACE – schulkultureller Raum und Migration in Deutschland und den USA"[12] herangezogen werden.

> Herr M. [der Mathematiklehrer, d. A.] schlägt die Tafel auf. Darauf steht ein Text, der mit den Worten „Ich bin die schönste Frau der Welt" anfängt. Herr M. fragt: „Wer von euch Jungs hat denn das geschrieben?" Annika ruft: „Das waren nicht die Jungs. Das war ich". Ein paar Jungen lachen. Herr M. fragt: „Das hast du dir aber nicht selbst ausgedacht, oder?" Annika entgegnet: „Nein, das war ein Diktat bei Frau Z." Daraufhin Herr M.: „Ach so. Da bin ich aber beruhigt. Dass du nicht sooo eingebildet bis. (kurze Pause) Früher war ich eingebildet, heute weiß ich, dass ich schön bin."

Dieses Beispiel aus der neunten Klasse einer Gemeinschaftsschule in Schleswig-Holstein thematisiert Geschlecht in mehrfacher Hinsicht. Zunächst über den Tafelanschrieb „Ich bin die schönste Frau der Welt." Hier werden Weiblichkeit und Schönheit zusammengebracht, ein gängiges Wahrnehmungsmuster wenn es um die Einordnung von Mädchen und Frauen geht. Indem der Lehrer, Herr M. fragt, wer von den Jungen dies geschrieben hat, schließt er die Mädchen automatisch aus. Er dramatisiert die Geschlechterdifferenz, indem er ironisierend unterstellt, einer der Jungen würde sich als weiblich dargestellt haben. Damit geht die Gefahr einher, ein zu wenig männlicher Junge zu sein. Die Folge wäre möglicherweise Ausschluss und Diffamierung (vgl. Bittner/Lotz 2014). Annika springt den Jungen zur Hilfe und gibt zu, dass der Anschrieb auf ihr Konto geht. Das Lachen der Jungen ist insofern nicht nur ein Lachen über Annika, sondern

---

12  Das Projekt wird im Zeitraum von 2015 bis 2018 am Zentrum für Bildungs-, Unterrichts- Schul- und Sozialisationsforschung (ZeBUSS) der Europa-Universität Flensburg durchgeführt. Projektleitung: Prof. Dr. Merle Hummrich.

auch als Erleichterung über die Entlastung zu interpretieren. Herr M. wechselt nun in einen anderen Duktus, indem er auf die Autorenschaft anspielt. Dabei unterstellt er, dass es eingebildet sei, hätte Annika sich diesen Satz selbst ausgedacht. Er arbeitet nun also an einem weiblichen Stereotyp, das negativ bewertet wird. Annika indes bleibt auf der sachlichen Ebene.

Interessant ist, dass Herr M. hier einerseits Einbildung als unsachlich und nicht in den Kontext gehörend markiert, dies als Möglichkeit jedoch selbst einbringt. Den Jungen wird als potenziellen Tätern mit dem Verlust ihrer Männlichkeit gedroht, den Mädchen dagegen über das zitierte weibliche Stereotyp mit einer Abwertung.

Zu einer Situation der Geschlechtersozialisation wird dieses Beispiel also, indem nicht einfach die Tafel ausgewischt wird, sondern die Geschlechtlichkeit der Schüler und Schülerinnen hervorgehoben wird – als potenzielle Unmännlichkeit bei den Jungen oder negative Eigenschaft eines Mädchens. Dies vermittelt zugleich auf beiden Seiten, was die gewünschten Verhaltensweisen von Jungen und Mädchen sind. Dramatisierend kann die Verwendung hier genannt werden, weil sie durch den Lehrer eingebracht und bespielt wird. So haben jenseits der Konstruktion von Zweigeschlechtlichkeit keine Verhaltensweisen Patz.

Wie sich Schülerinnen und Schüler sozialisieren und dabei auch Zweigeschlechtlichkeit hervorbringen, untersuchten Georg Breidenstein und Helga Kelle (1998) in einer ethnografischen Studie an der Laborschule Bielefeld. Im Gegensatz zu den bislang vorgestellten Beispielen und Ansätzen ging es ihnen darum, die Differenzierungspraxen der Kinder untereinander zu analysieren. Damit heben sie die *peergroup* (i. e. Gleichaltrigengruppe) als relevanten Sozialisationsagenten hervor, der insbesondere in der Schule bedeutsam ist, da Schülerinnen und Schüler in Gruppen Gleichaltriger zusammengefasst sind und sich dauernd mit ihnen auseinandersetzen müssen. Mit der Herstellung von Unterscheidungsmerkmalen nach Geschlecht schaffen die Kinder im schulischen Alltag, so führen Breidenstein und Kelle anhand zahlreicher ethnographischer Protokolle aus, Zugehörigkeit und Ausgrenzung. Diese Praxis der Hervorbringung von Zugehörigkeit und Ausgrenzung auf der Grundlage des Geschlechts lässt sich auch als „doing gender" bezeichnen. Der Begriff des „doing gender", den Breidenstein und Kelle (ebd.) deutlich in den Vordergrund stellen, verweist darauf, dass Geschlecht sozial hergestellt wird. Ausgehend von der biologischen Festlegung auf ein Geschlecht (dieses wird „sex" genannt), wird „gender" (also die Geschlechtsidentität, die intersubjektiv hergestellt wird) durch Handlungen erzeugt (vgl. auch Gildemeiser/Wetterer 1992). Das Interessante an der Studie von Breidenstein und Kelle ist in diesem Zusammenhang nicht nur, dass sie diese Herstellungspraxis zeigen, sondern dass sie die Herstellung von Geschlecht auch in ihrer situativen Eigenlogik wahrnehmen. Das heißt: Schule wird zu einer Arena, in

der Zweigeschlechtlichkeit durch die (Selbst-)Einteilung in Mädchen und Jungen
reproduziert wird. Mädchen und Jungen können so füreinander und voreinander
Unterschiede produzieren, die später zur Grundlage der normativ privilegierten
heterosexuellen Beziehung werden (vgl. Breidenstein/Kelle 1998, S. 269f.).
Zweigeschlechtlichkeit wird häufig auch mit Blick auf mögliche Bildungsbenach-
teiligungen diskutiert. Während – wie eingangs angedeutet – lange Zeit Mädchen
benachteiligt waren, weil sie Zulassungen zu bestimmten Bildungsgängen entweder
nicht gestattet bekamen oder nach dem zweiten Weltkrieg deutlich unterrepräsentiert
waren (Hadjar/Becker 2006), wurde im Nachgang der PISA Studie 2000 (Baumert et
al. 2001) hervorgehoben, dass inzwischen Jungen als weniger leistungsfähig gelten
müssen. Dies hat zu einer neuen Auseinandersetzung mit der Geschlechtersozialisation geführt, die unter anderem danach fragt, ob nicht die Überrepräsentanz
weiblicher Lehrkräfte eine Schwächung der männlichen Anteile im Schulischen zur
Folge hätte oder ob Jungen nicht künftig die Bildungsverlierer seien (vgl. Budde/
Scholand/Faulstich-Wieland 2008). Diese vermeintlich einfachen Lösungen und Er-
klärungsansätze verkennen allerdings, dass Leistungserfolg nicht einfach hergestellt
werden kann, indem willkürlich äußere Bedingungen verändert werden. Vor diesem
Hintergrund haben sich Budde u. a. (2008) mit dem Thema „Geschlechtergerechtigkeit in der Schule" auseinandergesetzt. Sie stellen dar, dass es im schulischen Alltag
nicht darum geht, dass Jungen ihre Leistung nicht zur Geltung bringen könnten,
sondern dass Jungen die „Bühne" der Schule oder der Klassenöffentlichkeit ganz
anders nutzen als Mädchen – nämlich performanzorientiert: sie wollen gerne bei
den Mitschülern ankommen, die Gefahr abwehren, dass ihnen Homosexualität
oder Weichheit unterstellt werden könnte, und in schulischen Interaktionen „Kom-
plizenschaft" (Budde 2006, S. 116) herstellen. Dabei unterstützen sie sich, ganz wie
dies zuvor bei Breidenstein und Kelle angesprochen wurde, gegenseitig. Budde et al.
(2008) zeigen aber darüber hinaus auch noch, dass die Lehrerwahrnehmungen bzw.
die Interpretationen der Lehrerinnen und Lehrer des Jungenverhaltens als „typisch"
das geschlechterstereotype Verhalten beflügeln. So gelingt es den Autorinnen und
dem Autor das Zusammenspiel der Klassengemeinschaft und der Lehrerinterakti-
onen als komplexes Interaktionsgefüge herauszuarbeiten.

Zusammenfassend zeigt sich, dass geschlechtsspezifische Sozialisation die Herstellung von Geschlecht im Blick hat. Die Frage nach der „natürlichen" Ungleichheit
der Geschlechter, die auch die Ungleichheit von Fähigkeiten, Neigungen und
Begabungen einschließt, konnte im historischen Verlauf zunehmend weniger
aufrecht erhalten werden; demgegenüber wurde und wird auch heute noch die
Hervorbringung von Geschlechtlichkeit als „doing gender" im Alltag in den Blick

genommen. Die Schule spielt in diesem Zusammenhang eine besondere Rolle, weil Schülerinnen und Schüler hier zum einen auf Lehrerinnen und Lehrer treffen, die als Repräsentanten einer normativen Ordnung auftreten. Dies schließt auch die Geschlechterordnung ein. Zum anderen treffen Schülerinnen und Schüler auf Gleichaltrige, teilen sich in geschlechtshomogene oder geschlechtsheterogene Gruppen ein und verhandeln auf dieser Basis ihre Geschlechtszugehörigkeit.

Die Beispiele und die Studien, die hier referiert wurden, zeigen auch, dass Geschlecht nicht als isolierte Kategorie gesehen werden kann. Die Zuschreibung von Geschlechtszugehörigkeit überlagert sich mit generationalen, milieuspezifischen und ethnischen Unterscheidungen.

### Literatur (Tipps zum Weiterlesen fett gedruckt)

Baumert, J./Klieme, E./Neubrand, M./Prenzel, M./Schiefele, U./Schneider, W./Stanat, P./Tillmann, K.-J./Weiß, M. (Hrsg.): PIS. 2000. Basiskompetenzen von Schülerinnen und Schülern im internationalen Vergleich. Opladen: Leske + Budrich Verlag.

**Bilden, H. (1991): Geschlechtsspezifische Sozialisation. In: Hurrelmann, K./Ulich, D. (Hrsg.): Handbuch der Sozialisationsforschung. Weinheim, Basel: Beltz, S. 191-207.**

Bittner, M./Lotz, A. (2014): Vielfalt an Schulen. Vielfalt in Schulen. Zur Sichtbarkeit von lesbischen, schwulen und bisexuellen Lebensweisen in der Schule. In: Eisenbraun, V./Uhl, S. (Hrsg.): Geschlecht und Vielfalt in Schule und Lehrerbildung. Münster: Waxmann, S. 93-110.

Bourdieu, P. (2005): Die männliche Herrschaft. Frankfurt a. M.: Suhrkamp Verlag.

Breidenstein, G./Kelle, H. (1998): Geschlechteralltag in der Schulklasse. Ethnographische Studien zur Gleichaltrigenkultur. Weinheim: Juventa.

Budde, J./Scholand, B./Faulstich-Wieland, H. (2008): Geschlechtergerechtigkeit in der Schule: Eine Studie zu Chancen, Blockaden und Perspektiven einer gender-sensiblen Schulkultur. Beltz Juventa.

Faulstich-Wieland, H. (1997): Mädchen und Koedukation. Abgerufen 23. August 2016, von https://www.fernuni-hagen.de/imperia/md/content/gleichstellung/heft18faul_wiel.pdf.

Gildemeister, R./Wetterer, A. (1992): Wie Geschlechter gemacht werden. Die soziale Konstruktion der Zwei-Geschlechtlichkeit und ihre Reifizierung in der Frauenforschung. In: Knapp, G.-A. (Hrsg.): Traditionen-Brüche. Entwicklungen feministischer Theorie. Freiburg i.B.: Kore-Verlag, S. 201-254.

Hadjar, A./Becker, R. (2006): Die Bildungsexpansion. Erwartete und unerwartete Folgen. Wiesbaden: VS Verlag für Sozialwissenschaften.

Tillmann, K.-J. (2010): Sozialisationstheorien. Eine Einführung in den Zusammenhang von Gesellschaft, Institution und Subjektwerdung. Reinbek b. H.: Rowohlt.

**Zinnecker, J. (1986): Der heimliche Lehrplan. Untersuchungen zum Schulunterricht. Weinheim, Basel: Beltz.**

## 4.3    Ethnizität und schulische Sozialisation

Wenn hier neben dem Milieu und dem Geschlecht auch Ethnizität als Unterscheidungskategorie auftaucht, dann liegt dies daran, dass Deutschland seit den 1970er Jahren ein Einwanderungsland ist (Treibel 1999). So wies der erste Bericht des Ausländerbeauftragten der Bundesregierung Heinz Kühn darauf hin, dass in Deutschland aufgrund der Anwerbung von Arbeitskräften und des Familiennachzugs ein Wandel von überwiegender Auswanderung zu überwiegender Einwanderung stattgefunden habe (vgl. Hamburger 2009; Badawia/Hamburger/Hummrich 2005). Gerade in der Schule wird Ethnizität häufig problematisiert. So schildern Isabell Diehm und Frank-Olaf Radtke eine Begebenheit, in der ihnen ein Lehrer die Situation in seiner Schulklasse deshalb als problematisch darstellt, weil darin „so viele Ausländerkinder" seien (Diehm/Radtke 1999, S. 26). Bereits die ausländischen Namen scheinen dabei auf eine problematische Situation zu verweisen, es werden präventiv Förderklassen eingerichtet und folglich Probleme antizipiert, die scheinbar aus dem „kulturellen Hintergrund" der vermeintlich fremden Kinder resultieren.

Der Begriff Ethnizität hebt auf die Begriffe der Ethnie und der Identität ab. Es gibt mindestens zwei Gründe, weshalb es schwierig ist, das Zustandekommen sozialer Ungleichheit im Sozialisationsprozess aus der Ethnizität heraus zu erklären bzw. in Ethnizität die Ursache zu suchen, weshalb soziale Ungleichheit zustande kommt. Der erste Grund liegt in der Rede von Ethnizität als kultureller Identität und damit einhergehenden psychologischen Annahmen zur Bedeutung von Differenzerfahrungen für die Identität (a); der zweite Grund liegt in der soziologischen Konstruktion der Ethnie in Differenz zum „eigenen Volk" (b).

In der *psychologischen Perspektive* (a) gelingt die Differenzkonstruktion ‚Ethnizität' nur über Hilfskonstruktionen wie die Rede von „kultureller Identität" – also einer Identität, die (ähnlich wie die Geschlechtsidentität) natürlich gegeben zu sein scheint, weil eine Person aus einem anderen Kulturkreis stammt und ihre Identität aufgrund der im Kulturkreis geltenden Mentalität eine andere „Prägung" erfährt als die Identität einheimischer Personen. Wir finden zahlreiche Ausführungen zu Identitätsstörungen aufgrund der Migrationserfahrung oder der unterschiedlichen Identitätsentwicklungen bei Einheimischen und Gastarbeiterkindern in den 1970er und 80er Jahren (kritisch: Hamburger 2009; Hamburger/Hummrich 2007). Der bereits erwähnte Psychoanalytiker Erik H. Erikson (vgl. Kap. 3.3) hat sich mit den Identitätsmöglichkeiten unter Bedingungen ethnischer Differenz anhand der afro-amerikanischen Einwohner der USA befasst. Er beschreibt:

„Es bilden sich drei Identitäten aus: 1. Mammies oralsinnliches ‚Honigkindchen' – zärtlich, ausdrucksfähig, rhythmisch (in der Negermusik zur Kulturhöhe gereift); 2.

die Identität des schmutzigen, analsadistischen phallisch-vergewaltigenden ‚Niggers'
und 3. der saubere, anal-zwanghafte, freundlich gehemmte und immer traurige „Neger
des weißen Mannes'" (Erikson 1971, zit. n. Hamburger 2009, S. 69).

Der „Farbige" ziehe sich, aufgrund der Ausweglosigkeit dieser drei Identitätsmuster in „einen Zustand der hypochondrischen Arbeitsunfähigkeit und Krankheit
zurück, der eine Analogie zu der Abhängigkeit und relativen Sicherheit seines
ehemaligen Sklavenzustandes darstellt" (ebd.). Erikson argumentiert hier mit
einer Resignation, die weder die biografischen Erfahrungen, noch die interaktiven
Bedingungen der sogenannten „Identitätsmuster" hinterfragt. So bleibt ein relativ
starres Identitätsmuster, das jedoch streng unterschieden wird von den Identitätsmöglichkeiten, die weißen Amerikanern zur Verfügung stehen. Damit stellt diese
Unterscheidung eher *eine Festschreibung des Anders-Seins* dar, das rassistische[13]
Züge trägt, als dass es die Bedingungen untersucht, wie die Ungleichheiten zustande gekommen sind. Ethno-kulturelle Unterschiede werden festgeschrieben,
die zwischen eigenen (erwünschten) und anderen/fremden (unerwünschten)
Verhaltensweisen und Eigenschaften unterscheiden. Diese Muster finden wir auch
in europäischen Ethnizitätsdiskursen wieder – etwa wenn es um die Frage nach
der Leistungsfähigkeit von Migrantenkindern oder der Rede von der anhaltenden
Bedeutung des „Migrationshintergrundes" geht (vgl. Hamburger 2009). Darauf
kommen wir später noch einmal zu sprechen.

In der *soziologischen Perspektive* (b) auf die Frage, warum Ethnizität nicht die
Ursache, sondern das Produkt von sozialer Ungleichheit ist, treffen wir zunächst auf
eine Vielstimmigkeit, mit der Differenz konstruiert wird. Gastarbeiter, Ausländer,
Migrantinnen und Migranten, Flüchtlinge oder Menschen mit Migrationshintergrund – dies sind nur einige Begriffsvariationen, die in Zusammenhang mit dem
Begriff „Ethnizität" verwendet werden. Zudem gibt es Unterscheidungskategorien
nach dem Aufenthaltsstatus: EU-Migrantinnen und -Migranten, Geflüchtete Menschen, Menschen mit Migrationshintergrund, Übersiedler bzw. Russlanddeutsche.
Ihre Möglichkeiten, an Gesellschaft und Bildung zu partizipieren, unterscheiden
sich je nach Aufenthaltsstatus (vgl. Hamburger 2004). Dabei muss man sich
allerdings auch fragen: welche Erklärungskraft besitzen diese Begriffe? Der Bil-
dungsbericht 2016 verweist zum Beispiel auf die *anhaltende Schlechterstellung von
Kindern und Jugendlichen* „mit Migrationshintergrund". Er erklärt dies einerseits

---

13  Der Begriff ‚Rassismus' speist sich aus der Erkenntnis, dass eine Zuordnung stattfindet,
    in der die Person „als Individuum unsichtbar [wird, d. A.]" und „nicht als besondere
    Person, sondern nur als Vertreter [ihrer, d. A.] Kategorie wahrgenommen" (Scherr 2012,
    S. 18) wird. Rasse wird dabei als eine Kategorie konstruiert, die „vorrangig gegenüber
    anderen Aspekten der Person ist" (ebd.).

mit dem sozialen Status, der in Migrantenfamilien vergleichsweise niedriger ist
als bei einheimischen Familien. Dennoch wird dem „Migrationshintergrund"
Erklärungskraft zugesprochen; er wird zu einer Benachteiligungskategorie. Hier
zeigt sich mit beeindruckender Deutlichkeit das, was zuvor schon mit Bourdieu
als strukturierende und strukturierte Struktur beschrieben wurde (vgl. Kap. 3.8):
Weil Migrationshintergrund diskursiv als Nachteil gilt, erwächst aus ihm eine
Benachteiligungskategorie, die Ethnizität und Schule in ein problematisierendes
Zusammenspiel bringt. In ähnlicher Weise hat Max Weber (1864-1920) sich schon
1908 gegen „Ethnie" als analytische Kategorie zur Erklärung sozialer Ungleichheit
gewendet (Weber 1972, S. 239). Gerade diese Kategorie verweise in ihrer Konstru-
iertheit auf den Versuch der eigenen Besser-Positionierung auf Kosten der Schlech-
terpositionierung der Anderen. Weber macht dies am Beispiel des *„poor white
trash"* (ebd.) deutlich: die Tagelöhner und Arbeiterklasse in den USA, die nach dem
Ende der Sklaverei mit den ehemaligen Sklaven um Arbeitsplätze konkurrierten,
erhofften sich einen Wettbewerbsvorteil in der Abwertung der ehemaligen Sklaven.

> „Und hinter allen ‚ethnischen' Gegensätzen steht ganz naturgemäß irgendwie der
> Gedanke des ‚auserwählten Volks', der nur ein in das horizontale Nebeneinander
> übersetztes Pendant ‚ständischer' Differenzierungen ist und seine Popularität eben
> davon entlehnt, daß er im Gegensatz zu diesen, die stets auf Subordination beruhen,
> von jedem Angehörigen jeder der sich gegenseitig verachtenden Gruppen für sich
> subjektiv in gleichem Maße prätendiert werden kann" (ebd.).

Es zeigt sich also, dass weder psychologische, noch soziologische Differenzkonstruk-
tionen ohne rassistische Annahmen auskommen, die wiederum auf die Annahme
„natürlicher" Unterschiedlichkeit und eine Besserstellung der Einheimischen gegenüber der Schlechterstellung der vermeintlich Fremden hinauslaufen. Häufig werden
dabei Annahmen der ethno-kulturellen Zuschreibungen an nationale Begrenzungen
geknüpft (die türkischen, italienischen oder vietnamesischen Kinder). Deshalb spricht
Paul Mecheril (2004) von natio-ethno-kulturellen Zugehörigkeitskonstruktionen.
Sie schlagen sich in der Rede von weniger fleißigen, bildungsdistanzierteren und
verwöhnten Kindheiten nieder, die „von Natur aus" einen geringeren Zugang zu
den Gütern moderner westeuropäischer Errungenschaften (wie Arbeit, Bildung,
Anstrengung, Leistung) hätten.
    Es zeigt sich hier: an der Frage der Ethnizität spitzt sich die Schwierigkeit der Rede
von natürlichen Unterschieden zu. Wir haben am Beispiel der geschlechtsspezifischen
Sozialisation gesehen, dass Annahmen über Männlichkeit und Weiblichkeit immer
dazu führen, dass einerseits Differenzen verdinglicht werden, andererseits all die
Differenzierungen und Unterschiede innerhalb der männlichen und weiblichen
Kategorien (und dazwischen) ausgeblendet werden. Ebenso ließen sich Beschrei-

bungen ethnizitätsspezifischer Sozialisation nicht machen, ohne dabei rassistisch zu argumentieren und damit genau das zu machen, was Sozialisationstheorie im Grunde vermeiden will: die interaktiv zustande gekommene Balance subjektiver Erfahrungen und kollektiver Einbettung an natürliche Gegebenheiten zu binden – also gewissermaßen zu behaupten: die Unterschiede seien nur natürlich, möglicherweise auch biologisch, zumindest lägen sie aber in der Natur der Dinge und ihres Verhältnisses zueinander und nicht in den sozialen und sozialisierenden Bezügen.

In der Konstruktion von Ethnizität sind schließlich Rassismen enthalten, die mit Zuschreibungen verbunden sind, welche eine „binäre Unterscheidung zwischen Wir und Nicht-Wir" (Mecheril 2004, S. 187) ins Zentrum stellen. Auf dieser Basis kommt es – ähnlich wie in Bezug auf die Kategorien Milieu und Geschlecht – zu homologen Verkettungen, die Unterscheidungen oppositionell einander gegenüberstellen und ein „System der Benachteiligung und Degradierung durch Unterscheidung" (ebd.) schaffen.

Wenn wir also den Zusammenhang von Sozialisation und Ethnizität betrachten, so zeigte sich oben, dass Annahmen zur Bedeutung „anderskultureller" Hintergründe, wie sie exemplarisch mit Bezug auf Erikson entfaltet wurden (s. o.) in verdinglichende Perspektiven auf Kultur und zu Festschreibungen von Wesensarten und Mentalitäten führen, die gesellschaftliche Bedingungen ausblenden. Diese Perspektiven laufen also *Gefahr, kulturalisierende Festschreibungen* vorzunehmen. Dies wiederum stellt sich professioneller Pädagogik als Problem dar, weil nicht die Personen selbst im Fokus (zum Beispiel von Leistungsfähigkeit) stehen, sondern sie entsubjektiviert werden: sie werden ihres Status als Subjekt beraubt und – in dem auf verallgemeinernde Kategorien Bezug genommen werden, die Kulturalisierung beinhalten, werden sie zu Fremden gemacht. Dies läuft dem Versprechen der Schule zuwider, alle Schülerinnen und Schüler nach Leistung zu beurteilen. Ebenso läuft diese Unterteilung in Einheimische und Fremde dem wissenschaftlichen Anspruch einer Sozialisationstheorie zuwider, die allgemeine Bedingungen des Aufwachsens und interaktive Hervorbringungen von Differenzierungen in den Blick nimmt. Würde Sozialisationstheorie also eine Theorie für einheimische und eine für nicht-einheimische Kinder schaffen, würden genau jene Ungleichheitsstrukturen durch Wissenschaft hergestellt, die im Grunde untersucht werden sollen. Eine Perspektive, die das vermeiden kann, muss sich auf die Frage richten, wie Ethnizität als Differenzkategorie handelnd hervorgebracht wird und inwiefern sie sozialisatorisch relevant wird.

Bei dieser Hervorbringung nimmt die Schule schließlich eine ganz besondere Rolle ein. Warum? Weil Schule als nationalstaatliche Massenbildungseinrichtung konzipiert ist; sie ist im Grunde eine Instanz der „Volks-Bildung". Und dies ist sie in doppeltem Sinne: sie zielt darauf, dass das Volk gebildet wird, aber dass eben auch eine politische Bildung als Volk einer Nation stattfindet (vgl. Radtke 2008). Damit einher geht zwangsläufig die Annahme von Einsprachigkeit (Gogolin 2006) und Zugehörigkeit durch die Geburt als deutsches Kind (Krüger-Potratz 2005). Ethnizität wird schließlich in dem Maße zur Unterscheidungskategorie, wie diese Einheitsannahmen aufgestört werden. Bis 1964 z. b. galt für Personen nichtdeutscher Herkunft keine Schulpflicht. Dies beruhte auf einem Gesetz aus den 1920er Jahren, das Nicht-Deutschen die Teilhabe an (deutscher) Volksbildung verbot (Krüger-Potratz 2005). Das Recht auf Teilhabe konnte geltend machen, wer deutscher Abstammung war („ius sanguinis"), nicht wer in Deutschland geboren war und das Geburtsortsprinzip („ius soli") geltend macht (das zum Beispiel in den USA gilt). Erst im Jahre 2000 wurde das Abstammungsprinzip in seiner umfassenden Gültigkeit aufgehoben, so dass Kinder nicht-deutscher Abstammung die Möglichkeit haben, bis zu ihrem 23. Lebensjahr 2 Staatsbürgerschaften anzunehmen[14]. Die Schulpflicht gilt für alle Kinder mit einem Aufenthaltstitel, die also als Flüchtlinge anerkannt sind. Für Kinder, die keinen Aufenthaltstitel haben, gilt sie in einigen Bundesländern nicht, gleichwohl haben sie das *Recht* eine Schule zu besuchen. Kinder, die „illegal" in Deutschland leben, besuchen häufig keine Schule (Schwaiger/Neumann 2009; Hummrich 2017). Es wird also deutlich: der Umgang mit Migration und Zugehörigkeit gestaltete sich relativ schwierig und an der durch Migration und Ethnisierung stattfindende Prekarisierung zeigen sich die Grenzen von Wohlfahrtsstaat und des Bildungssystems. Migration konfrontiert das Bildungssystem also mit seinem Anspruch auf umfassende Teilhabe und der Vermittlung von Wissen für zukünftige Staatsbürger (Hummrich 2017).

Auch der pädagogische Umgang mit Migration kann als Ausdruck der unentschiedenen Haltung gesehen werden, sich als Einwanderungsland zu entwerfen. Es hat verschiedene Systematisierungsversuche diesbezüglich gegeben (z. B. Auernheimer 1998; Diehm/Radtke 1999; Mecheril 2004; Mecheril u. a. 2010). Dabei wurde deutlich, dass einer ersten, noch unkoordinierten Phase in den 1960er und 70er Jahren, in der vorrangig Defizit- und Problemperspektiven auf „ausländische Kinder" gerichtet wurden, ab zirka 1985 eine Phase folgte, in der die umfassende pädagogische Verantwortung betont und als normative Handlungsgrundlage („Chance der Migration") Pädagoginnen und Pädagogen an die Hand gegeben wurde. Ziel dieser Ansätze war und ist es, die Kontexte, aus denen die Kinder kamen, in ihrer

---

14  Dies führt u. a. dazu, dass der Begriff „Migrationshintergrund" versucht, alle auf Migration festzuschreiben, deren Biografie in irgendeiner Weise mit Migration zu tun hatte. „Migrationshintergrund" macht es möglich, nicht mehr in Herkunft oder Staatsangehörigkeit zu differenzieren (vgl. Hamburger/Stauf 2009) und den Migrantenstatus beliebig fortzuschreiben.

kulturellen Besonderheit zu würdigen und in pädagogische Prozesse einzubeziehen. Jedoch beziehen sich Kritiken an diesen Perspektiven darauf, dass Pädagogik hier aufgerufen würde, um politische Entscheidungen – etwa der umfassenden Anerkennung von Migrantinnen und Migranten und einer Antidiskriminierungsperspektive (Hormel/Scherr 2004) – zu ersetzen (vgl. auch Hamburger/Seus/Wolter 1982); und dass diese Form der Pädagogisierung in der Anerkennung der als Migrantinnen und Migranten identifizierten Personen die Ungleichheiten und die Konstruktionen von Einheimischen und Fremden rassifizierend fortschreibe (vgl. Mecheril 2004).

Während es also eine breite Auseinandersetzung um die Pädagogik im Umgang mit Migration gibt, sind Studien rar, die sich explizit mit dem Zusammenhang von Sozialisation und Ethnizität befassen, weil über Ethnizität nicht im Sinne ethnizitätsspezifischer Sozialisation geschrieben werden kann, ohne kulturalisierend zu verdinglichen oder die binäre Konstruktion von deutsch und nicht-deutsch schon in der Theorie anzulegen. Wir können uns jedoch der Frage nach der Ethnizität in der schulischen Sozialisation aus zwei Perspektiven annähern: zum einen aus der Perspektive der *Sozialisationsbedingungen* – mit Blick auf die institutionelle Diskriminierung; zum anderen aus der Perspektive der *Sozialisationserfahrungen* aufgrund ethnisierender Zuschreibungen.

Die Sozialisationsbedingungen sollen ganz kurz mit Blick auf den Fall Erik illustriert werden.

Wir könnten sagen, dass der Fall Erik in der Auseinandersetzung mit Ethnizität irrelevant sei. Dies zeigt jedoch nur die Normalitätskonstruktion, die diesem Fall zugrunde liegt: Ethnizität wird im Fall Erik nicht thematisiert, wie sie eben im Fall von nicht-migrantischen Lernenden überhaupt nicht in den Blick gerät. Dies ist ein interessanter Befund, denn er zeigt, dass eine Stärkung der Machtverhältnisse vor allem dadurch gelingt, weil implizite Normalitätsannahmen gemacht werden (vgl. Kap. 4.1): ebenso wenig wie Kinder aus bildungsnahen Milieus im Schulsystem problematisiert werden, wird die Ethnizität der Einheimischen betrachtet, weil ihre Zugehörigkeit nicht zur Disposition steht.

Die in diesem Fall der Nicht-Thematisierung wirksam werdenden Mechanismen, verweisen auf kritische Anfragen gegenüber interkultureller Pädagogik. So fragt etwa Franz Hamburger (1994), warum es als interkultureller Normalfall scheine, mit Schulklassen türkische Wochenmärkte und Moscheen zu besuchen, damit Schülerinnen und Schüler die fremden Kulturen kennen lernten, obwohl in den weithin säkularisierten Gesellschaften Kirchen ebenso fremd seien, wie islamische Gotteshäuser. Hier zeigt sich eine Struktur der Entfremdung, die nicht auf individuelle fremdenfeindliche Absichten von Lehrerinnen und Lehrern zurückgeht, sondern die institutionalisiert ist. Man spricht in diesem Fall auch von *„institutioneller Diskriminierung"* (Gomolla 2005). Diskriminierung ist dabei nicht nur ein deskriptiver Begriff, der die Unterscheidung (von Einheimischen und vermeintlich Fremden) beschreibt, sondern einer, der auch eine Besser- bzw. Schlechterstellung impliziert. Diese wird – so zeigen Gomolla und Radtke (2002) in einer breit angelegten Studie – nicht durch individuelle Handlungen hervorgerufen, sondern „das Wort ‚institutionell' lokalisiert die Ursachen von Diskriminierung im organisatorischen Handeln im Netzwerk zentraler gesellschaftlicher Institutionen (z. B. Bildungs- und Ausbildungssektor, Arbeitsmarkt, Wohnungs- und Stadtentwicklungspolitik, Gesundheitswesen und Polizei)" (Gomolla 2005 S. 97). Gomolla und Radtke untersuchten in diesem Zusammenhang schulische Selektions- und Allokationspraktiken, die in schulischen Leistungsbeurteilungen und bei schulischen Übergängen (Einschulung, Übergang vom Grundschul- in den Sekundarschulbereich, Sonderschulüberweisungen und Rückstufungen) wirksam wurden (Gomolla/Radtke 2002). Dabei arbeiteten sie heraus, dass Migrantenkinder gegenüber Nicht-Migrantenkindern systematisch schlechtergestellt sind, d. h. sie werden zum Beispiel häufiger zurückgestellt oder bei gleicher Leistung schlechter bewertet. Häufig wird dabei in Lehrergutachten und -empfehlungen mit *kulturalisierenden Zuschreibungen* argumentiert (ebd.).

Dies zeigt schließlich, dass die Sozialisationsbedingungen von zweierlei geprägt sind: zum einen treffen Schülerinnen und Schüler auf Strukturen, die nach Ethnizität differenzieren; zum anderen werden Kinder, die einen Migrantenstatus zugesprochen bekommen, systematisch schlechter gestellt. Das heißt nicht, dass die Zuschreibung ethnischen Andersseins Bildungserfolg ausschließt. Jedoch verweist die systematische Schlechterstellung darauf, dass die Schule als Sozialisationsinstanz einen bedeutsamen Anteil an der Schlechterstellung von Kindern und Jugendlichen hat, denen ethnische Differenz zugesprochen wird. Schließlich trägt Schule mit der ihr eingeschriebenen Differenzierung nach Ethnizität dazu bei, dass ein national geprägtes Normalitätsmodell Grundlage der Sozialisationserfahrungen aller Kinder und Jugendlichen ist.

Diese Sozialisationsbedingungen manifestieren sich auch in den Erfahrungen von Kindern und Jugendlichen mit Migrationsgeschichte. Zahlreiche qualitative Untersuchungen verweisen auf *ethnisierende Segregation im Unterricht* (Höhne/ Kunz/Radtke 2005; Riegel 2004, Geier 2012) und die *Erfahrung direkter und institutioneller Diskriminierung* (Badawia 2002, Hummrich 2009). Als Fall sei hier nun der pointierte Beitrag des Kabarettisten Serdar Somuncu auf der CD „Hitler Kebab" (2005) angerissen.

Über seine schulische Aufnahmefeier berichtet Serdar Somuncu unter dem Titel „Mein Tag" von seinem ersten Schultag, den er mit seinen Eltern feierlich begehen will. Eine Szene behandelt schließlich die Einteilung in Schulklassen:

> „Schließlich kommt es zur Einteilung der Klassen. Aus den etwa hundert Kindern werden vier Gruppen mit jeweils etwa 25 Schülern gebildet. Die Klassen heißen 1a, 1b, 1c, 1d. Eine ältere Frau tritt nun vor und verliest die Namen der Kinder in alphabetischer Reihenfolge und fügt hinzu, welcher der neuen Klassen der jeweils Aufgerufene angehören wird. Minutenlang. Name für Name. Schmidt. Schmitz. Schmöhling. Nicht mehr lange, dann ist es soweit. Aber mein Name ist bis zum Schluss nicht mit dabei. Nachdem bekannt ist, wer in welche Klasse gehört, verlassen die vier Gruppen mit ihren Klassenlehrern den Raum. Ich bleibe zurück mit drei anderen Schülern. ‚Tja', sagt nun die Glatze [i. e. der Schulrektor, d. A.] und schaut dabei betreten zu Boden, ‚wir haben uns gedacht, dass wir ihnen eine eigene kleine Gruppe geben, ohne den Leistungsdruck' – er spricht bedächtig und vorsichtig, als müsste er uns schonend erklären, was er meint, aber so sehr er sich bemüht, alles, was er sagt, klingt wie eine Entschuldigung. Als er zu Ende gesprochen hat, ist es einen Augenblick lang ruhig, dann springt mein Vater auf."
> (vgl. Somuncu 2005)

An diesem Beispiel wird zunächst deutlich, wie wenig institutionalisiert der Umgang mit Migrantenkindern in den 1970er Jahren war. „Wir haben uns gedacht" verweist darauf, dass die Schule je einzelne Lösungen finden musste. Dieses Vorgehen ist in jener Zeit recht häufig anzutreffen und wird als „muddling through", i. e. „sich Durchwursteln" beschrieben (vgl. Diehm/Radtke 2000). Deutlich wird dabei auch, dass Sprachlichkeit als Argument für die Trennung gegenüber deutschen Kindern praktiziert wurde – die nicht-deutschen Kindern werden zu „Anderen" gemacht, man spricht hier auch von *othering* (Mecheril u. a. 2010). Die Setzung des deutschen/einheimischen Kindes als Normalfall, das in Jahrgangsklassen und unter einer Nationalsprache homogenisiert ist und damit mit den anderen Kindern verschmilzt, wird hier aufrechterhalten[15]. Serdar Somuncu erfährt schließlich, dass sein Vater sich schützend vor ihn stellt. Ja, er meldet ihn aus der Schule ab und

---

15 Dies ist eine Praxis, die im Übrigen auch heute im Fall der geflüchteten Kinder nicht selten zu finden ist. So zeigt zum Beispiel Mona Massumi (2016), dass nach wie vor die Beschulungspraxis uneinheitlich ist, die Sprachvermittlung häufig ohne Anbindung an die Regelschule stattfindet.

nimmt seinen Sohn wieder mit nach Hause. Doch in diesem Moment kann der
Sohn die Leistung des Vaters nicht würdigen und auch nicht antizipieren, dass er
später eine erfolgreiche Bildungskarriere haben wird. Ihm ist der Anfang der Schule
verdorben. Als Sozialisationserfahrung schreibt sich diese Begebenheit also in das
Bewusstsein des Schülers ein.

> Es zeigt sich, dass die sozialisatorischen Erfahrungen des Andersseins auch
> dann durch Biografien ziehen, wenn Lehrerinnen und Lehrer nicht für die Ab-
> sicht, die Biografieträgerinnen zu *Anderen* zu machen, in die Verantwortung
> zu nehmen sind. Die Anerkennung als Migrantin, ob sie nun positiv konnotiert
> ist oder negativ, bringt schließlich die Grunderfahrung des Andersseins mit
> sich, die biografisch verarbeitet wird – häufig unter Zuhilfenahme familialer
> Unterstützungsressourcen.

Hier liegt also eine *strukturelle Anerkennungsproblematik* vor: im Fall der positiven
Würdigung (oder positiven Diskriminierung) – etwa aufgrund zusätzlicher Sprach-
fertigkeiten – findet ebenso eine Unterscheidung von der Mehrheitsgesellschaft
statt, wie im Fall negativer Diskriminierung und Missachtung (vgl. Hummrich
2009). Die Anerkennung, die mit Axel Honneth (1994) immer zwei Seiten – eine
würdigende und eine missachtende – hat, schreibt die Personen immer zugleich
auch auf etwas fest: sie werden als etwas anerkannt und unter die anerkennbaren
Strukturen subsummiert (Butler 2006). Damit werden sie nicht als Personen, sondern aufgrund ihrer kategorialen Zugehörigkeit anerkannt. Dies bedeutet im Fall
ethnisierender Zuschreibung in der Schule wiederum die Erfahrung, dass nicht
die individuelle Leistungsfähigkeit als gültiges Kriterium der Selektion in den
Vordergrund tritt, sondern eine (Nicht-)Zugehörigkeit.

In dieser Problematik wird schließlich auch eine (aber nicht die einzige) Ursache
dafür gesehen, dass Kinder und Jugendliche sich selbst ethnisieren bzw. re-ethni-
sieren (Bozay 2012), das heißt: es erfolgt eine zum Teil deutlichere Identifikation
mit der in Deutschland als fremd geltenden Zuschreibung türkischer, arabischer
oder russischer Ethnizitäten. Dabei zeigt Bozay (2012, S. 117), dass erst die Erfahrung der Fremdzuschreibung *anderer* Ethnizität die verstärkte Zuwendung zu der
Minderheiten-Ethnizität bedingt. Am Beispiel des Salafismus hat dies auch Aladin
El Mafaalani (2014) gezeigt. Dabei verweist er auf das provokative Element des Salafismus für Schule *und* Elternhaus, das Jugendlichen eine Abgrenzung ermöglicht.
Das, was an der Mehrheitsgesellschaft kritisiert wird, wird in diesem Zusammenhang
subkulturell aufgefangen und dient als neue Identifikationsgrundlage. Es wird also
deutlich: der „Rückzug" von Jugendlichen auf nicht-mehrheitsgesellschaftliche
Identifikations- und Lebensformen rekurriert gerade auf die Auseinandersetzung

mit der Gesellschaft. Zwischen der Anpassung und dem Aufgehen in der Mehrheitsgesellschaft und ihrer Ablehnung liegen jedoch viele Spielarten des Umgangs mit
den schulischen Sozialisationserfahrungen. So zeigt Gutierrez Rodríguez (2001),
dass Migrantenjugendliche sehr *kreativ mit Differenzerfahrungen umgehen*, Nohl
(2001) beschreibt dies als kreativen Umgang mit der *Sphärendifferenz* von Familie
und außerfamilialen Kontexten. Badawia (2002) nimmt in seiner Studie „Der
dritte Stuhl" die Äußerung eines Interviewpartners, er sitze nicht zwischen den
Stühlen, sondern habe sich einen dritten Stuhl gezimmert, zum Ausgangspunkt
der Argumentation, um auf die chancenhaften Bewältigungsmuster des Umgangs
mit Differenz hinzuweisen. In der Studie von Hummrich (2009) wird gezeigt, dass
die schulische Erfahrung des Andersseins auch Möglichkeiten eröffnet, alternative Lebensführungskonzepte zu entwerfen. Es ist abschließend zu überlegen, ob
die kreativen Lebensführungskonzepte, in denen sich auch manifestiert, dass *die
Migrantinnen und Migranten als homogene Gruppe nicht existieren*, gerade darauf
verweisen, dass wir längst in einer *postmigrantischen Gesellschaft* angekommen
sind (Yildiz 2012).

## Literatur (inklusive Tipps zur vertiefenden Lektüre)

Auernheimer, G. (1997): Einführung in die Interkulturelle Pädagogik. Darmstadt: WBG.
Badawia, T. (2002): Der dritte Stuhl: Eine Grounded Theory-Studie zum kreativen Umgang
    bildungserfolgreicher Immigrantenjugendlicher mit kultureller Differenz. Iko-Verlag:
    Frankfurt a. M.
Badawia, T./Hamburger, F./Hummrich, M. (2005): Krise der Integration, Hilflosigkeit
    der Institution? In: Hamburger, F./Badawia, T./Hummrich, M. (Hrsg.): Migration und
    Bildung. Wiesbaden: VS Verlag für Sozialwissenschaften, S. 329–340.
Bozay, K. (2012): Probleme und Ursachen der Re-Ethnisierung und Selbstethnisierung im
    Klassenzimmer. In: Fereidooni, K. (Hrsg.): Das interkulturelle Lehrerzimmer. Wiesbaden:
    VS Verlag für Sozialwissenschaften, S. 117–124.
Butler, J. (2001): Psyche der Macht: Das Subjekt der Unterwerfung. Frankfurt am Main:
    Suhrkamp Verlag.
**Diehm, I./Radtke, F. O. (1999): Erziehung und Migration: Eine Einführung. Stuttgart:
    Kohlhammer.**
El-Mafaalani, A. (2012): BildungsaufsteigerInnen aus Benachteiligten Milieus: Habitustrans-
    formation und Soziale Mobilität bei Einheimischen und Türkeistämmigen. Wiesbaden:
    VS Verlag für Sozialwissenschaften.
Gogolin, I. (1994): Der monolinguale Habitus der multilingualen Schule. Waxmann.
Gomolla, M. (2005): Institutionelle Diskriminierung im Erziehungs- und Bildungssystem. In:
    Leiprecht, R./Kerber, A. (Hrsg.): Schule in der Einwanderungsgesellschaft. Schwalbach/
    Ts.: Wochenschau-Verlag, S. 97–109.

Gomolla, M./Radtke, F.-O. (2003): Institutionelle Diskriminierung: Die Herstellung ethnischer Differenz in der Schule (2002. Aufl.). Opladen: Leske + Budrich Verlag.

Gutíerrez Rodríguez, E. (1999): Intellektuelle Migrantinnen – Subjektivitäten im Zeitalter von Globalisierung. Opladen: Leske + Budrich Verlag.

Hamburger, F. (2003): Pädagogik der Einwanderungsgesellschaft. Frankfurt a. M.: Cooperative Verlag.

**Hamburger, F. (2009): Abschied von der Interkulturellen Pädagogik: Plädoyer für einen Wandel sozialpädagogischer Konzepte. Weinheim u.a: Beltz Juventa.**

Hamburger, F./Hummrich, M. (2007): Familie und Migration. In: Ecarius, J. (Hrsg.): Handbuch Familie. Wiesbaden: VS Verlag für Sozialwissenschaften, S. 112–135.

Hamburger, F-/Stauf, E. (2009): „Migrationshintergrund" zwischen Statistik und Stigma. In: Diehm, I. (Hrsg.), Schüler 2009. Migration, Wissen für Lehrer. Seelze: Friedrich-Verlag.

Hamburger, F./Seus, L./Wolter, O. (1981): Über die Unmöglichkeit, Politik durch Pädagogik zu ersetzen.

Höhne, T./Kunz, T./Radtke, F.-O. (2006): Bilder von Fremden: Was unsere Kinder aus Schulbüchern über Migranten lernen sollen. Frankfurt am Main: Universität Frankfurt Inst. f. Sozialpäd.

Hormel, U./Scherr, A. (2004): Bildung für die Einwanderungsgesellschaft: Perspektiven der Auseinandersetzung mit struktureller, institutioneller und interaktioneller Diskriminierung. Wiesbaden: VS Verlag für Sozialwissenschaften.

**Hummrich, M. (2009). Bildungserfolg Und Migration: Biografien junger Frauen in der Einwanderungsgesellschaft. Wiesbaden: VS Verlag für Sozialwissenschaften.**

Hummrich, M. (2017). Soziale Ungleichheit, Migration und Bildung. In: M.-S. Baader & T. Freytag (Hrsg.), Bildung und Ungleichheit in Deutschland. Wiesbaden: VS Verlag für Sozialwissenschaften.

Krüger-Potratz, M. (2005). Interkulturelle Bildung: Eine Einführung. Waxmann.

Mecheril, P. (2004). Einführung in die Migrationspädagogik: Weinheim: Beltz.

**Mecheril, P./Varela, M. do M. C./Dirim, I./Kalpaka, A.,/Melter, C. (2011): Bachelor, Master: Migrationspädagogik. Beltz.**

Nohl, A.-M. (2001): Migration und Differenzerfahrung. Opladen: Leske + Budrich Verlag.

Riegel, C. (2004): Im Kampf um Zugehörigkeit und Anerkennung. Orientierungen und Handlungsformen von jungen Migrantinnen. Bielefeld: transcript.

Somuncu, S. (2006): Hitler Kebab [Audio CD]. Feez (Sony Music).

Treibel, A. (1999): Migration in modernen Gesellschaften: soziale Folgen von Einwanderung, Gastarbeit und Flucht. Weinheim: Juventa.

Weber, M. (1972): Wirtschaft Und Gesellschaft: Grundriss Der Verstehenden Soziologie. Tübingen: Mohr Siebeck.

Yildiz, E./Hill, M. (2014): Nach der Migration: Postmigrantische Perspektiven jenseits der Parallelgesellschaft. Bielefeld: transcript.

## 4.4    Das Zusammenspiel der Differenzverhältnisse

An einigen Stellen in diesem Kapitel wurde schon deutlich, dass die hier exemplarisch beschriebenen Strukturkategorien Milieu, Geschlecht und Ethnizität nicht singulär wirken, sondern verschränkt sind. Dies wollen wir uns im folgenden Kapitel etwas näher anschauen. Das hier angesprochene Zusammenspiel bzw. die Verschränkung kann „Intersektionalität" genannt werden, weil damit darauf verwiesen ist, dass keine der Kategorien (oder englisch *sections*) für sich wirkt, sondern dass sie nur in ihrem Zusammenspiel verstanden werden können.

Das Thema erreichte zunächst die deutsche Geschlechterforschung unter dem Stichwort der „doppelten Vergesellschaftung" von Frauen (Becker-Schmidt 2003) durch Vergeschlechtlichung und die ökonomische Lage. Anschließend wurden anglo-amerikanische Kritiken der *feminists of color* (bell hooks 1981) aufgenommen und die doppelte Vergesellschaftung um die Perspektive der Ethnizität erweitert (vgl. Lenz/Luig 1995; Lenz 1996; Becker-Schmidt/Knapp 1995). Dabei prägte Ilse Lenz (1996) den Begriff des konfigurativen Zusammenwirkens der Strukturkategorien – also, dass Personen nicht doppelt oder dreifach benachteiligt seien, sondern die „Struktur der Beziehungen" (Bourdieu 1987, S. 182) dieser drei Kategorien von Bedeutung ist. Klinger und Knapp (2007) markieren Milieu, Ethnizität und Geschlecht als zentrale Strukturkategorien, durch deren Ausdifferenzierung erst deutlich wird, dass es trotz vertikaler gesellschaftlicher Unterschiede (aufgrund des Verfügens über ökonomisches, kulturelles und soziales Kapital) auch horizontale Unterschiede existieren (vgl. Hradil/Schiener 2001). Diese horizontalen Unterscheidungen führen dabei – das haben wir in Kap. 4.1 deutlich gesehen – zu einer radikalen Ausdifferenzierung sozialer Strukturen und der sogenannten Pluralisierung der Lebensformen (ebd.). Während vor der Annahme der Pluralisierung gesellschaftliche Gerechtigkeit meistens mit Blick auf die Frage der Emanzipation beantwortet wurde, das heißt der Herauslösung aus den bestehenden Herrschaftsverhältnissen, wird mit der Ausdifferenzierung von gesellschaftlichen Differenzen deutlich, dass gesellschaftliche Macht auf vielfältige Weise wirken und individuell unterschiedliche Ausdrucksgestalten annehmen kann (Hummrich 2009). Jedoch warnen Klinger und Knapp davor, dass Ungleichheit nicht individualistisch verengt betrachtet werden dürfe (Klinger/Knapp 2007, S. 29ff.), sondern immer auch die gesellschaftliche Konstituiertheit des Wirksamwerdens von Ungleichheitskategorien beachtet werden müsse (ebd., S. 33).

Wie hat man sich dies nun vorzustellen? Wir haben im Gang durch die Ungleichheitskategorien, insbesondere in den Kapiteln 4.2 und 4.3 gesehen, dass Ungleichheiten auf der Grundlage dichotomer Unterscheidungen und homologer Verkettungen (Bourdieu 2005) wirksam werden. Es wird gewissermaßen ein „legitimierter Fremdheitseffekt" (Klinger 2003, S. 26) erzeugt. Auch wenn dies allen drei Kategorien gemeinsam ist, so unterscheiden sie sich doch wie folgt voneinander (vgl. dazu Hummrich 2008):

- Das soziale Milieu differenziert nach mehr oder weniger Kapital (ökonomisch, kulturell, sozial). In modernen Gesellschaften wird in diesem Zusammenhang suggeriert, dass Kapitalsteigerung durch individuelle Anstrengung, d. h. durch Leistung, erfolgt. Diese Ideologie impliziert, dass wer es nicht schafft, zu den oberen Milieus zu gehören, unter den herrschenden Produktions- und Selektionsbedingungen persönlich versagt hat und seine Positionierung auch als legitim anerkennt (ebd., S. 19).
- Geschlecht unterscheidet spezifisch männliche und weibliche Tätigkeitsfelder und Begabungsbereiche. Im Bildungssystem wird diese Begabungsideologie zum Ausschlusskriterium und werden auch männliche und weibliche Rollenbilder sozialisatorisch vermittelt. Dabei scheinen auch heute noch Annahmen über natürliche Unterschiede (etwa die männlichen produktiven und die weiblichen reproduktiven Tätigkeiten) legitim (ebd., S. 18).
- Auch in Bezug auf Ethnizität findet eine Naturalisierung statt. Durch ethnisierende Zuschreibung und institutionelle Diskriminierung werden Differenzen (re-)produziert, die Ausgrenzung auf der Grundlage nationalstaatlicher Zugehörigkeitskonstruktionen legitim erscheinen lassen. Dies zeigt sich auch darin, dass nicht Leistung zum zentralen Bewertungskriterium im Bildungssystem erhoben wird, sondern kulturalisierende Zuschreibungen häufig Ursache von Selektion sind (ebd.).

Wir haben nun gesehen, dass trotz formaler Gleichheit nach dem Gesetz Menschen unterschiedliche Bildungschancen haben. Ob man in einem privilegierten und nicht-privilegierten Milieu geboren wurde, hat eine große Bedeutung für den schulischen Erfolg. Ebenso beeinflusst die Identifikation als Mädchen oder Junge Bildungsorientierungen. Und als ethnisch *anders* markiert zu werden, setzt Kinder und Jugendliche in deutliche Differenz zur Mehrheitsgesellschaft und lässt automatisch die Frage nach der Legitimität der Bildungsvorstellungen aufkommen. Dabei werden Menschen aber nicht nur als Personen aus mehr oder weniger privilegierten Milieus, als Mädchen oder Jungen bzw. als Personen mit oder ohne Migrationsstatus wahrgenommen. Vielmehr werden – um es einmal bildlich auszudrücken – Personen mit Migrationsstatus immer auch als Mädchen und Jungen und vor dem Hintergrund ihres Herkunftsmilieus wahrgenommen. Daran wird deutlich, dass es unterschiedliche Arten des intersektionalen Zusammenspiels der Kategorien geben kann. Oder wie es im Milieuansatz von Bohnsack formuliert wird:

Es ist immer von einer Überlagerung verschiedener Milieus – jeweils kollektiver Orientierungen auf der Grundlage gemeinsamer oder strukturidentischer Erfahrungen – auszugehen (vgl. Kap. 4.1).

Ebenso gibt es verschiedene Weisen, sich dem Zusammenspiel der Kategorien wissenschaftlich anzunähern. Leslie McCall (2005) hat drei Ansätze kontrastiert: den antikategorialen, den intrakategorialen und den interkategorialen Ansatz.

- In antikategorialen Ansätzen geht des darum, die Kategorien – also z. B. Milieu, Ethnizität und Geschlecht – zu *dekonstruieren*, d. h. deren Gültigkeit zu hinterfragen. Wie geht das? Indem auf die tatsächliche Vielfalt des sozialen Lebens hingewiesen wird. Nicht alle Migrantinnen und Migranten sind gleich. Nicht nur, weil sie Männer und Frauen sind oder aus unterschiedlichen Milieus kommen; sie kommen auch aus unterschiedlichen Herkunftsländern, falls sie überhaupt je selbst die Erfahrung der Migration gemacht haben und nicht ihre Eltern oder Großeltern; sie leben unterschiedliche individuelle Orientierungen, ihre biografischen Erfahrungen der Migration unterscheiden sich. Das Gleiche gilt für die Betrachtung der Kategorie Geschlecht. Hier zeigt Bilden (2000) etwa, dass selbst die biologische Unterscheidung nicht eindeutig ist, kurz: weder Physiognomie, noch Chromosomen liefern immer eindeutige Informationen über die Geschlechtszugehörigkeit. In Bezug auf das Milieu liegen bereits entscheidende Ausdifferenzierungen vor, da nicht mehr bloß zwischen Oberschicht, Mittelschicht und Unterschicht oder nach 3 Klassen unterschieden wird, die die Gesellschaft hierarchisch, d. h. vertikal gliedern, sondern auch horizontal. Doch auch das Milieu ist eine relativ grobe Einteilung, die sich dekonstruieren ließe.
- Interkategoriale Ansätze stehen in maximalem Gegensatz zu den antikategorialen Ansätzen und sehen analytische Kategorien als provisorisch an. Sie prüfen zunächst ihren empirischen Gehalt und bewahren sich zugleich die Offenheit auch für andere kollektive Orientierungen, die Ungleichheit bedingen.
- Zwischen diesen beiden Ansätzen sind intrakategoriale Ansätze angesiedelt. Sie verweisen einerseits auf die Dauerhaftigkeit der Kategorien, suchen aber auch nach Möglichkeiten, deren Dauerhaftigkeit zu hinterfragen. Daher ist die Hervorbringung von Kategorien als gültigen Bezugsgrößen Gegenstand empirischer Analysen, in denen geprüft wird, inwiefern sich in der sozialen Wirklichkeit handelnd auf die Kategorien bezogen wird. Dies verschafft den benannten Ansätzen auch die Möglichkeit zu berücksichtigen, dass einige traditionelle Grenzen überschritten oder transformiert werden. (vgl. insgesamt: McCall 2005, S. 1773).

Es gibt nun unterschiedliche Vorschläge, z. B. von McCall (2005) oder von Klinger
(2003), die verschiedenen Kategorien in empirischen Untersuchungen allesamt zu
berücksichtigen. Doch dies birgt auch Schwierigkeiten. Stellen wir uns ein verein-
fachtes Schema einer Untersuchung vor, die das Milieu, das Geschlecht und die
Ethnizität berücksichtigt, so sehen wir schon die Vielzahl an Differenzierungen,
die gemacht werden müssen, um nur der binären Unterscheidung von hierarchisch
höher und niedriger gestellt zu berücksichtigen (Abb. 4.1).

| Milieu | Geschlecht | Ethnizität |
|---|---|---|
| Oben | Männlich | einheimisch |
| | | nicht-einheimisch |
| | Weiblich | einheimisch |
| | | nicht-einheimisch |
| Mitte | Männlich | einheimisch |
| | | nicht-einheimisch |
| | Weiblich | einheimisch |
| | | nicht-einheimisch |
| Unten | Männlich | einheimisch |
| | | nicht-einheimisch |
| | Weiblich | einheimisch |
| | | nicht-einheimisch |

**Abb. 4.1**   Differenzierungen in intersektionaler Perspektive

Nun birgt aber dieses Schema, das selbstverständlich auch von anderen Kategorien
aus gedacht werden könnte, die Gefahr, dass es zur Entdifferenzierung innerhalb der
Kategorien kommt, da das binäre Trennungsschema ja beibehalten wird. Darüber
hinaus werden weitere Kategorien, wie z. B. das Alter, die berufsfeldspezifischen
Orientierungen oder subkulturelle Haltungen, wie sie in 4.1 mit dem Ansatz von
Bohnsack diskutiert wurden, nicht berücksichtigt. Es bleibt bei einer schematischen
Unterteilung (vgl. Hummrich 2008).

Jedoch bringt das Schema auch die Komplexität gesellschaftlicher Benachteili-
gungsstrukturen zum Ausdruck. Somit kann es als Ausgangspunkt der analytischen
Auseinandersetzung mit Sozialisation und Ungleichheit genommen werden. Wichtig
ist dabei, dass häufig Geschlecht, Milieu und Ethnizität nicht direkt thematisiert
werden (vgl. Kap. 4.3), sondern indirekt – über etwas, was wir *symbolische Repräsentationen* nennen können. In diesen artikulieren sich Annahmen, die im
*common sense* formuliert werden, i. e. Stereotype, die die gängigen Normen und

Werte stabilisieren – oder in Frage stellen; kurz: die thematisieren diese Stereotype direkt oder indirekt (Winkler/Degele 2010).

Der Fall Erik Wagner etwa verbindet die drei hier angesprochenen Dimensionen auf folgende Art und Weise: In Kapitel 4.1 wurde gezeigt, dass er aus einem Milieu stammt, das bildungsnah und künstlerisch-avantgardistisch ist. Sein Vater ist nicht sehr einkommensstark verfügt aber über eine Menge kulturellen und sozialen Kapitals. Er besitzt Werke von namhaften Künstlern, er hat Auftraggeber, die ihn trotz seines hohen Alters immer wieder als Experten ansprechen, dadurch ist er international vernetzt. Als älterer Mann hat er vor der Geburt von Eriks Schwester die wesentlich jüngere Ehefrau kennengelernt, die ihn und die Familie jedoch ein Jahr vor der Untersuchungsdurchführung verlassen hat und nun mit einem Mann ihres Alters zusammenlebt. Suchen wir nun nach *common sense* Annahmen bzw. den *symbolischen Repräsentationen*, dann fällt auf, dass das Milieu eine Dimension ist, die spezifische Orientierungen vorwegnimmt – etwa die auf eine bestimmte Art von Bildung. So ist Erik vor dem Hintergrund des Milieus, aus dem er stammt, optimal passförmig zu einer reformorientierten Gesamtschule wie der Anna-Seghers-Schule, an der er Schüler ist.

Sein Vater hat, das entspricht eher einem männlichen Verhaltensmuster, eine wesentlich jüngere Frau geheilcht und war lange Zeit der Versorger der Familie. Dieses Gefüge gerät erst ins Wanken, als die Mutter nicht mehr dem Rollenideal der sorgenden Ehefrau entspricht. Gleichwohl bleibt sie aber dem heteronormativen Verhaltensmuster (also dem Muster, das Heterosexualität zur Norm erhebt) treu. Durch die Trennung sind nun sowohl die Männlichkeitsentwürfe des Vaters als auch seine Identität als Künstler infrage gestellt. Beides verweist aufeinander und wird durch die Krise des Alterns verstärkt. Auch das Lebensalter wirkt hier also als eine Kategorie. Man kann also sagen: sowohl die Bezüge zu den Sozialstrukturen Milieu und Geschlecht sind in Eriks Familie ins Wanken geraten, als auch die symbolischen Repräsentationen (Winkler/Degele 2010), mit denen sie eingelöst werden sollen: „Der Mann ist der Versorger der Familie", „Die Frau kümmert sich um die Kinder", „Der Künstler mit einer jüngeren Frau als Muse" – all diese symbolischen Repräsentationen sind gescheitert, weshalb das Familienleben selbst als sehr brüchig beschrieben werden muss.

Erik reagiert mit einem Rückzug und einer symbolischen Abwehr der Eltern (im biograph. Interview sagt er: „dacht halt immer, dass man seine eltern mögen muss, aber jetzt bin ich irgendwie äh auch ein bisschen anderer meinung, man muss es nich äh unbedingt, wenn man genäu äh e weiß, was für probleme sie alle haben"), die Tochter reagiert mit Autoaggression und entwickelt Magersucht. Hier finden wir wiederum symbolische Repräsentationen, die anschlussfähig an die Kategorien Milieu und Geschlecht sind: der Rebellion des Jungen beim Durchdringen der bürgerlichen Fassade korrespondiert das paradoxe Autonomiebestreben der Tochter mit Nahrungsverweigerung.

In der schulischen Szene, in der die Chemielehrerin Erik auffordert „hör ma auf zu malen" und ihn im Unterrichtsgeschehen hält, wird deutlich, dass Erik durch künstlerische Tätigkeit Kontinuität zur milieuspezifischen Bindung herstellt. Dies wird von der Lehrerin auch gewürdigt: sie macht sich nicht lustig, sondern signalisiert, dass sie seine Tätigkeit ernst nimmt. Indem sie ihm eine Chance gibt, sich zu beteiligen, eröffnet sie ihm gleichzeitig die Möglichkeit, die milieuspezifische Bindung auch formal aufrechtzuerhalten. Wir haben gleichzeitig gesehen, dass die Lehrerin weder Geschlecht, noch Ethnizität eigens thematisiert. Und doch: sie erkennt die geschlechtliche Verortung als Junge an (*der* erik sachts, dann sachs auch bitte so) und ihr ist Eriks Zugehörigkeit zur Mehrheitsgesellschaft selbstverständlich.

Wir haben besonders in Kapitel 4.3 gesehen, dass diese Selbstverständlichkeiten das Sozialisationsfeld Schule bedingen. Untersuchungen, die sich mit dem Thema Ethnizität befassen, verweisen auf die Irritationen, die Schülerinnen und Schüler hervorrufen, die erwartungswidrige Bildungskarrieren einschlagen. Dies kann an Biografien von Schülerinnen und Schülern nachvollzogen werden, die als Migrantinnen und Migranten einen sozialen Aufstieg vollzogen haben.

Die 24-jährige Medizinstudentin Farah erzählt:

Farah:    *ich hab ihm [dem lehrer] damals gesagt dass ich was mit sprachen machen will weil für medizin warn die noten zu schlecht und ich hab gedacht ich fahr n jahr nach england um die sprache besser zu lernen und dann hat er gelacht und hat wörtlich zu mir gesagt wieso willstn das machen, weil ich in englisch gut bin . und da hat er gemeint ja du bist doch sowieso moslem und du bist ne frau du kommst doch nachher sowieso in die küche und heiratest, hast ja sowieso hast, irgendwas hat er gesagt mit kindern und dass ich sowieso bald kinder hab . und da hab ich gesagt, wenn ich heirate dann lad ich sie zu meiner hochzeit ein aber das dauert noch bei mir isses nich so dringend herr äh herr soundso . meine mutter hat studiert und mein vater hat studiert und ich werd auch studiern und da hat er ja okee gemeint und hat dann nix mehr gesagt"*

Farah ist als Kind mit ihren Eltern aus Afghanistan geflohen. Sie thematisiert hier eine Diskriminierungserfahrung, die nicht auf ihre Leistung oder Bildungsmotivation Bezug nimmt, sondern auf symbolische Grenzen der Zugehörigkeit. Der Lehrer, den sie um Rat fragt, thematisiert hier nicht ihre individuellen Chancen, sondern nimmt sie kategorial wahr. Hinter dem weiblichen Moslem tritt die bildungsambitionierte junge Frau zurück. Weibliche Moslems, so schildert Farah die Perspektive des Lehrers, bekommen Kinder und stehen in der Küche. Auch hier liegt eine symbolische Repräsentation vor. Von daher scheint ihm die Idee Farahs, ins Ausland zu gehen, als Illusion, die er scherzhaft entlarvt. Damit einher geht die symbolische Repräsentation der Bildungsreise, die nur bürgerlichen Milieus vorbehalten zu sein scheint. Dem setzt Farah nun einen – in diesem Fall chancenhaften – Bezug auf ihre Familie entgegen: Die Tatsache, dass ihre beiden Eltern studiert haben, bedeutet für sie eine Rückvergewisserung der Legitimität ihres Bildungsanspruchs, die der Lehrer ihr abgesprochen hat. Doch nicht nur auf die Personen der Eltern bezieht sich Farah damit vergewissernd, sondern auch auf das Bildungsmilieu der studierten Eltern. Damit irritiert sie die homologen Verkettungen des Lehrers: Frau – Moslem – Küche – Kinder – Bildungsferne, die die rechtmäßige Verweigerung von Teilhabechancen sichern (vgl. Hummrich 2009a).

In beiden Beispielen wird deutlich: Schule sozialisiert nicht nur funktional in das Prinzip Leistung ein, sie ist auch auf Vorstellungen von idealer Schülerschaft orientiert. Diese richtet sie an den gesellschaftlichen Kategorien, die in diesem Kapitel besprochen wurden aus. Von großer Bedeutung ist dabei der Milieubezug der Schulen; jener Bezug also, den sie als Einzelschule aktiv herstellen (vgl. Kap. 4.1 und Kap. 5). Geschlecht und Ethnizität werden in koedukativen Schulen hingegen nur dann thematisiert, wenn es um krisenhafte Konstellationen geht. Dennoch ist zweifellos, dass sie im schulischen Handeln eine prominente Rolle einnehmen.

Eine nur über Leistung gesteuerte Chancengleichheit, wie sie im System der Schule versprochen wird, muss vor dem Hintergrund des **intersektionalen Zusammenspiels der Differenzkategorien** als Illusion bezeichnet werden. Dazu haben Bourdieu und Passeron schon in den 1960er Jahren Untersuchungen angestellt (Bourdieu/Passeron 1970). Der Befund erweist sich allerdings auch heute noch, das dürften die oben stehenden Kapitel gezeigt haben, als gültig. Auch wurde deutlich, dass Unterscheidungen, die gemacht werden, nicht immer aufgrund objektiver Kriterien erfolgen, sondern dass die habituellen Erwartungen der herrschenden Klasse (Bourdieu 2006, vgl. Kap. 3.8 und 4.1), an das Geschlecht (vgl. Kap. 4.2) und an ethnische Zugehörigkeit (vgl. Kap. 4.3) Beurteilungspraxen bestimmen. Je deutlicher Schülerinnen und Schüler dabei Differenzkategorien zuzurechnen sind, umso mehr verschränken sich die Erfahrungen sozialer Ungleichheit, bzw. verweisen die Differenzierungen, die vorgenommen werden aufeinander (z. B. „du als frau und moslem").

Schließlich wird besonders mit Blick auf das intersektionale Zusammenspiel der Differenzen deutlich, dass Schülerinnen und Schüler nicht als *tabula rasa* (als unbeschriebenes Blatt) auf die Schule treffen. Sie bringen ihre bisherigen Erfahrungen mit in die Schule und lernen erst allmählich, davon zu abstrahieren. So werden ihnen nicht nur Eigenschaften zugeschrieben, die sie aufgrund der erfahrenen Differenzierungen (als einem bestimmten Milieu, einem Geschlecht und einer Ethnizität zugehörig) zugesprochen bekommen, sondern sie verhalten sich auch aktiv als Mit-Produzenten jener Differenzierungen.

## Literatur (Tipps zum Weiterlesen sind fett gedruckt)

Becker-Schmidt, R. (2003): Zur doppelten Vergesellschaftung von Frauen. Abgerufen 22. September 2016, von http://www.fu- berlin.de/sites/gpo/soz_eth/Geschlecht_als_Kategorie/Die_doppelte_Vergesellschaftung_von_Frauen/becker_schmidt_ohne.pdf

Becker-Schmidt, R./Knapp, G.-A. (1995). Das Geschlechterverhältnis als Gegenstand der Sozialwissenschaften. Frankfurt u. a.: Campus Verlag.

Bilden, H. (1991): Geschlechtsspezifische Sozialisation. In: Hurrelmann, K./Ulich, D. (Hrsg.): Handbuch der Sozialisationsforschung. Weinheim/Basel: Beltz, S. 191–207.

Bourdieu, P. (1987): Die feinen Unterschiede. Kritik der gesellschaftlichen Urteilskraft. Frankfurt a,M.: Suhrkamp.

Bourdieu, P. (2005): Die männliche Herrschaft. Frankfurg a. M.: Suhrkamp Verlag.

Bourdieu, P./Passeron, J.-C. (1971): Die Illusion der Chancengleichheit: Untersuchungen zur Soziologie des Bildungswesens am Beispiel Frankreichs. Stuttgart: Klett.

Hooks, B. (1996). Sehnsucht und Widerstand: Kultur, Ethnie, Geschlecht. Berlin: Orlanda Frauenverlag.

Hradil, S./Schiener, J. (2001): Soziale Ungleichheit in Deutschland. Wiesbaden: VS Verlag für Sozialwissenschaften.

**Hummrich, M. (2008): Benachteiligung im Bildungssystem: Beiträge zum 6. Tag der Frauen- und Geschlechterforschung an der Martin-Luther-Universität Halle-Wittenberg Frankfurt a. M./Berlin/Bern/Bruxelles/New York/Oxford/Wien: Lang.**

Hummrich, M. (2009): Bildungserfolg und Migration: Biografien junger Frauen in der Einwanderungsgesellschaft. Wiesbaden: VS Verlag für Sozialwissenschaften.

Klinger, C./Knapp, G.-A. (2007): Achsen der Ungleichheit: Zum Verhältnis von Klasse, Geschlecht und Ethnizität. Frankfurt a. M.: Campus Verlag.

**Klinger, C./Knapp, G.-A. (2008):** *Über-Kreuzungen: Fremdheit, Ungleichheit, Differenz.* **Münster: Westfälisches Dampfboot.**

Lenz, I. (1996): Wechselnde Blicke: Frauenforschung in Internationaler Perspektive. Opladen: Leske und Budrich.

Lenz, I./Luig, U. (1995): Frauenmacht ohne Herrschaft: Geschlechterverhältnisse in nicht patriarchalischen Gesellschaften. Frankfurt a. M.: Fischer Taschenbuch.

McCall, L. (2005): The Complexity of Intersectionality. In: Signs, 30(3), 1771–1800. http://doi.org/10.1086/426800

**Winker, G./Degele, N. (2010): Intersektionalität. Zur Analyse sozialer Ungleichheiten. Bielefeld: Transkript.**

# Schulkultur, Milieu und Individuation     5

Nach der Auseinandersetzung mit den verschiedenen theoretischen Ansätzen zu schulischer Sozialisation (Kap. 3.) und den weiteren systematischen Ausdifferenzierungen (Kap. 4.) ist das Ziel dieses Kapitels, den zentralen theoretischen Rahmen unserer eigenen empirischen Studien in das Zentrum der Betrachtung zu stellen – den Ansatz „Schulkultur". Dabei wird zunächst in diesen theoretischen Ansatz eingeführt (5.1) und anschließend nach den differenziellen sozialisatorischen Wirkungen auf der Grundlage unterschiedlicher Passungsverhältnisse gefragt (5.2). Hier zeigen sich dann unterschiedliche Chancen und auch Erschwernisse für die Individuation und Entwicklung der Schülerinnen und Schüler.

## 5.1    Der Ansatz „Schulkultur" – Schule als je spezifischer sozialisatorischer Raum

Der hier vorzustellende Ansatz „Schulkultur" geht auf Arbeiten von Werner Helsper zurück, der seit Mitte der 1990er Jahre sowohl theoretisch-konzeptionell als auch in eigenen empirischen Untersuchungen ‚angewendet', Schulkultur als schultheoretischen Entwurf profiliert (vgl. Helsper 2015; Böhme/Hummrich/Kramer 2015; Kramer 2016). Dabei geht es diesem Ansatz nicht um die kulturellen Aktivitäten einer Schule, wie dies etwa im Konzept der Kulturschulen der Fall ist. Der Schwerpunkt dieses Ansatzes liegt vielmehr auf *Prozessen der Herstellung einer Sinnordnung der Schule*, die v. a. eine symbolisch-pädagogische Ordnung ist. Zentrales Kennzeichen dieser Theorie von Schule ist die Annahme, dass diese symbolische Sinnordnung zwar auf grundlegende Strukturmomente des Bildungssystems und seiner historischen Hervorbringung bezogen ist, dass aber für die konkrete Ausgestaltung jede Einzelschule auch eigene *Gestaltungsspielräume* besitzt und nutzt. Hier findet sich also wieder die bereits häufiger referierte Annahme, dass Struktur zwar vorge-

funden wird, aber auch handelnd hervorgebracht ist und verändert werden kann.
Die damit angesprochenen Gestaltungsspielräume sind der Grund dafür, warum
sich Einzelschulen teilweise so stark voneinander unterscheiden, selbst wenn sie
derselben Schulstufe oder derselben Schulform angehören.

Dem Ansatz „Schulkultur" liegen demnach einerseits spezifische Annahmen
zu übergreifenden Strukturbildungen und Systembildungsprozessen des Bildungssystems und der Schule als Institution zugrunde – schließlich hat es Schule als fast
universal etablierte Form der gesellschaftlich verantworteten Bildung und Erziehung nicht schon immer so gegeben –; andererseits ist die Gestalt und Ausprägung
konkreter Schulen jedoch nicht von vorneherein bestimmt und festgelegt (also:
nicht kausal determiniert). Stattdessen gibt es auf der Grundlage übergreifender
Rahmungen vielfältige Möglichkeiten, die sinnhafte-symbolische Ordnung einer
Schule herzustellen. Diese jeweils realisierte Schulkultur ist als Strukturvariante
der übergreifenden Strukturprinzipien des Bildungssystems zu verstehen (vgl.
Helsper 2008a, S. 67). Sie bleibt jedoch *prinzipiell veränderbar*. Deshalb ist die
symbolische Ordnung der Schule, die jeweils angestrebte und gültige Form des
Pädagogischen in der Schule, von den schulischen Akteuren (v. a., aber nicht nur
von Lehrerinnen und Lehrern) stark *umkämpft*. Wie in einem Wettkampf oder
Spiel kann sich dann eine Fraktion zu einer Zeit besonders durchsetzen. Schule ist
im Ansatz „Schulkultur" immer auch zu verstehen als Ausdruck eines je aktuellen
Spielstandes, als das, was sich als symbolische Sinnordnung zu einem bestimmten
historischen Zeitpunkt hat durchsetzen können.

> „Schulkultur ist als die symbolische Ordnung der einzelnen Schule […] zu fassen.
> Schulkultur wird generiert durch die handelnde Auseinandersetzung der schulischen
> Akteure mit übergreifenden, bildungspolitischen Vorgaben und Strukturierungen
> vor dem Hintergrund historischer Rahmenbedingungen und der sozialen Ausein-
> andersetzung um die Durchsetzung und Distinktion pluraler kultureller Ordnungen
> und deren Hierarchisierung" (Helsper 2008a, S. 66f.).

Mit diesen ersten Bestimmungen könnte nun ein Missverständnis entstehen, dass
der Ansatz „Schulkultur" davon ausgeht, dass die Herstellung der symbolisch-pädagogischen Ordnung einer Schule alleine Ergebnis bewussten und absichtsvollen
Handelns sei und beliebig möglich wäre. Dieses Verständnis gilt es jedoch mit dem
Ansatz „Schulkultur" zu überwinden. *Erstens* sind die Gestaltungsspielräume in
diesen Prozessen der Herstellung oder Veränderung von Schulkultur durch die
übergreifenden Strukturprinzipien des Bildungssystems begrenzt. Schule kann
also nicht alles werden oder sein! Sie muss sich in irgendeiner Weise auf die Fragen der Vermittlung, der Bildung und der Erziehung beziehen, auch wenn dabei
sehr unterschiedliche pädagogisch-symbolische Ordnungen vorstellbar sind.

*Zweitens* laufen diese Prozesse der Herstellung und Veränderung der Schulkultur überwiegend unbewusst ab, einfach durch die Art und Weise der alltäglichen handlungspraktischen Formen, die Lehrerinnen und Lehrer sowie Schülerinnen und Schüler Tag für Tag im Umgang miteinander finden. „Durch dieses institutionalisierende Handeln der schulischen Akteure wird eine Schulkultur generiert, reproduziert bzw. transformiert" (ebd., S. 67). Dass diese Auseinandersetzung den Akteuren bewusst ist und eine spezifische symbolisch-pädagogische Ordnung für die Schule gezielt angestrebt wird, findet sich in der Praxis demgegenüber weniger und dann v. a. in Phasen der bewussten Gestaltung oder Veränderung von Schule (z. B. in Schulentwicklungsprozessen oder in Zeiten gesellschaftlicher Umbrüche; vgl. Helsper/Böhme/Kramer/Lingkost 1998).

Da in der Regel die schulischen Akteure keine homogene Gruppierung sind, die dieselben Orientierungen auf Schule haben und folglich nicht die gleichen (pädagogischen) Ideale verfolgen, ist für die jeweils generierte symbolische Ordnung der Einzelschule gerade *„keine homogene und einheitliche Sinnordnung"* anzunehmen (Helsper 2008b, S. 127, auch Helsper 2008a, S. 73). Selbst wenn es einer Schule gelingt, relativ gleichartig orientierte Lehrkräfte zu binden, wird sich die Perspektive der Lehrinnen und Lehrer dennoch systematisch von der der Schülerinnen und Schüler und deren Eltern unterscheiden. Deshalb muss von Schulkultur „als *handelnd erzeugtes Dominanzverhältnis* von mehr oder weniger dominanten und dominierten Sinnentwürfen" ausgegangen werden (ebd., S. 126; Kursivsetzung d. A.).

Schulkultur bedeutet demnach zumeist ein Ensemble von pädagogischen Orientierungen, Praktiken und Handlungsmustern sowie pädagogischen Idealkonstruktionen, die sich zu einer Zeit als gültige Orientierungen, Praktiken und Idealentwürfe haben durchsetzen können.

Schulkultur heißt aber auch, dass es immer auch pädagogische Orientierungen, Praktiken und Idealentwürfe gibt, die dominiert werden, vielleicht noch tolerabel sind, schon randständig oder bereits sanktioniert. Und genau hier eröffnet sich im Ansatz „Schulkultur" eine grundlegende sozialisatorische Dimension für Lehrkräfte im Sinne einer beruflichen Sozialisation und v. a. für Prozesse schulischer Sozialisation von Kindern und Jugendlichen.

Zunächst ist aber noch auf eine weitere begriffliche Bestimmung im Ansatz „Schulkultur" hinzuweisen: die Unterscheidung der *Ebenen des Realen, des Symbolischen und des Imagin*ären. Diese Ebenen kennzeichnen grundlegend verschiedene Formen symbolischen Sinns, die jedoch aufeinander bezogen sind und nicht selten spannungsvoll zueinander stehen (vgl. Kramer 2015, S. 27f.; Hummrich 2015; Helsper 2015). Als *das Reale der Schulkultur* gelten die Strukturprinzipien des Bildungssystems und die konstitutiven Antinomien des institutionalisierten pädagogischen Handelns (z. b. die Mehrgliedrigkeit unseres Schulwesens oder die Spannung zwischen Selektivität und Förderung). Das Reale ist dabei selbst historisch hervorgebracht und auch veränderlich. Allerdings kann es nicht von der Einzelschule direkt beeinflusst oder gar außer Kraft gesetzt werden. Das Reale „kann als Ergebnis des Handelns kollektiver Akteure auf der Ebene der Einzelschule nicht grundlegend aufgehoben, sondern lediglich spezifisch bearbeitet werden" (Helsper 2008a, S. 68). Es stellt damit eine grundlegende Basis für das Symbolische und Imaginäre einer Schulkultur dar. Seine Genese und auch seine Veränderung werden jedoch von (z. B. bildungspolitischen) Akteuren und Akteursgruppen v. a. außerhalb der Einzelschule bestimmt.

Als *das Symbolische der Schulkultur* werden die konkreten interaktiven Handlungen und Akte einer Schule verstanden, also die jeweils vorherrschenden (pädagogischen) Praktiken und Handlungsmuster, Routinen und Rituale, die etablierten kommunikativen Arrangements und die diesen als Formen akkumulierter Geschichte entsprechenden Materialien und Artefakte (z. B. Anordnungen von Tischen und Stühlen, Arbeitsmaterialien etc.). Die etablierten Interaktionsmuster und Handlungsformen, die wiederum als Kehrseite auch unterdrückte und sanktionierte Interaktions- und Handlungsformen implizieren, sind dabei auf die Anforderungen des Realen bezogen. Sie stellen darauf bezogen zeitlich befristet an einer Schule sich durchsetzende gültige Bearbeitungen und handlungspraktische Umsetzungen dar (etwa zur Spannung des pädagogischen Handelns zwischen Selektion und Förderung).

Schließlich wird als dritte Sinnebene *das Imaginäre der Schulkultur* unterschieden. Auf dieser Ebene geht es um die institutionellen Idealkonstruktionen und die dominanten hypothetischen Entwürfe des schulisch-pädagogischen Sinns. In diesen Idealkonstruktionen und Sinnentwürfen geht es auch um die Bearbeitung der Strukturanforderungen auf der Ebene des Realen. Allerdings können die Konstruktionen neben kreativen Lösungsvorschlägen auch starke Verkennungen der strukturellen Probleme beinhalten, deren Widersprüche jedoch im Entwurf selbst aufgehoben scheinen. Als eine zentrale Ausdrucksgestalt des Imaginären bestimmt Helsper den *Schulmythos*, der sich in der Regel in schulischen Erzählungen dokumentiert und einen umfassenden (pädagogischen) Sinnentwurf der Institution beinhaltet (vgl. Helsper 2008a, S. 68; Helsper/Böhme/Kramer/Lingkost 2001; Böhme 2000).

Im Ansatz „Schulkultur" wird also Schule als komplexe symbolische Ordnung verstanden, die aus dem spannungsvollen Ineinander und der Verwobenheit von grundlegenden Strukturprinzipien, Praktiken und Idealkonstruktionen der jeweiligen Institution besteht. Durch die Vielfalt der schulischen Akteure und die Differenz ihrer Orientierungen und Sichtweisen geht es in diesem Ansatz um einen geschärften Blick auf die „Aushandlung und Auseinandersetzung verschiedener schulischer Akteure um die Ausgestaltung der symbolischen Ordnung der Schule" (Helsper u. a. 2001, S. 26). Diese Auseinandersetzungen sind als symbolische Kämpfe um die Legitimität pädagogischer Haltungen, Praktiken und Entwürfe und damit um deren Durchsetzung zu verstehen (vgl. Kramer 2015, S. 29). Die jeweils für eine Zeit durchgesetzte symbolische Ordnung ist daher als *Dominanzkultur* bzw. *Hegemonialkultur* der Schule zu kennzeichnen, was immer auch unterlegene und ausgeschlossene pädagogische Handlungsmuster, Praktiken und Idealkonstruktionen impliziert.

Damit ergeben sich von Schule zu Schule auch ganz unterschiedliche Anschlussmöglichkeiten und das nicht nur, aber – sozialisatorisch besonders bedeutsam – v. a. auch für Schülerinnen und Schüler.

> „In der symbolischen Ordnung der Schule wird ein Feld exzellenter, legitimer, tolerabler, marginalisierter und tabuisierter kultureller Ausdrucksgestalten erzeugt, die in *je spezifischen Passungsverhältnissen* zu milieuspezifischen und biographischen Habitusformen von Jugendlichen stehen" (Helsper 2008a, S. 73; Kursivsetzung d. A.).

Schule eröffnet somit für Schülerinnen und Schüler „divergierende Bedingungen für die Artikulation und die Anerkennung ihres Selbst" (Helsper u. a. 2001, S. 26). „Der einzelschulisch konkretisierte Raum konturiert […] somit seine *eigene institutionelle Anerkennungsstruktur*, die bestimmt, wer in welcher Form, mit welchen ‚Gewinnen' und auch zu welchen ‚Kosten' oder ‚Verlusten' an diese je konkrete Schule anschließen kann – oder auch nicht anschließen kann" (Kramer 2011, S. 167; Kursivsetzung im Original). Dies kann auch die „Brechung, Zurückweisung und im Extremfall Negation primärer Habitusfigurationen […] mit der Konsequenz scheiternder schulischer Anerkennungsverhältnisse, scheiternder Bildungsverläufe, schulischer Degradierungen und Beschämungen" beinhalten (Helsper u. a. 2001, S. 24). Damit sind in Anknüpfung an die *These der kulturellen Passung* von Bourdieu und Passeron (1971) ganz unterschiedliche sozialisatorische Wirkungen auf Schülerinnen und Schüler zu erwarten, die sich auf die unterschiedliche Anschlussfähigkeit ihrer biografisch und milieuspezifisch ausgeformten Orientierungen, Praktiken und Idealentwürfe beziehen. So kann bei stärkerer Anschlussfähigkeit und Übereinstimmung eine Bestätigung und Festigung der eigenen Orientierungen und Praktiken angenommen werden, die sich durch die grundlegende institutionelle Anerkennung einer Schülerin bzw. eines Schülers begründet. Es kann aber auch um sozialisatorisch folgenreiche Formen der Entwertung vertrauter Gewohnheiten und um Versuche der „Reedukation oder De-Kulturation" gehen (Bourdieu/Passeron 1971, S. 61). Genau in diesen differenziellen sozialisatorischen Wirkungen von Schule, auf die der Ansatz „Schulkultur" besonders hinweist, wird deutlich, dass Erfolg oder Versagen in der Schule auch von der jeweiligen Passung kultureller Orientierungen, Praktiken und Idealentwürfe abhängt und Schule hier hochgradig verstrickt ist in *Prozesse der Herstellung und Reproduktion sozialer Ungleichheiten* (vgl. Bourdieu/Passeron 1971; Kramer 2011 und 2016).

Hinzu kommt, dass Schulen nicht nur unterschiedliche Anschlussmöglichkeiten für Schülerinnen und Schüler sowie Lehrerinnen und Lehrer beinhalten (vgl. zu Passungsverhältnissen und dessen Konsequenzen für Professionalisierungsprozesse bei Lehrerinnen und Lehrern Helsper 2008b), sondern Schulen weisen in der jeweils durchgesetzten Variante ihrer symbolischen Ordnung zusätzlich auch Nähen und Abstände zu sozialen Milieus und gesellschaftlichen Schichten bzw. Lagerungen auf (vgl. Kap. 4.1). Hier greift der Schulkulturansatz die Überlegungen von Bourdieu und Passeron (1971) auf, nach denen Schule nicht unabhängig von gesellschaftlichen Schichtungen und der Reproduktion sozialer Privilegierung zu denken ist, und betont, dass die jeweils dominierenden (pädagogischen) Handlungsmuster, Praktiken und Idealentwürfe ihrerseits mit partikularen Lebensführungsprinzipien korrespondieren.

Dass der Kampf um die Geltung und Durchsetzung schulischer Orientierungen, Praktiken und Idealentwürfe nicht einfach ein pädagogischer Kampf ist, sondern „unmittelbar mit den ‚großen' symbolischen Kämpfen sozialer Schichten und Milieus um den Erhalt oder die Verbesserung ihrer Stellung im sozialen Raum verknüpft ist" (Kramer 2016, S. 39), zeigt sich an Nähen und Überschneidungen zu partikularen kulturellen Lebensformen und „Koalitionen zu spezifischen Milieukonstellationen" (ebd.; Helsper u. a. 2001, S. 595ff.; Helsper 2006, 2009).

> „Welche symbolische Ordnung der Schule als Ergebnis der handelnden Auseinandersetzung der schulischen Akteure sich auf der Ebene der Einzelschule als legitime Ordnung durchsetzen kann und welche pädagogischen Orientierungen, Haltungen, Praktiken, Diskurse und Artefakte damit gegenüber anderen dominant sind, ist also nicht zufällig und unabhängig von der Stellung der Schule und die ihrer Akteure im sozialen Raum" (Kramer 2016, S. 40).

Im Ansatz „Schulkultur" verabschiedet man sich damit von der Vorstellung, es gäbe eine Schule, „die frei von partikularistischen Überformungen" ist und der damit eine rein universalistische Ausrichtung zugrunde liegt (ebd.; auch Kap. 3.2). Zwar findet sich in Schule keine „unmittelbare Fortsetzung von Milieus" und deren Lebensführungsprinzipien und werden die jeweiligen milieuspezifischen Orientierungen „durch den universalistischen Anspruch der Schule" gebrochen

(Helsper 2006, S. 183). Aber der universalistische schulische Anspruch amalga-
miert (vermischt und verbindet sich) mit den Lebensführungsprinzipien sozialer
Milieus zu einer symbolischen Ordnung der Schule, die als partikularistische
Überformung zu verstehen ist (ebd.; Kramer 2016, S. 40). So kann in empirischen
Untersuchungen nicht nur die Nähe der Schulkultur zu bestimmten sozialen Milieus
herausgearbeitet werden (vgl. Helsper u. a. 2001), sondern die hier entwickelte *These
von Institutionen-Milieu-Komplexen* wird später weiter ausdifferenziert, indem nun
für einzelne Schule primäre homologe Bezugsmilieus, sekundäre Bezugsmilieus
und schließlich auch antagonistische Abstoßungsmilieus rekonstruiert werden
(vgl. Helsper/Kramer/Hummrich/Busse 2009, S. 275ff.).

Primäre homologe Bezugsmilieus sind solche, zu deren Lebensführungsprinzipien
und Orientierungen besonders große Übereinstimmungen in der symbolischen
(pädagogischen) Ordnung der Schule vorliegen. Besonders relevant ist hier die Ebene
des Imaginären – der Schulmythos, der als Idealkonstruktion einer Schülerin bzw.
eines Schülers gelesen werden kann und darin idealtypisch den sekundären Habitus
des schulischen Feldes im Sinne von Bourdieu und Passeron (1971) dokumentiert.
Besonders Schulen mit starker Profilbildung und der Möglichkeit, selektiv Einfluss
auf die Rekrutierung ihrer Klientel (z. B. durch zusätzliche Aufnahmeverfahren)
zu nehmen, weisen konturierte primäre homologe Bezugsmilieus auf. *Sekundäre
Bezugsmilieus* sind demgegenüber eher ergänzende und vielleicht aufgrund nur
unzureichender Entsprechungen notwendige Bezugsmilieus. Sie weisen immer
noch relevante Überschneidungen zur symbolischen Ordnung der Schule auf,
zeigen aber bereits weniger direkte Entsprechungen als die primären homologen
Bezugsmilieus. *Antagonistische Abstoßungsmilieus* markieren dagegen die Trenn-
linie zu den Milieus, die für eine Schule und ihre symbolische Ordnung nicht
mehr tragbar scheinen und für deren Kinder sich eine Schule nicht zuständig oder
kompetent genug fühlt.

Schließlich lassen sich die Überlegungen zu einzelschulischen Bezugsmilieus im
Ansatz „Schulkultur" auch in Richtung zentraler *Formationen von Bezugshabitus'*
weiter ausschärfen. In dieser Linie ist noch einmal zu betonen, dass für Schulkultur
jeweils auch von einem spezifischen institutionellen Habitus auszugehen ist, der sich
in den dominanten Praktiken und Handlungsmustern einer Schule zeigt, aber v. a.
auf der Ebene des Imaginären als hypothetische Konstruktion des idealen Schülers
manifestiert – als sekundärer Habitus oder Schülerhabitus der Schule. Genau darin
kann die These der kulturellen Passung von Bourdieu und Passeron (1971) auch
empirisch weiter ausgearbeitet werden. Hier zeigt der Schulkulturansatz nämlich,
dass die sozialisatorisch bedeutsame Passung von primärem (über soziale Milieus
und biografische Erfahrungen geprägte) Habitus der Schülerinnen und Schüler und
sekundärem Habitus der Schule, der nun nicht mehr als übergreifender Habitus für

das Feld der Schule pauschal anzunehmen, sondern in verschiedenen Varianten und für jede Einzelschule konkret in Rechnung zu stellen ist. Schulische Sozialisation zeigt sich dann in ihren differenten Wirkungen auf der Basis der jeweiligen Passungsverhältnisse, die durch das eigene soziale Milieu und das – dazu zu relationierende – schulische Milieu hergestellt werden, also Passungsverhältnisse mit Nähen oder Abständen, die privilegieren oder zur Bearbeitung zwingen.

Der Schulkulturansatz von Werner Helsper bezeichnet einen Theorieentwurf, der in besonderer Weise die gesellschaftliche Rahmung für und Verstrickung von Schule herausstellt und damit deren differenzielle sozialisatorische Bedeutsamkeit aufzeigen kann. Mit Schulkultur ist nicht nur der Möglichkeitsraum für unterrichtlich organisierte Lernprozesse entworfen, sondern v. a. herausgearbeitet, wie Schule vor dem Hintergrund unterschiedlicher sozialer und biografischer Lagen auf Schülerinnen und Schüler wirken und Erfolg oder Versagen begünstigen kann.

Zentraler Ausgangspunkt ist die Annahme einer erst durch das Handeln schulischer Akteure hergestellten symbolisch-pädagogischen Ordnung einer Schule. Durch diese Annahme lassen sich einerseits Unterschiede zwischen Schulen plausibilisieren und andererseits auch die Möglichkeiten von Veränderungen darstellen. Entscheidend ist dabei jedoch, dass diese Herstellung der symbolischen Ordnung einer Schule nicht nur bewusst und intentional zu denken ist, sondern zu einem großen Teil durch das alltägliche Handeln und Interagieren v. a. der Lehrerinnen und Lehrer sowie Schülerinnen und Schüler ‚geschieht'. Die oft implizit bleibenden Differenzen in den Orientierungen der schulischen Akteure führen schließlich zu einem permanenten Repräsentations- und Durchsetzungshandeln – also zu einem Kampf um die geltende symbolisch-pädagogische Ordnung einer Schule.

Hierbei sind nicht einfach nur pädagogische Ansichten, Handlungsmuster und Idealkonstruktionen umkämpft, sondern es geht um die jeweils gültige Gesamtgestalt einer Schule, die mit Orientierungen und Entwürfen unterschiedlicher sozialer Milieus zusammenhängt. Einzelschulen realisieren mit ihrer Schulkultur damit jeweils spezifische Relationen der Nähe oder des Abstandes zu sozialen Milieus, die ja ihrerseits in symbolische Kämpfe miteinander verstrickt sind. So bilden sich – je nach Akteurskonstellationen an einzelnen Schulen – differente Institutionen-Milieu-Komplexe heraus, also spezifische partikularistische Überformungen eines schulischen Leistungsuniversalismus. Schule wird damit nicht nur in einer spezifischen Nähe zu bestimmten sozialen Schichten oder Milieus im sozialen Raum verortet, indem z. B. primäre homologe Bezugsmilieus, sekundäre Bezugsmilieus gebunden und antagonistische Abstoßungsmilieus abgewehrt werden, sondern mit ihrer Schulkultur wird Schule selbst als ein je spezifisches sozialisatorisches Milieu bestimmbar. Darin ergeben sich nun ganz unterschiedliche Anschlussmöglichkeiten oder auch Abstoßungsverhältnisse für Schülerinnen und Schülern vor dem Hintergrund der von diesen repräsentierten Milieu- und Biografiebezüge. Im Sinne der These einer kulturellen Passung ergeben sich für Schülerinnen und Schüler hier ganz unterschiedliche Passungsverhältnisse mit je spezifischen sozialisatorischen Wirkungen. Diese können – bei starken Übereinstimmungen und einer harmonischen Passung – etwa die Bestätigung und damit die Festigung der bereits inkorporierten Haltungen und Praktiken beinhalten oder aber – bei großen Differenzen und einer antagonistischen Passung – Formen der Entwertung, Zurückweisung oder der „Reeducation" annehmen, die eine erfolgreiche Schullaufbahn stark beeinträchtigen. Hier verbinden sich die differenziellen sozialisatorischen Wirkungen mit der Herstellung von Bildungsungleichheiten, mit denen soziale Ungleichheitsverhältnisse reproduziert werden.

Bei der Schule des Schülers Erik aus **unserem Fallbeispiel** handelt es sich um eine Integrierte Gesamtschule. Mit dem Theorieansatz „Schulkultur" ist damit aber noch wenig über die konkrete Ausgestaltung der symbolischen Ordnung dieser Schule gesagt. Welche dominanten Orientierungen, Praktiken und Idealentwürfe lassen sich für diese herausstellen und welche sozialisatorische Wirkung geht von diesen eventuell für Erik aus?

In unserer Studie zu pädagogischen Generationsbeziehungen in Familie und Schule haben wir die Begrüßungsrede der Schulleiterin für die neu aufgenommenen Klassen genau analysiert. Darüber konnten wir den *sekundären Schülerhabitus* dieser Schule herausarbeiten, als die für diese Zeit durchgesetzte hypothetische Konstruktion eines idealen Schülers. Dieser ideale Entwurf (die Ebene des Imaginären dieser Schulkultur) bezieht sich auf eine Schülerin bzw. einen Schüler, der sich durch kritische, reflexive und eigenständige Haltungen auszeichnet, jemand, der auch unbequeme Wahrheiten nicht scheut und der sich für Benachteiligte einsetzt. Der ideale Schüler ist mutig, unbequem und zugleich jemand, der sich empathisch und sorgend auf andere bezieht. Der folgende kurze Ausschnitt aus der Begrüßungsrede der Schulleiterin kann das gut verdeutlichen:

*„und ihr werdet nachher , wenn ihr aufgerufen werdet ein Bild von der Anna Seghers. geschenkt bekommen , zur Erinnerung an den ersten Tag in eurer Schule und , ich möchte euch bitten , dass ihr das in Ehren haltet . wir*

*wünschen euch dass ihr diese Frau , die , ihren Kampf für Gerechtigkeit und*
*Wahrheit so tapfer geführt hat , dass ihr die manchmal vor Augen habt ,*
*und wir wünschen euch auch , dass ihr in der heutigen Anna-Seghers-Schule*
*lernt . dass man die einfachen Wahrheiten aussprechen kann , dass ihr Mut*
*bekommt und wenn es notwendig ist allein oder mit andern zusammen*
*dafür einzutreten , das kostet manchmal viel (gedehnt) Überwindung und*
*auch wir Erwachsenen können das sehr oft gar nicht…"*

Gleichzeitig verbindet sich dieser Idealentwurf mit dem Anspruch einer besonders bewussten und ökologisch verantwortungsvollen Lebensführung, die sich – wiederum in der Rede – exemplarisch in der Kritik der Schulleiterin an zu deutlichen Konsumorientierungen und modernen Medientechnologien äußert.

Im Gesamt und ergänzt um die schulisch dominanten Praktiken und Handlungsmuster, die z. B. das integrative Moment sehr betonen und allzu deutliche Leistungsdifferenzierungen oder gar Distinktionen abwehren, lässt sich das Milieu der Schule zu sozialen Milieus in der Bundesrepublik Deutschland relationieren. So zeigt sich vor dem Hintergrund des Milieumodells von Vester u. a. (vgl. Kap. 4.1), dass für diese Schule zwei gleichberechtigte *primäre homologe Bezugsmilieus* benannt werden können: das „liberal-intellektuelle Milieu", das v. a. auch durch eine wissenschaftliche und kulturelle Intelligenz gestellt wird und für das hohe Bildungsansprüche gepaart sind mit dem Streben nach einer umwelt- und gesundheitsbewussten Lebensführung, sowie das „alternative Milieu", für das neben hohen Bildungsansprüchen auch gegenkulturelle Strömungen zentral sind, die sich z. B. mit den Idealen von „politischen, sozialen, umweltbezogenen und künstlerisch-kulturellen Engagements" verbinden (Helper u. a. 2009, S. 281). *Sekundäre Bezugsmilieus* zeigen sich in Bezug auf die „Milieus der Mitte" (ebd., S. 282): etwa dem „leistungsorientierten Arbeitnehmermilieu" und dem „modernem Arbeitnehmer-Milieu". Dabei werden aber Familien ‚angesprochen', die neben einer ausgeprägten Bildungs- und Leistungsorientierung bereits Nähen zu den zentralen Bezugsmilieus oder die Bereitschaft der Konversion erkennen lassen, was z. B. in den gesinnungsorientierten Schulleitergesprächen abgeklärt werden kann, die die Grundlage für die Aufnahmeentscheidung bilden. Abstoßungslinien verlaufen zu Milieus, die geringer ausgeprägte Bildungs- und Leistungsansprüche aufweisen oder zu deutlich am Materiellen, am Konsum und an hedonistischen Vergnügungen ausgerichtet sind (vgl. ebd.).

Die symbolische Ordnung der Schule ist hier also abschließend als ein sozialisatorisches Milieu zu entwerfen, das in einer spezifischen Passung zum familialen Herkunftsmilieu von Erik zu verorten ist. Hier deuten sich zunächst

durch das künstlerisch-alternative und intellektuelle Elternhaus große Übereinstimmungen und eine eher harmonische Passung an, die die Entwicklung und
die Schullaufbahn von Erik unterstützende sozialisatorische Wirkungen haben
müssten. Ob das so ist oder warum es vielleicht anders eingeschätzt werden
muss, lässt sich erst über die konkrete Beziehungsqualität in der Familie von
Erik und deren Auswirkungen auf dessen Individuationsverlauf klären. Beides
ist Gegenstand des nächsten Kapitels.

## Literatur (Tipps zum Weiterlesen fett gedruckt)

Böhme, J. (2000): Schulmythen und ihre imaginäre Verbürgung durch oppositionelle
    Schüler. Ein Beitrag zur Etablierung erziehungswissenschaftlicher Mythosforschung.
    Bad Heilbrunn/Obb.: Klinkhardt.
Böhme, J./Hummrich, M./Kramer, R.-T. (Hrsg.) (2015): Schulkultur. Theoriebildung im
    Diskurs. Wiesbaden: Springer VS.
Bourdieu, P./Passeron, J.-C. (1971): Die Illusion der Chancengleichheit. Untersuchungen zur
    Soziologie des Bildungswesens am Beispiel Frankreichs. Stuttgart: Ernst Klett.
Helsper, W. (2006): Elite und Bildung im Schulsystem – Schulen als Institutionen-Mili-
    eu-Komplexe in der ausdifferenzierten höheren Bildungslandschaft. In: Ecarius, J./
    Wigger, L. (Hrsg.): Elitenbildung – Bildungselite. Erziehungswissenschaftliche Diskus-
    sionen und Befunde über Bildung und soziale Ungleichheit. Opladen: Verlag Barbara
    Budrich, S. 162-188.
**Helsper, W. (2008a): Schulkulturen – die Schule als symbolische Sinnordnung. In: Zeit-
    schrift für Pädagogik, Jg. 54, H. 1, S. 63-80.**
Helsper, W. (2008b): Schulkulturen als symbolische Sinnordnungen und ihre Bedeutung für
    die pädagogische Professionalität. In: Helsper, W./Busse, S./Hummrich, M./Kramer, R.-T.
    (Hrsg.): Pädagogische Professionalität in Organisationen. Neue Verhältnisbestimmun-
    gen am Beispiel der Schule. Wiesbaden: VS Verlag für Sozialwissenschaften, S. 115-145.
Helsper, W. (2009): Schulkultur und Milieu – Schulen als symbolische Ordnungen päda-
    gogischen Sinns. In: Melzer, W./Tippelt, R. (Hrsg.): Kulturen der Bildung. Opladen &
    Farmington Hills: Verlag Barbara Budrich, S. 155-176.
Helsper, W. (2015): Schulkultur revisited: Ein Versuch, Antworten zu geben und Rückfragen
    zu stellen. In: Böhme, J./Hummrich, M./Kramer, R.-T. (Hrsg.): Schulkultur. Theoriebil-
    dung im Diskurs. Wiesbaden: Springer VS, S. 447-500.
Helsper, W./Böhme, J./Kramer, R.-T./Lingkost, A. (1998): Reproduktion und Transforma-
    tion von Schulkulturen – Zur Reflexion schulkultureller Entwicklungsprozesse anhand
    exemplarischer Beispiele. In: Keuffer, J./Krüger, H.-H./Reinhardt, S./Weise, E./Wenzel,
    H. (Hrsg.): Schulkultur als Gestaltungsaufgabe. Partizipation – Management – Lebens-
    weltgestaltung. Weinheim: Deutscher Studienverlag, S. 206-224.
Helsper, W./Böhme, J./Kramer, R.-T./Lingkost, A. (2001): Schulkultur und Schulmythos.
    Gymnasien zwischen elitärer Bildung und höherer Volksschule im Transformationspro-
    zess. Rekonstruktionen zur Schulkultur I. Opladen: Leske + Budrich.

Helsper, W./Kramer, R.-T./Hummrich, M./Busse, S. (2009): Jugend zwischen Familie und Schule. Eine Studie zu pädagogischen Generationsbeziehungen. Wiesbaden: VS Verlag für Sozialwissenschaften.

**Hummrich, M. (2015): Die fragmentierte Ordnung. Das Imaginäre, das Symbolische, das Reale und die Schulkultur. In: Böhme, J./Hummrich, M./Kramer, R.-T. (Hrsg.): Schulkultur. Theoriebildung im Diskurs. Wiesbaden: Springer VS, S. 71-93.**

Kramer, R.-T. (2011): Abschied von Bourdieu? Perspektiven ungleichheitsbezogener Bildungsforschung. Wiesbaden: VS Verlag für Sozialwissenschaften.

Kramer, R.-T. (2015): Die Theorie der Schulkultur in Entwicklung? – Ausgangspunkte, Weiterführungen und ‚heimliche' Umbauten durch Werner Helsper. In: Böhme, J./Hummrich, M./Kramer, R.-T. (Hrsg.): Schulkultur. Theoriebildung im Diskurs. Wiesbaden: Springer VS, S. 23-47.

**Kramer, R.-T. (2016): Der Ansatz „Schulkultur" – theoretische und empirische Perspektiven zum Verständnis von Bildungssystem und Bildungsinstitutionen. In: Maier, M.S. (Hrsg.): Organisation und Bildung. Wiesbaden: Springer VS, S. 33-49.**

## 5.2   Schulkultur, Passung und Individuation

Wir haben nun gesehen, dass mit dem theoretischen Ansatz „Schulkultur" die Frage der schulischen Sozialisation auf *jeweils differenzielle Passungsverhältnisse* auszudifferenzieren und gerade *nicht pauschal für alle gleich* zu beantworten ist. Dabei ist schon theoretisch in der Annahme einer handelnden Herstellung der symbolisch-pädagogischen Ordnung von Schule durch deren Akteure von sehr unterschiedlichen – eventuell auch gegensätzlichen – Konstellationen auszugehen. So kann die jeweils realisierte Schulkultur auf Schülerinnen und Schüler treffen, die auf der Grundlage ihrer sozialen Herkunft und der bisherigen biografischen Erfahrungen mit ihren Orientierungen, bevorzugten Handlungsroutinen und Idealkonstruktionen zu den Anforderungen und Anerkennungsformen der Institution sehr harmonisch und passförmig platziert sind. Es sind aber auch Schülerinnen und Schüler vorstellbar, die mit ihren Orientierungen, Praktiken und Idealen nur bedingt, sehr begrenzt oder auch gar nicht an die Anforderungs- und Anerkennungslogik einer Schule anschließen können. Während in dieser idealtypisch konstruierten Gegenüberstellung die einen Wertschätzung und Anerkennung erfahren und in ihren Orientierungen Bestätigung in der Schule finden, werden die anderen mehr oder weniger deutlich in der Schule irritiert, zurückgewiesen oder auch sanktioniert. Schulische Sozialisation wird daher für diese beiden Fälle sehr unterschiedliche Formen annehmen und sehr verschiedene Wirkungen zeigen. Diese bereits theoretisch hergeleitete *differenzierende Sozialisationsperspektive* zeigt sich auch empirisch in unseren Studien (Kramer 2002; Helsper/Kramer/Hummrich/

Busse 2009; Hummrich 2009; Helsper/Hummrich/Kramer 2014; Kramer 2014a und b). Sie soll nun abschließend verdeutlicht werden.

Bevor nun jedoch diese differenzierende Sozialisationsperspektive entfaltet werden kann, ist noch ein neu eingeführter Begriff zu klären. Was Schulkultur sein soll und was mit Passung gemeint ist, sollte mit dem vorangegangenen Kapitel 5.1 deutlich geworden sein. Aber was ist mit Individuation gemeint? Wir verwenden den *Begriff der Individuation* (oder auch Individuierung) als Bezeichnung für den konkreten Prozess der Entwicklung der Einzigartigkeit des Subjektes (vgl. Oevermann 1976; Garz/Raven 2015). Individuation ist damit ein Komplementärbegriff zu Sozialisation (vgl. Fuchs-Heinritz/Lautmann/Rammstedt/Wienold 2007, S. 290). Individuation bezieht sich auf die „Entwicklung einer besonderen, „individuellen" Persönlichkeitsstruktur, die das Individuum u. a. instandsetzen soll, sich durch „autonomes", normabweichendes Verhalten gegen den Anpassungsdruck der Gesellschaft zu behaupten" (ebd.). Der Begriff der Individuation oder Individuierung, mit dem der jeweils konkrete Prozess der Subjektwerdung und -genese gefasst wird, muss dabei deutlich vom Begriff der Individualisierung getrennt werden, der mit Ulrich Beck (1986) gerade nicht auf den konkreten Prozess der Subjektwerdung bezogen ist, sondern sich mit der These eines umfassenden Wandels der Gesellschaft auf die Annahme einer zunehmenden Freisetzung des Menschen aus vormals vertrauten Sozialformen wie Klasse, Schicht, Familien- und Geschlechterrollen (vgl. ebd., S. 115). Individualisierung bezieht sich damit mehr auf die gesellschaftliche Seite der Sozialisation, die als historisch neue und widersprüchliche Dynamik der Vergesellschaftung selbst wiederum unterschiedliche Formen der Individuation – als konkrete Prozesse der Subjektwerdung unter diesen Bedingungen – beinhalten kann.

Mit diesen begrifflichen Klärungen kann nun abschließend unser Verständnis schulischer Sozialisation mit den Kernkonzepten Schulkultur, Passung und Individuation bestimmt und auch mit konkreten Fallbezügen veranschaulicht werden. Es erweist sich dabei als ein Geschehen, das auf verschiedenen Ebenen und erst im Zusammenspiel unterschiedlicher Kontexte konkrete Gestalt annimmt:

Als eine *erste Ebene* bzw. ein *erster Kontext* ist die *Schulkultur* auf der Ebene der Einzelschule zu bestimmen. Hier zeigt sich, dass die jeweilige symbolisch-pädagogische Ordnung der Einzelschule sehr verschieden ausgeformt sein kann und nicht endgültig durch die Schulform oder den Schultyp vorherbestimmt ist. So ist nicht Gymnasium gleich Gymnasium oder Hauptschule gleich Hauptschule. Und entsprechend unterschiedlich können von Schule zu Schule die Bedingungen und Wirkungen der schulischen Sozialisation sein. Das bedeutet, welchen Einfluss eine Schule auf den Individuationsverlauf einer Schülerin bzw. eines Schülers nimmt, hängt zunächst von der konkreten Gestalt dieser Schule selbst ab – also von ihrer Schulkultur.

Wir haben dazu im vorangegangenen Kapitel (5.1) schon kurz die Gesamtschule aus unserem **Unterrichtsbeispiel mit Erik** skizziert. Diese Schule erscheint hier mit einer symbolisch-pädagogischen Ordnung, die auf der Ebene des Imaginären mit sehr hohen und ausgeprägten Idealkonstruktionen versehen ist: Es sollen die Autonomie, der Eigensinn und die soziale Verantwortlichkeit der ihr anvertrauten Kinder und Jugendlichen gefördert und unterstützt werden, ohne dabei auf soziale Unterschiede bezogen zu sein. Auf der Ebene des Symbolischen werden diese Idealkonstruktionen weniger deutlich umgesetzt. Hier findet sich stattdessen auch mit Bezug auf die Ebene des Realen ein spannungsvolles Mit- und Gegeneinander von Förder- und Vergemeinschaftungspraktiken und leistungsbezogenen Selektionsformen. Als das Reale dieser Schulkultur zeigt sich letztlich genau die Verwiesenheit der Gesamtschule auf ein insgesamt selektives Schulsystem und eine gegliederte Schulstruktur, die zu umfassenden Förderansprüchen in deutlicher Differenz steht. Dennoch kann für die Gesamtschule auf dieser Ebene eine deutliche – wenn auch nicht widerspruchsfreie – Orientierung an Individuation im Sinne von Verselbständigung, Autonomieentfaltung und transformatorischer Bildung rekonstruiert werden (vgl. Helsper u. a. 2009, S. 324ff.).

Wie nun eine Schülerin oder ein Schüler an diese symbolisch-kulturelle Ordnung der Gesamtschule – wie also Erik – anschließen kann, hängt jedoch von der jeweils konkreten Passung ab und ist nicht für alle Schülerinnen und Schüler prinzipiell gleich. Die Frage der Passung verweist nun auf eine *zweite Ebene* bzw. einen *zweiten Kontext*: die *Familie*. Familie ist – darauf haben die ausgearbeiteten Sozialisationstheorien fast durchgängig hingewiesen (vgl. Kap. 3.10; auch 2.3) – der primäre sozialisatorische Ort, an dem Individuation ihren Ausgang nimmt und besonders basale und tief in die Psyche verankerte Haltungen und Orientierungen im Subjekt entstehen. Dabei wird die Sozialisation in der Familie ebenso wenig wie Sozialisation in der Schule bewusst gestaltet und kontrolliert. Auch Brüche und Konfliktdynamiken schreiben sich nicht einfach in das Kind ein. Vielmehr muss hier von einer hohen Eigendynamik im Individuationsprozess ausgegangen werden, der sich entlang von Krisen und deren Bewältigung vollzieht. Oevermann (2001) spricht hier von Individuationskrisen (vgl. Oevermann 2001, 2004; auch Hummrich 2011; Helsper 2014). Diese Individuationskrisen finden – wie in Kapitel 3.7 entfaltet wurde – in typischen Lebensphasen (also etwa der Adoleszenzkrise, in der es um die Entwicklung von Autonomie geht) statt, aber auch angesichts individueller krisenhafter Ereignisse, in denen sich Personen mit der Frage nach dem eigenen Verhältnis zur Umwelt und den Vergangenheits- und Zukunftsvorstellungen auseinandersetzen müssen. Familie ist dabei einerseits ein relevanter Zusammenhang, der in schicht- bzw. milieuspezifische Haltungen und Orientierungen eingebunden

ist, die wiederum über die familiale Übertragungsdynamik auch in den Individuationsprozess eingespeist werden. Andererseits bestimmt sich die Ausprägung
der Sozialisation in der Familie und deren Einfluss auf die Individuation aus der
jeweils konkreten Beziehungsdynamik und -qualität, die sehr unterschiedlich sein
kann und nicht schicht- oder milieuübergreifend für alle gleich ist (vgl. Helper/
Hummrich 2008; Helsper u. a. 2009, S. 304ff.; Helsper 2014; auch Bourdieu 1997).

Für den **Fall Erik** haben wir in Kap. 4.1 und 5.1 bereits dargestellt, dass für
das durch die Familie repräsentierte soziale Milieu und die Milieuspezifik der
Schulkultur dieser Gesamtschule von einer großen Übereinstimmung und einer
harmonischen Passung auszugehen ist. Durch die Berufstätigkeit des Vaters als
Künstler (Maler) und die familiär repräsentierten Lebensführungsprinzipien kann
die Familie dem *alternativen Milieu* im Modell von Vester u. a. (2001) zugeordnet
werden. Damit entspricht die Familie von Erik dem primären Bezugsmilieu der
Schulkultur dieser Gesamtschule. Die symbolisch-pädagogische Ordnung der
Gesamtschule und dieses primäre Bezugsmilieu teilen die Orientierung an der
Autonomie und Kreativität des Kindes bei gleichzeitiger Verantwortlichkeit
einer körper- und umweltbewussten Lebensführung. Erik könnte vor diesem
Hintergrund zu einem Prototyp des Vorzeige- oder Idealschülers dieser Ge-
samtschule avancieren. Das tut er jedoch augenscheinlich in der dokumentier-
ten Unterrichtsszene – die ja ein Protokoll der doppelten Abweichung und der
Sanktionierung ist – nicht.

Diese Differenz und Spannung erschließt sich erst, wenn die konkrete interaktive Beziehungsdynamik in der Familie zusätzlich zu deren milieuspezifischer
Einbettung betrachtet wird. Hier sind vor allem die Trennung der Eltern und
die damit verknüpfte umfassende Schaffens- und Lebenskrise seines Vaters
bedeutsam. Beides führt dazu, dass Erik in der Zeit seiner eigenen Adoleszenz
nicht auf stabile signifikante Bezugspersonen in der Familie bauen kann. Das
führt zu Enttäuschungen und Brüchen in der Möglichkeit, sich verlässlich auf
elterlich repräsentierte Orientierungen und Haltungen zu beziehen. Besonders die
Beziehung zum Vater, in dessen Haushalt Erik lebt, muss durch den Ausfall der
väterlichen Fürsorge charakterisiert werden. In unserer empirischen Untersuchung
haben wir hierbei von einer *Umkehrung der Genrationsdifferenz* gesprochen, weil
nicht nur die Sorge und Stützung durch den Vater im Sinne eines signifikanten
Anderen ausfällt, sondern der Vater ja selbst durch die Schaffens- und Lebenskrise
der Fürsorge und Stützung durch Erik bedarf. Während also die Mutter durch
den Auszug und ihre neue Partnerschaft nicht wirklich intensiv zur Verfügung
steht, stellt sich gegenüber dem Vater eine problematische Familiendynamik ein,

in der es Erik zur „Daueraufgabe" wird, „immer wieder helfend und beratend
dem Vater zur Seite zu stehen, innerhalb dieser Konstellation aber immer wieder
Zurückweisung durch den Vater zu erfahren" (ebd., S. 239). Insofern der Vater
die Bemühungen und ernst gemeinten Ratschläge Eriks größtenteils ignoriert,
wird Erik zum „verratenen Berater" (ebd.). Er kann damit letztlich nur bedingt
dem schulischen Ideal eines autonomen, mutigen und soziale Verantwortung
übernehmenden Jugendlichen entsprechen, weil die tatsächlich lebenspraktisch
übernommene Verantwortung für den eigenen Vater leerläuft und ihn zu überfor-
dern droht. So repräsentiert der Vater als selbständiger Künstler zwar ein zentrales
Bezugsmilieu der Schule, die familialen Beziehungsdynamiken verhindern aber,
dass die Familienmilieu-Schule-Passung (vgl. Helsper/Hummrich 2008) in einer
für Erik förderlichen Art und Weise wirksam wird.

Schließlich verweisen diese Konkretisierungen der Milieu-Passung über die Fami-
lienbeziehung und -dynamik auf eine *dritte Ebene* bzw. einen *dritten Kontext*, der
nun für die Fragen der schulischen Sozialisation zu betrachten ist – der *Individuationsverlauf* des Kindes bzw. Jugendlichen und die darin enthaltenen *Probleme
und Krisen der Individuation.* Hier ist einerseits von universalen für alle Individu-
ationsverläufe typischen Krisen auszugehen, deren erfolgreiche Bewältigung für
eine gelungene Entwicklung und eine lebenspraktische Autonomie in bestimmten
Theorieansätzen vorausgesetzt wird (vgl. Oevermann 1976, 2004; Helsper 2015;
Garz/Raven 2015, S. 71ff.; vgl. Kap. 3.7). Für die Zeit des kindlichen und jugendlichen Aufwachsens wurden *vier universale Individuationskrisen* benannt, von denen
in der Schulzeit vor allem die vierte Krise: die *Adoleszenzkrise* – relevant ist. In
dieser Adoleszenzkrise geht es darum, auf der Grundlage verschiedener Entwürfe
der eigenen Einzigartigkeit, die jeweils in Schutzräumen der Gleichaltrigen pro-
biert und schließlich an der harten Realität außerhalb dieser Schonräume geprüft
wurden, einen solchen Entwurf von Einzigartigkeit stabil auszubilden und daran
festzuhalten (vgl. Oevermann 2001, S. 108). Dieser Entwurf der Einzigartigkeit ist
dabei in die Paradoxie gestellt, gegen bewährte Vorgaben aufbegehren zu müssen,
um als autonomer Pfad der Individuation überhaupt gelten zu können, zugleich aber
einem Zwang zur Nonkonformität zu unterliegen und darin gerade nicht autonom
zu handeln, sondern im Handeln heteronom (d. h. fremdbestimmt) gerahmt zu sein.
    Nun finden sich in der jeweils konkreten Familienkonstellation und den individu-
ell-biografischen Erfahrungsaufschichtungen Problem- und Krisenkonstellationen,
die hochspeziell sind und gerade nicht universell – d. h. die nicht für alle Kinder
und Jugendlichen in gleicher Weise – gelten. Diese individuellen Konstellationen
geben den universalen Krisen der Individuation ihre jeweils konkrete Gestalt. Sie

können aber auch als zusätzliche Entwicklungskrisen verstanden werden, die in einem jeweiligen Individuationsverlauf zu bewältigen sind.

Auf dieser Ebene sehen wir **bei Erik**, wie sich die universellen Krisen der Individuation mit der Spezifik der familiären Beziehungskonstellationen zu einer individuell einzigartigen Individuationsproblematik verbinden. Als universale Individuationskrise kann hier die Adoleszenz genannt werden und die mit ihr verbundene Aufgabe der Herausbildung eines stabilen Einzigartigkeitsentwurfs – eine personale Identität. Diese universale Entwicklungsaufgabe wird jedoch durch die ganz besondere Familienkonstellation der Trennung der Eltern und besonders der daraus folgenden umfassenden Schaffens- und Lebenskrise des Vaters von Erik beeinflusst und geprägt. Da Erik in der Familie Fürsorge und Unterstützung in Form von stabilen signifikanten Anderen verlorengehen und er selbst in eine Berater- und Unterstützungsrolle gegenüber der Lebensführung des Vaters gedrängt wird, sind die Möglichkeiten der Identitätsfindung erheblich eingeschränkt. Man könnte auch sagen, einen sicheren ‚Hort‘, von dem aus Erik erprobende Ausflüge in die Welt möglicher Einzigartigkeitsentwürfe starten könnt, gibt es nicht.

Vor diesem Hintergrund bestimmt sich die Bedeutung der Schule und auch der Peers (i. e. Gleichaltrige). Während Vergemeinschaftungen in Gleichaltrigenzusammenhängen bei Erik nicht zu finden sind und höchsten in der Form einer imaginären Vergemeinschaftung in der Welt von Fantasy, Anime und Manga existieren, erscheint die Schule als ein Ort, dem neben der Familie nun das Potenzial zuwächst, Erik gegenüber stabile Unterstützungs- und Fürsorgebeziehungen anzubieten. Dies verspricht die Schule bekanntlich auf der Ebene des Imaginären der Schulkultur durchaus. Hier könnten Lehrerinnen und Lehrer zu alternativen biografischen Beratern oder auch signifikanten Anderen werden, denen eine besondere Bedeutung für den weiteren Individuationsverlauf von Erik zukommt. Doch dies findet sich in der von uns formulierten idealtypischen Variante nicht. Stattdessen zeigt die kurze Unterrichtsszene, dass Erik mit seinem Malen zwar eine Bearbeitung seiner biografisch-individuellen Individuationsproblematik gefunden hat, diese aber während des Unterrichts auf Grenzen der Anerkennbarkeit stößt, weil in der symbolisch-pädagogischen Ordnung dieser Schule die Aufmerksamkeit gegenüber der Beziehung zur Lehrerin bzw. zum Lehrer erwartet wird, durch die bzw. den die Aneignung von Lerninhalten ermöglicht werden soll. Man könnte hier letztlich davon sprechen, dass die Familienbeziehungen und -dynamik zu einer spezifischen Individuationsproblematik führen, deren Bewältigung Erik deutlicher aus einem harmonischen Passungsverhältnis zur

Schule herausschiebt. In gewisser Weise steht damit das Passungsverhältnis von
Erik zur Schule auf der Kippe. Werden die seine Individuation unterstützenden
Bezüge auf die Welt von Manga und Anime in der Schule zu präsent, dann droht
eine konflikthafte Verschärfung und eventuell die Abwehr und Ausstoßung aus
der Gesamtschule. Werden die eigenen Bewältigungsformen der Individuationsproblematik aber zu stark zurückgewiesen und begrenzt, dann ist Erik wieder
in ganzer Schärfe in die damit bearbeitete Krisenkonstellation hin eingeworfen.
Es geht also um eine Balance zwischen Akzeptanz und Zurückweisung. Und
genau diese Balance findet sich in der Unterrichtsszene, insofern Erik auf die
Regeln der Institution bezogen wird, ohne aber seinen Einzigartigkeitsentwurf
– repräsentiert über das Malen – ganz zurückzuweisen.

Schulische Sozialisation lässt sich damit abschließend nur in dem differentiellen
Zusammenspiel (dem Passungsverhältnis) zwischen Schulkultur, Familienkonstellation und Individuationsverlauf von Kindern und Jugendlichen bestimmen.
Schulische Sozialisation ist damit jedoch keine privat-persönliche Angelegenheit,
aber etwas, dass sich immer in jeweiligen Fallkonstellationen und Passungsverhältnissen konkretisiert. Das Passungsverhältnis stellt sich dabei auf verschiedenen
Ebenen für eine Schülerin bzw. einen Schüler her. Hier ist zunächst die Ebene
der Schule bedeutsam und die auf der jeweils hergestellten bzw. durchgesetzten
symbolisch-pädagogischen Ordnung beruhenden dominanten Orientierungen,
Praktiken und Idealkonstruktionen. Besonders die Idealkonstruktionen der
passenden Schülerin bzw. des passenden Schülers weisen auf institutionelle
Milieubezüge, die für die schulische Sozialisation eine grundlegende Rahmung
beinhalten. Diese grundlegende Rahmung ist jedoch erst vor dem Hintergrund
der jeweiligen Familiendynamik faktisch auszugestalten. Hier können sich – wie
das Fallbespiel Erik zeigt – harmonische Milieupassungen auch konflikthaft
gestalten oder auch problematische Milieupassungen zu deutlicher positiven
Schulbezügen entwickeln. Entscheidend ist dafür aber letztlich die dritte Ebene:
welchen Individuationsverlauf weist eine Schülerin bzw. ein Schüler bisher auf
der Grundlage der Familienkonstellation und der zurückgelegten individuellen
Biografie auf und welche Individuationsproblematik ist darin für das Kind bzw.
den Jugendlichen angelegt und muss bearbeitet werden. Schulische Sozialisation
zeigt sich vor allem hier in der Frage, ob Individuationskrisen institutionell verstärkt oder abgemildert (kompensiert) werden. Die zentrale Frage ist dabei, ob eine
Schülerin bzw. ein Schüler innerhalb der symbolisch-pädagogischen Ordnung
einer Schule Praktiken, Orientierungen oder Idealentwürfe zur Bearbeitung der

eigenen Individuationsproblematiken findet oder mit eigenen Bearbeitungsformen an die Schulkultur der Schule anschließen kann.

## Literatur (Tipps zum Weiterlesen fett gedruckt)

Beck, U. (1986): Risikogesellschaft. Auf dem Weg in eine andere Moderne. Frankfurt a. M.: Suhrkamp.

Bourdieu, P. (1997): Widersprüche des Erbes. In: Bourdieu, P. u. a.: Das Elend der Welt. Konstanz: UTB, S. 651-658.

Fuchs-Heinritz, W./Lautmann, R./Rammstedt, O./Wienold, H. (Hrsg.): Lexikon zur Soziologie. 4., grundlegend überarbeitete Auflage. Wiesbaden: VS Verlag für Sozialwissenschaften.

Garz, D./Raven, U. (2015): Theorie der Lebenspraxis. Einführung in das Werk Ulrich Oevermanns. Wiesbaden: Springer VS.

**Helsper, W. (2014): Habitusbildung, Krise, Ontogenese und die Bedeutung der Schule – Strukturtheoretische Überlegungen. In: Helsper, W./Kramer, R.-T./Thiersch, S. (Hrsg.): Schülerhabitus. Theoretische und empirische Analysen zum Bourdieuschen Theorem der kulturellen Passung. Wiesbaden: Springer VS, S. 125-158.**

**Helsper, W./Hummrich, M. (2008): Arbeitsbündnis, Schulkultur und Milieu. Reflexionen zu den Grundlagen schulischer Bildungsprozesse. In: Breidenstein, G./Schütze, F. (Hrsg.): Paradoxien in der Reform der Schule. Wiesbaden: VS Verlag für Sozialwissenschaften, S. 43-72.**

Helsper, W./Hummrich, M./Kramer, R.-T. (2014): Schülerhabitus und Schulkultur – Inklusion, inkludierte Fremdheit und Exklusion am Beispiel exklusiver Schulen. In: Bauer, U./Bolder, A./Bremer, H./Dobischat, R./Kutscha, G. (Hrsg.): Expansive Bildungspolitik – Expansive Bildung? Wiesbaden: Springer VS, S. 311-334.

Helsper, W./Kramer, R.-T./Hummrich, M./Busse, S. (2009): Jugend zwischen Familie und Schule. Eine Studie zu pädagogischen Generationsbeziehungen. Wiesbaden: VS Verlag für Sozialwissenschaften.

Hummrich, M. (2009): Bildungserfolg und Migration. Biografien junger Frauen in der Einwanderungsgesellschaft. 2., überarbeitete Auflage. Wiesbaden: VS Verlag für Sozialwissenschaften.

Hummrich, M. (2011): Jugend und Raum. Exklusive Zugehörigkeitsordnungen in Familie und Schule. Wiesbaden: VS Verlag für Sozialwissenschaften.

Kramer, R.-T. (2002): Schulkultur und Schülerbiographien. Das „schulbiographische Passungsverhältnis". Rekonstruktionen zur Schulkultur II. Opladen: Leske + Budrich.

**Kramer, R.-T. (2014a): Identität als Passungsverhältnis von Schüler-Selbst und Schulkultur – ,neue' biographieanalytische und rekonstruktive Perspektiven auf ein ,altes' Problem. In: Hagedorn, J. (Hrsg.): Jugend, Schule, Identität. Selbstwerdung und Identitätskonstruktion im Kontext Schule. Wiesbaden: Springer VS, S. 423-438.**

Kramer, R.-T. (2014b): Kulturelle Passung und Schülerhabitus – Zur Bedeutung der Schule für Transformationsprozesse des Habitus. In: Helsper, W./Kramer, R.-T./Thiersch, S. (Hrsg.): Schülerhabitus. Theoretische und empirische Analysen zum Bourdieuschen Theorem der kulturellen Passung. Wiesbaden: Springer VS, S. 183-202.

Oevermann, U. (1976): Programmatische Überlegungen zu einer Theorie der Bildungsprozesse und zur Strategie der Sozialisationsforschung. In: Hurrelmann, K. (Hrsg.): Sozialisation und Lebenslauf. Reinbek b.h.: Rowohlt Taschenbuch Verlag, S. 34-52.

Oevermann, U. (2001): Die Soziologie der Generationsbeziehungen und der historischen Generationen aus strukturalistischer Sicht und ihre Bedeutung für die Schulpädagogik. In: Kramer, R.-T./Helsper, W./Busse, S. (Hrsg.): Pädagogische Generationsbeziehungen. Opladen: Leske + Budrich, S. 78-126.

Oevermann, U. (2004): Sozialisation als Prozess der Krisenbewältigung. In: Geulen, D./ Veith, H. (Hrsg.): Sozialisationstheorie interdisziplinär. Aktuelle Perspektiven. Gießen: Lucius & Lucius, S. 155-183.

Vester, M./von Oertzen, P./Geiling, H./Hermann, T./Müller, D. (2001): Soziale Milieus im gesellschaftlichen Strukturwandel. Zwischen Integration und Ausgrenzung. Frankfurt a. M.: Suhrkamp.

# Perspektiven für Schule und Lehrerhandeln 6

Die in diesem Buch vorgenommene Einführung in die schulische Sozialisation hat neben unterschiedlichen Ansätzen und Dimensionen von Sozialisation einen Schwerpunkt auf die Verbindung unterschiedlicher Sozialisationsbereiche gelegt. Dadurch wurde deutlich, dass die Betrachtung von schulischer Sozialisation immer auch in einen Gesamtzusammenhang eingebettet werden muss, also einerseits unterschiedliche Handlungszusammenhänge (wie Familie, Schule und Freundeskreis) betrifft, andererseits mit gesellschaftlichen Strukturen verwoben ist. Diese Perspektive sollte im vorliegenden Band unterstrichen werden, indem der Sozialisationsbegriff ins Verhältnis zu anderen Begriffen (Erziehung, Bildung, Lernen, Enkulturation, Kap. 2) gesetzt wurde, indem unterschiedliche Ansätze der Sozialisation dargestellt wurden (Kap. 3), und schließlich die intersektionalen Dimensionen der Sozialisation beleuchtet wurden (Kap. 4). Die daraus resultierende Perspektive auf Schulkultur, Milieu und Sozialisation (Kap. 5) stellt in diesem Zusammenhang einen Fokus mittlerer Reichweite dar: Anliegen des Bandes war es nicht, eine allgemeingültige Theorie „der" Sozialisation zu entwickeln, die universell und für jedes Kind/jeden Jugendlichen gültig ist; es ging auch nicht darum, eine einzige Bedeutungsstruktur von Schule und Milieu aufzuzeigen, die sich dann auf Kinder und Jugendliche „auswirkt"; vielmehr wurde aufgezeigt, dass schulisches Handeln in einem Bedingungsgefüge stattfindet, das Handeln strukturiert, aber auch durch Handeln entsteht.

Die hieraus resultierenden Fragen für eine Einführung in die schulische Sozialisation müssen nun einerseits auf Schule als Sozialisationsinstanz gerichtet sein, andererseits auf das Lehrerhandeln. Das folgende Kapitel ist somit zweigeteilt: Es fragt erstens nach den Perspektiven, die sich aus den aufgezeigten Ansätzen, Dimensionen und Bedingungsgefügen für schulisches Handeln ableiten; zweitens hat das Kapitel die Aufgabe, Perspektiven für das Lehrerinnen- und Lehrerhandeln zu schlussfolgern. In keiner der beiden Fragen geht es allerdings darum, Anleitungen oder Handlungsanweisungen für Lehrerinnen und Lehrer bzw. Schule als Institution zu entwickeln, auf deren Grundlage dann Gelingen versprochen wird. Vielmehr sollen hier noch einmal unterschiedliche Dimensionen schulischer Sozialisation verdeutlich werden.

### Schule als Sozialisationsinstanz

Durch den Band hindurch wurden immer wieder unterschiedliche Fälle pädagogischen Handelns benannt. Ein Fall stand jedoch besonders im Mittelpunkt: der Fall Erik Wagner. Der 16-jährige Schüler besucht eine renommierte reformpädagogisch orientierte Gesamtschule, die – verknappt ausgedrückt – von sich die Imagination entwirft, autonom handlungs- und kritikfähige Personen hervorzubringen, die durch gelingende Beziehungen zu den Lehrerinnen und Lehrern zu einer hohen Leistungsfähigkeit geführt werden. Erik erfährt nun die Besonderung seiner Person im Chemieunterricht und gleichzeitig die Erwartung, schulische Leistung zu erbringen – und sie in einer Art und Weise zu erbringen, die den schulischen Verhaltenserwartungen angemessen ist. An diesem besonderen Fall konkretisiert sich nun, was Schule im Allgemeinen ist – allerdings auf eine sehr spezifische Weise. So wird hier deutlich, dass das Allgemeine (oder Universelle) der Schule, nie als Allgemeines erfahrbar ist, sondern immer nur am konkreten Beispiel erfahren werden kann. Dass in einer Schule viele Schülerinnen und Schüler mit einer Lehrerin oder einem Lehrer in einem Raum sind, dass es allgemeine Verhaltensregeln gibt, wie die Taktung der Zeit in 45-Minuten-Einheiten, der gemeinsame Anfang und das gemeinsame Ende, scheint evident. Es ist eine allgemeine Grundlage, die sich auch im spezifischen Fall erfüllt. Auch die Tatsache, dass Erik und die Lehrerin sich in einer Generationsbeziehung gegenübertreten, die nicht familial, sondern schulisch geprägt ist, dass es um Leistung geht und die Inhalte, über die gesprochen wird, spezifisch (also nicht beliebig) sind, sondern einem Lehrplan und dem Unterrichtsfach folgen, verweist auf das allgemein Schulische: wir finden diese Strukturierungen so oder ähnlich in fast allen Schulen. Wir finden sie der groben Struktur nach sogar in Schule weltweit (Baker 2014).

Dennoch werden diese allgemeinen Bedingungen nur sichtbar, erfahrbar und nachvollziehbar in besonderen Handlungen; Handlungen also, die je für sich hervorgebracht werden. So ist anzunehmen, dass die universellen Anforderungen an Leistung einzelfallspezifisch bearbeitet werden: Erik und seine Lehrerin interagieren miteinander, wie es eben nur diese beiden Personen in jener spezifischen Schule tun. Man nennt dies: die Individuiertheit des Einzelfalles. Die Annahme, die hier zugrunde liegt, ist, dass keine Person der anderen völlig gleich ist und dass keine Handlung eine identische Wiederholung einer vorangegangenen Handlung sein kann (es wäre eben eine Wiederholung und damit schon eine nicht-identische Handlung). Die Besonderheit des Falles Erik verweist also zugleich auf allgemeine

Handlungsbedingungen (Oevermann 1991), die nur am je konkreten Fall nachvollziehbar sind.

Der Grund, warum diese Dialektik von Besonderem und Allgemeinem hier so breit dargelegt wird, ist, dass damit gezeigt werden kann, dass Sozialisation zwar bestimmten Prinzipien folgt, dass diese Prinzipien jedoch nicht in Regel- und Anleitungswissen gegossen werden können. Schule – in 5.1 als (symbolischer) Kampf dargestellt – wird demzufolge als Handlungsprozess verstanden. Man könnte auch sagen:

> Schule konstituiert sich, wie jedes andere Handeln auch, im Handeln. Sie ermöglicht bestimmte Handlungsweisen und gleichzeitig hat sich im Laufe der Zeit eine Institutionalisierung eingestellt, die andere Handlungsweisen als nicht zulässig erachtet. Zwischen diesen beiden Polen, den erlaubten und den nicht-zulässigen Handlungsweisen, gibt es eine Reihe an Gestaltungsspielräumen, über die täglich neu verhandelt wird. Und die Art, wie diese Verhandlungen konnotiert sind, hängt von der gesellschaftlichen Verfasstheit der Schule, den schulkulturellen Entwürfen und der Ausgestaltung der persönlichen Beziehungen ab.

Die Perspektive, die dieser Band nun für (angehende) Lehrerinnen und Lehrer bietet, mag auf den ersten Blick enttäuschen: Es ging darum zu verdeutlichen, dass es nicht einen Weg oder zehn Regeln gibt, die bei Befolgen für Schülerinnen und Schüler einen chancenhaften Verlauf ihrer Bildungskarriere eröffnen, selbst dann, wenn die Familie in einem problematischen Passungsverhältnis zur Schule steht. Dabei sollte auch die Perspektive dafür geschärft werden, dass Schule ein komplexer Handlungszusammenhang ist, in dem Sozialisation eine spezifische Konnotation erfährt, die sich von anderen Sozialisationsbereichen unterscheidet, aber auch mit ihnen überschneidet und überlagert. Schule bietet damit die Möglichkeit gesellschaftlicher Teilhabe, der Erfahrung von Gemeinschaft und sie verweist auch auf die Gefahr des Ausschlusses und Scheiterns.

Die allgemeinen Grundlagen schulischen Handelns werden dabei in unterschiedlichen schulkulturellen Entwürfen auf verschiedene Art und Weise bearbeitet. Wir haben dies am Beispiel einer reformorientierten Schule gesehen; es ließe sich ebenso gut an anderen schulkulturellen Entwürfen zeigen: etwa einem leistungsorientierten Gymnasium oder eine gemeindeorientierten Sekundarschule (vgl. Helsper u. a. 2009). Dabei kann eine deutliche Differenzlinie der schulkulturellen Orientierungen zwischen Leistungs- und Beziehungsorientierung markiert werden, d. h. Schulen orientieren einerseits an den pädagogischen Beziehungen, die in ihnen stattfinden, andererseits an den Schülerleistungen. Hierin zeigt sich je Schule eine spezifische Ermöglichungs- und Begrenzungsstruktur von Bildungsprozessen. Entsprechend werden in diesem Zusammenhang auch sozialisatorische Beziehungen ausgestaltet. Ohne einen Anspruch auf Vollständigkeit zu erheben, sollen im Folgenden kurz drei typologische Grundmuster der schulkulturellen Orientierungen im Spannungsfeld von Leistungs- und Beziehungsorientierung aufgezeigt werden, die sich empirisch haben finden lassen. Dabei ist zu beachten, dass es die Eigenschaft einer Typologie ist, bestimmte Aspekte besonders hervorzuheben, um die Differenz zu anderen typischen Handlungsstrukturen zu markieren (Weber 1985).

- So finden wir z. B. besonders *leistungsorientierte gymnasiale Schulkulturen*. In diesen Schulkulturen werden vor allem Kinder und Jugendliche als passförmig gelten, die aus leistungsorientierten Milieus kommen und sich auch in der Peer-Group leistungsorientiert verhalten. Antagonistische und spannungsreiche Passungsverhältnisse finden sich vor allem bei Kindern und Jugendlichen, für die die Leistungsfähigkeit in enger Verbindung zur Beziehungsorientierung steht. Ebenso ist das Lehrerinnen- und Lehrerhandeln insbesondere dann als passförmig zu bezeichnen, wenn es auf Wissensvermittlung und die Hervorbringung von Exzellenz gerichtet ist. Lehrerinnen und Lehrer, die an Aushandlungs- und Demokratisierungsprozessen orientiert sind, werden in diesen Schulen eher Passungsprobleme bekommen (vgl. Helsper u. a. 2001; Helsper u. a. 2009; Hummrich 2011).
- Schulen, die den Aspekt der Leistungsermöglichung weniger durch die Wissensvermittlung als über die Beziehung zwischen Lehrer und Schüler realisiert sehen, formen häufig *reform- oder alternativpädagogische Schulkulturen* aus. Diese Schulen können eine alternative Selektivität haben, etwa indem sie bei der Aufnahme nicht leistungsorientiert auswählen, sondern – um es verknappt zu sagen – gesinnungsorientiert. Diese Schulen ziehen häufig Schülerinnen und Schüler aus Milieus an, die alternativ, ökologisch, aber nicht wenig bildungsorientiert sind. Hier finden sich zum Teil auch Schulen, die besonderen persönlichen Unterstützungs- und Förderbedarf bieten. Sie können dort zu Passungsproblemen führen, wo die Gesinnung nicht zu den schulkulturellen Entwürfen passt (etwa wenn einer medienkritischen Haltung der Schule ein sehr medienaffines Elternhaus gegenübersteht) oder die Leistungsorientierungen beständig zugunsten der Beziehungsorientierung unterschritten wird (vgl. Helsper u. a. 2007; Helsper u. a. 2009; Hummrich 2011).
- Eher *indifferente Schulkulturen* finden sich umso wahrscheinlicher an Schulen, je eher die Schülerschaft schwach oder nicht ausgewählt wird. Ländliche Schulen, Hauptschulen oder Sekundar- und Gemeinschaftsschulen sind am ehesten von einer schwindenden Schülerschaft betroffen und werden zu sog. „Restschulen", wenn die Schullandschaft um sie herum profiliert ist. An die Stelle der besonderen

pädagogischen Programme treten Traditions- oder Gemeindeorientierungen, die den Verbleib im Herkunftsmilieu sicherstellen. Positive Passungsverhältnisse können hier ausgeformt werden, wenn genau diese Orientierungen eine schülerbiographische Entsprechung finden. Zu Passungsproblemen kann es kommen, wenn besonderer Unterstützungs- und Förderbedarf entsteht oder wenn Schülerinnen und Schüler Transformationshoffnungen durch Bildungserfolg hegen (vgl. Helsper u. a. 2009; Busse 2010).

Dieses Spektrum mag nun als Reflexionsanreiz dienen, schulische Profile mit Blick auf ihre sozialisatorischen Implikationen zu reflektieren. Auch das Lehrerhandeln, das in ihnen stattfindet, wird auf diese Implikationen bezogen werden und bringt diese wiederum hervor. Dabei sind selbstverständlich weitere Varianten im ausdifferenzierten Feld der Schullandschaft anzunehmen. Und es bleibt festzuhalten, dass hier nicht von einer reinen Prägung der Schulkultur durch die Schulform auszugehen ist. Dazu sind die Unterschiede zwischen Schulkulturen derselben Schulform zu ausgeprägt (vgl. Helsper u. a. 2001).

### Lehrerhandeln als sozialisatorisches Handeln

Das Lehrerhandeln selbst ist schließlich auch als sozialisatorisches Handeln zu verstehen, das den Leistungs- als auch den Beziehungsaspekt in sich vereint. Die Lehrer-Schüler-Beziehung kann entsprechend eher auf Leistung oder auf Beziehungen orientiert sein. Jedoch fließen immer beide Aspekte in sie ein. Die Lehrer-Schüler-Beziehung ist somit durch den Leistungsaspekt spezifisch begrenzt – eine Schule ohne Leistungsbezug ist unter den modernen Bedingungen ebenso wenig vorstellbar wie eine Lehrer-Schüler-Beziehung, die nicht um die Sache bzw. das Wissen zentriert ist. Entsprechend der oben entfalteten Typologie kommt es zu Lehrer-Schüler-Beziehungen, die sich erst durch die gemeinsame Orientierung auf die Sache konstituieren; oder – diametral entgegengesetzt – es handelt sich um Beziehungen, in denen das Wissen erst innerhalb einer gelingenden Beziehung zum gemeinsamen Gegenstand gemacht werden kann. Schließlich existieren auch solche Beziehungen, die auf dem gemeinsamen Wissen um die Notwendigkeit von schulischem Lernen basieren.

Wenn wir oben davon gesprochen haben, dass es keine Anleitungen oder Rezepte geben kann, wie schulisches Handeln gelingt, so gilt dies für das Lehrerhandeln ebenso. Luhmann beschreibt diese Unmöglichkeit als „Technologiedefizit" der Pädagogik (Luhmann 1983, vgl. Kap. 3.5), da pädagogisches Handeln nicht als Ursache-Wirkungszusammenhang zu begreifen ist. Wie aber ist das wissenschaftliche Wissen in eine Praxis zu überführen, die Schülerinnen und Schülern ermöglicht, mündig, d. h. autonom handlungsfähig zu werden? Für Parsons (1964) ist die

Antwort, dass Wissen in der pädagogischen Praxis eine reflexive Anwendung erfährt: Lehrerinnen und Lehrer verfügen also über ein Wissensset, das sie situativ, praktisch einsetzen (zit. n. Wernet 2006). Ähnlich wie der Arzt, der Psychologe oder die Therapeutin, Richter oder Anwältinnen ihren Patienten und Klientinnen dazu verhelfen, Autonomie (wieder-) zu erlangen, ist auch das Lehrerhandeln auf die Herstellung von Mündigkeit gerichtet. Doch während die Probleme der Autonomie in der Medizin, im Recht oder der Psychologie spezifisch sind – sie sind gesundheitlicher, rechtlicher oder mentaler Art –, sind sie im pädagogischen Handeln diffus:

> Pädagogisches Handeln ist nicht eindeutig nur auf die Wissensvermittlung oder Leistungskontrolle beschränkt, es geht auch um Normierung, Hilfe, soziale Unterstützung. Das heißt: im pädagogischen Handeln – dies wurde am Beispiel der Leistungs- und Beziehungsorientierung gezeigt – entsteht eine Art Mischungsverhältnis diffuser und spezifischer Beziehungsanteile, das nicht eindeutig beschrieben und erfasst werden kann (vgl. Oevermann 1999; Hamburger 2007; Wernet 2014; Hummrich 2016).

Damit kann festgestellt werden, dass es im Lehrerhandeln nicht ausreicht, ein Set an *best practice*-Mustern zu lernen, um professionell handeln zu können und die diffusen und spezifischen Anteile, die beziehungsorientierten und die wissensbezogenen Anteile zu balancieren. Es geht darum, die Strukturlogik professionalisierten Handelns zu erkennen (vgl. Oevermann 1999, S. 71). In dieser (strukturtheoretischen) Perspektive geht es darum, wissenschaftliches Wissen als Ermöglichungsstruktur professionellen Handelns zu verstehen, durch das stellvertretend Problemlagen und Krisen gedeutet und Bearbeitungsmöglichkeiten entwickelt werden, um Autonomie (wieder-)herzustellen (ebd., S. 80). Diese Autonomie ist pädagogisch gesehen gleichermaßen auf die gesellschaftliche Ordnung im Sinne von Gerechtigkeit und die Bearbeitung von Geltungsfragen von Weltbildern, Werten und Normalitätsentwürfen bezogen.

> Damit wird deutlich, dass das Lehrerhandeln immer auch sozialisatorisches Handeln gegenüber Schülerinnen und Schülern ist und eine breitere Zuständigkeit hat, die weit über die reine Wissensvermittlung hinausgeht. Das Lehrerhandeln ist deshalb einerseits an der Wahrnehmung von wissenschaftlichen Ansätzen und an nach wissenschaftlichen Rationalitätskriterien entstandenem Wissen, wie sie in diesem Band als sozialisatorische Ansätze vorgestellt wurden, ausgerichtet. Andererseits soll es gesellschaftliche Integration leisten, was nicht als rein

funktionaler Ablauf vorstellbar ist, da sowohl Lehrerinnen und Lehrer, als auch Schülerinnen und Schüler in die Handlungsabläufe auch personal involviert sind (vgl. Combe/Helsper 1999).

Eine mögliche Antwort auf die Frage danach, wie die Vermittlung wissenschaftlichen Wissens und pädagogischer Praxis stattfinden kann, liefert die erziehungswissenschaftliche Kasuistik. Kasuistik ist zu verstehen als die ‚Lehre vom Fall' – also als Auseinandersetzung mit besonderen Vorkommnissen im alltäglichen Handeln, in denen wiederum allgemeine Bedingungen z. B. des pädagogischen Handelns deutlich werden (vgl. Hummrich 2016). Hier taucht also wieder die Dialektik von Besonderem und Allgemeinem auf, in der sich zeigt, dass es keine individuierten, besonderten Erscheinungen gibt, die nicht zugleich Ausdruck des Sozialen, des Allgemeinen sind. Und umgekehrt gibt es keinen Ausdruck des Sozialen, von Gesellschaft, von Objektivität jenseits je konkreter individuierter Erscheinungen – kurz: das Allgemeine lässt sich überhaupt nur als Besonderes, als konkrete Gestalt, erfahren (vgl. Hummrich/Rademacher 2012, Hummrich 2016).

Wenn wir also Fälle sozialisatorischer Praxis betrachten, wie wir das auch mit dem Fall Erik gemacht haben, dann zeigen sich an diesen Fällen allgemeine Strukturprobleme des schulischen Sozialisationshandelns – etwa die Doppelstruktur der Wissens- und Normvermittlung, indem z. B. Wissensabfragen durch Disziplinierungshandeln („hör mal auf zu malen") gerahmt sind.

Damit wird schließlich deutlich, welche Perspektiven ein Band zu schulischer Sozialisation dem Lehrerhandeln bieten kann: er stellt wissenschaftliches Wissen bereit und vermittelt dieses fallorientiert. Dabei konnte durch den Fall (und stellenweise andere Fälle) eine nachvollziehende Perspektive eingenommen werden. In der Handlungssituation erfordert nun Lehrerhandeln eine geradezu umgekehrte Perspektive: es ist zwar geplant worden, doch kommt es im Unterricht immer wieder Situationen, in denen *situativ* gehandelt werden muss. Hier offenbaren sich die normativen Orientierungen als Lehrerinnen und Lehrer in ihrem Wechselverhältnis zur schulischen Institution.

Die schulkulturelle Perspektive verweist in diesem Zusammenhang darauf, dass Institution und Handeln weder getrennt voneinander, noch getrennt von der Gesellschaft betrachtet werden können. Ähnlich wie Struktur und Handeln als Einheit der wechselseitigen Hervorbringung verstanden werden, sind auch Institution und Handeln eng aufeinander bezogen und Teil der gesellschaftlichen Strukturiertheit – so wie sie diese Strukturiertheit selbst immer wieder hervorbringen oder transformieren.

Letztendlich handelt es sich bei diesem Wissen um Reflexionsanlässe und Sensibilisierungen für das berufliche Handlungsfeld, nicht jedoch um Handlungsempfehlungen im Sinne von Tipps oder Rezepten. Mit Luhmann (2002) ist noch einmal darauf zu verweisen, dass Sozialisation bei allem Geschehen immer mitläuft. So auch in der Schule – völlig unabhängig davon, wie Pädagogik jeweils programmatisch und normativ aufgeladen ist. Das Mitlaufen von Sozialisation gilt es aber im eigenen Lehrerhandeln zu bedenken, auch wenn es keine Möglichkeit gibt, Sozialisation curricular zu gestalten. Dann nämlich würde eine Absicht expliziert und verfolgt und aus Sozialisation würde Erziehung – mit wieder eigenen sozialisatorischen Wirkungen.

## Literatur (Tipps zum Weiterlesen fett gedruckt)

Baker, D. (2014): The Schooled Society. The Educational Transformation of Global Culture. Stanford: University Press.

Busse, S. (2010): Bildungsorientierungen Jugendlicher in Familie und Schule. Die Bedeutung der Sekundarschule als Bildungsort. Wiesbaden: VS Verlag für Sozialwissenschaften.

Combe, A./Helsper, W. (1999): Einleitung. Pädagogische Professionalität. Historische Hypotheken und aktuelle Entwicklungstendenzen. In: Combe, A./Helsper, W. (Hrsg.): Pädagogische Professionalität. Untersuchungen zum Typus professionalisierten Handelns. 3. Auflage. Frankfurt a. M.: Suhrkamp, S. 9-48.

Hamburger, F. (2007): Einführung in die Sozialpädagogik. Stuttgart: Kohlhammer.

Helsper, W./Böhme, J./Kramer, R.-T./Lingkost, A. (2001): Schulkultur und Schulmythos. Gymnasien zwischen elitärer Bildung und höherer Volksschule im Transformationsprozess. Rekonstruktionen zur Schulkultur I. Opladen: Leske + Budrich.

Helsper, W./Kramer, R.-T./Hummrich, M./Busse, S. (2009): Jugend zwischen Familie und Schule. Eine Studie zu pädagogischen Generationsbeziehungen. Wiesbaden: VS-Verlag für Sozialwissenschaften.

Helsper, W./Ullrich, H./Stelmaszyk, B./Höblich, D./Graßhoff, G./Jung, D. (2007): Autorität und Schule. Die empirische Rekonstruktion der Klassenlehrer-Schüler-Beziehung an Waldorfschulen. Wiesbaden: VS Verlag für Sozialwissenschaften.

Hummrich, M. (2011): Jugend und Raum. Exklusive Zugehörigkeitsordnungen in Familie und Schule. Wiesbaden: VS Verlag für Sozialwissenschaften.

**Hummrich, M. (2016): Was ist der Fall? Zur Kasuistik in der Erziehungswissenschaft. In: Hummrich, M./Hebenstreit, A./Hinrichsen, M./Meier, M. (Hrsg.): Was ist der Fall? Kasuistik und das Verstehen pädagogischen Handelns. Wiesbaden: VS-Verlag für Sozialwissenschaften, S. 13-38.**

Hummrich, M./Rademacher, S. (2012): Die Wahlverwandtschaft von qualitativer Forschung und Kulturvergleich und ihre Bedeutung für die Erziehungswissenschaft – strukturtheoretische Überlegungen. In: ZQF, H. 1+2/2012, S. 39-53.

Luhmann, N. (2002): Das Erziehungssystem der Gesellschaft. Frankfurt a. M.: Suhrkamp.

Luhmann, N./Schorr, K.-E. (1983): Reflexionsprobleme im Erziehungssystem. Frankfurt a. M.: Suhrkamp.

Oevermann, U. (1991): Genetischer Strukturalismus und das sozialwissenschaftliche Problem der Erklärung der Entstehung des neuen. In: Müller-Dohm, Stefan (Hrsg.): Jenseits der Utopie. Frankfurt a. M.: Suhrkamp, S. 267-336.

Oevermann, U. (1999): Theoretische Skizze einer revidierten Theorie professionalisierten Handelns. In: Combe, A./Helsper, W. (Hrsg.): Pädagogische Professionalität. 3. Auflage. Frankfurt a. M.: Suhrkamp, S. 267-336.

Parsons, T. (1964): The School Class as a Social system: Some of its Functions in American Society. In: Parsons, T.: Social Structure and Personality. Glencoe, S. 129-154.

Weber, M. (1985): Gesammelte Aufsätze zur Wissenschaftslehre. Tübingen: Mohr-Siebeck.

**Wernet, A. (2006): Hermeneutik – Kasuistik – Fallverstehen. Stuttgart: Kohlhammer.**

Wernet, A. (2014): Überall und nirgends. Ein Vorschlag zur professionalisierungstheoretischen Verortung des Lehrerberufs. In: Leser, Ch./Pflugmacher, T./Pollmanns, M./Rosch, J./Twardella, J. (Hrsg.): Zueignung. Pädagogik und Widerspruch. Opladen: Barbara Budrich, S. 77-96.

Printed in Germany
by Amazon Distribution
GmbH, Leipzig

21885978R00113